B2 C1

Nicole Blondeau
Université Paris VIII

Ferroudja Allouache
Professeur de lettres
modernes et de FLE

LITTÉRATURE
PROGRESSIVE
DU FRANÇAIS

Avec 600
activités

CLE
INTERNATIONAL

www.cle-international.com

Direction éditoriale : Michèle Grandmangin
Édition : Bernard Delcord
Couverture : Miz'enpage
Mise en page : CGI

© **CLE International / SEJER, Paris, 2019**
ISBN : 978-209-035181-1

Avant-Propos

*Un enseignement
de langue
qui ferait
l'impasse
sur la littérature
me paraît être
un barbarisme.*
Harald
Weinrich

Cet ouvrage, à un niveau avancé, réinstaure la littérature parmi les supports d'apprentissage de langue et de culture étrangères. Ce n'est pas une place en soi ni à part qui lui est accordée, mais une place légitime parmi tous les discours socialement produits servant de matériaux pédagogiques.

Spécificité de la littérature : À la différence de certains documents authentiques, le texte littéraire n'est pas périssable. S'y expriment les aspirations pérennes des humains, échos se répondant de siècle en siècle, l'expérience subjective du monde, le rapport singulier au langage, aux savoirs constitués, aux codes sociaux, aux représentations des autres et de soi-même. C'est l'un des moyens d'accès à la compréhension de formes culturelles différentes. L'autre spécificité du texte littéraire est sa littérarité, c'est-à-dire le fait qu'il supporte une multiplicité d'interprétations (ce qui ne signifie pas que toute interprétation soit possible !) À chacun de l'investir en fonction de ses compétences culturelles, linguistiques, de ses pratiques de lecture, de sa sensibilité et de sa fantaisie. C'est dans la littérature aussi que se révèlent les infinies potentialités de la langue.

Le niveau : l'ouvrage s'adresse à un public d'étudiants ayant suivi 200 à 250 heures d'enseignement de français.

Les textes : ils appartiennent, pour la plupart, au patrimoine littéraire français, concernent tous les genres et sont connus de la majorité des élèves parvenus à la fin du lycée. Ce sont des « classiques ». D'autres font partie de la littérature francophone ; d'autres encore témoignent d'évolutions récentes de l'écriture romanesque.

Le corrigé :
C'est un guide pour l'utilisateur et non une référence absolue.

Nos choix :
– Nous avons féminisé quelques noms (*auteure*, *écrivaine*, *professeure*), comme le Québec le fait déjà depuis de nombreuses années.
– Aucun passage n'a été éliminé à l'intérieur des extraits choisis.
– Nous n'avons pas donné de titre aux extraits : choisir un titre, c'est déjà imposer une orientation de lecture. Pour les poèmes sans titre, nous avons adopté le premier vers. Dans ce cas, aucun travail n'est demandé sur « le titre » retenu.
– Les numéros de siècle sont écrits en chiffres romains, comme dans toute anthologie de littérature.
– Dans la partie « Pour mieux comprendre », l'explication des mots est souvent celle qui est portée par le texte. La dimension polysémique est donnée quand le texte l'impose (F. Ponge, Baudelaire…).
– Aucun exercice de grammaire ou de vocabulaire n'accompagne les activités pédagogiques. La littérature n'est pas un prétexte à ce type de travail. La norme grammaticale est parfois impuissante à exprimer une pensée singulière : l'auteur joue souvent sur les écarts par rapport aux modèles.

En revanche, la grammaire et le lexique sont interrogés lorsqu'ils révèlent une intention particulière de l'auteur, participant ainsi de la spécificité du texte.

Nos présupposés pédagogiques :

– Le premier concerne la nécessité de prendre conscience de l'idée que nous, enseignants, nous nous faisons de la littérature. À quel degré, dans la hiérarchie des disciplines scolaires, la plaçons-nous ? Comment sommes-nous parvenus à cette sensibilité aux textes, qui nous semble désormais spontanée ? Le rapport aux objets culturels est socialement construit. Il n'y a pas de sensibilité innée à la beauté de la littérature. La culture cultivée s'acquiert par apprentissage. Les nombreuses médiations, explicitations, mises en lien et en perspective donnent la clé du code d'accès à une compréhension pertinente de l'œuvre. C'est le rôle des enseignants de transmettre cette clé. Il s'agit donc de désacraliser la littérature, en particulier pour tous ceux qui ne se sentent pas autorisés à la fréquenter. Mais désacraliser ne signifie pas banaliser car aucun texte littéraire n'est réductible à un tract politique, une recette de cuisine ou une publicité.

– Le second point concerne ce que nous attendons des étudiants. Nous connaissons « le sens » du texte, ou du moins nous savons quel sens lui est généralement accordé. C'est ce sens que nous voulons transmettre, que nous voulons que les étudiants atteignent. Or, pour celui qui apprend, le sens ne se donne pas, il se construit, s'élabore par tâtonnements successifs, en liant les indices, en croisant les données, en s'engageant sur de fausses pistes, qui, même si elles nous semblent erronées, n'en sont pas moins des traces de cette élaboration de sens. C'est un passage obligé avant de parvenir à s'approprier le texte.

– Le troisième point intéresse les objectifs assignés, plus ou moins consciemment, à l'utilisation du texte littéraire en classe de langue : ils visent soit l'enseignement de la littérature (et alors la focalisation se fait sur le sens, les idées, les figures rhétoriques…), soit l'enseignement de la langue (et dans ce cas, la focalisation se fait sur le vocabulaire, la grammaire…) Pour nous nous, le texte littéraire est un support d'apprentissages multiples où les opérations discursives qui l'ordonnent, l'organisation sémantique et grammaticale, la prosodie… produisent un discours unique qui doit être saisi dans sa singularité. Le travail proposé dans ce manuel accompagne l'étudiant dans la reconnaissance de cette singularité, dans la construction de sens plutôt que la recherche d'un sens. À des degrés divers, ce sont les différentes composantes de l'écrit qui vont être interrogées, mobilisées et non une en particulier.

Notre pacte pédagogique :

– Faire confiance aux étudiants : même si leur niveau de langue n'est pas encore adapté aux difficultés des textes, leur expérience du monde, leurs compétences de lecteurs en langue maternelle sont transférables à l'écrit étranger. Le texte préserve ainsi « ses droits » et l'étudiant, son statut de lecteur. Il ne s'agit pas d'attendre que l'apprenant atteigne un niveau de maîtrise de la langue lui permettant de comprendre immédiatement le texte : ce dernier sert aussi à développer des compétences de compréhension et d'expression.

– Mettre les étudiants en confiance : des questions rituelles d'observation, de repérage, de reconnaissance des genres, d'incitation à émettre des hypothèses, à imaginer une histoire permettent en général au lecteur étranger de répondre, d'avoir « quelque chose à dire ». Il est déjà « en prise » avec le texte.

– Accepter la paraphrase (comme nous le faisons dans certaines questions), qui est un indice de l'appropriation du texte par l'étudiant.

– Accueillir les interprétations des étudiants sans les évaluer négativement même si elles ne correspondent pas à ce que le professeur attend. Elles témoignent de l'activité du récepteur qui s'accapare l'écrit. Les lectures insolites viennent parfois de prismes socioculturels. Il s'agit d'analyser ces représentations pour opérer le passage à celles présentes dans le texte.

– Reconnaître les valeurs du passé simple, temps verbal utilisé dans de nombreux textes littéraires, sans qu'il soit nécessaire d'en apprendre les formes. La connaissance fine de la valeur des temps verbaux n'est pas un pré-requis. Elle se construit peu à peu, au cours de la fréquentation des textes.

Les objectifs :

– Ils visent l'amélioration de la langue (compréhension et expression), l'acquisition de connaissances littéraires, l'accès à une culture, la construction d'une perception esthétique.

– Ils s'attachent au développement de compétences lectorales.

– Ils permettent un travail sur la justification, l'explication.

– Ils favorisent l'expression et la confrontation des idées et des goûts.

– Ils ont pour ambition de donner le plaisir de lire.

Le texte littéraire est un espace à explorer, générateur de sensations, de réflexions sur soi, sur l'autre, sur la langue à maîtriser. C'est une approche sensible qui, dans un premier temps, est privilégiée : elle laisse la place aux réactions personnelles, à l'effet que le texte produit sur le lecteur ; elle diffère la recherche immédiate et parfois décourageante du sens, mais y participe de manière détournée. L'entrée dans l'écrit est ensuite cadrée par des « procédures réglées ».

La progression :

Elle est laissée à l'appréciation des enseignants et ne dépend pas de la présentation chronologique. Le choix d'un texte doit tenir compte des étudiants, de leur âge, de leurs intérêts aussi et ne repose pas uniquement sur leurs acquis linguistiques.

La démarche :

Axes généraux :

La démarche est ancrée dans le texte et dépend de lui : il n'y a donc pas de démarche systématique. Cependant, des axes peuvent être dégagés :

– Il s'agit de privilégier la découverte, l'interrogation, la réflexion. Ce n'est pas une compréhension parfaite qui est visée mais il n'est pas non plus question que de compréhension globale, puisque des faits de langue, des écarts par rapport à la norme, des mouvements discursifs ou des jeux poétiques sont analysés.

– La première lecture doit être silencieuse : l'étudiant est seul face aux bruissements du texte.

Il est important de lui laisser le temps de ressentir l'effet que produit l'écrit. Il n'y a pas d'obligation de respecter une lecture linéaire : elle peut être vagabonde, s'accrocher à des mots, des fragments qui font naître des sensations, des images, des questions. L'étudiant peut balayer l'aire scripturale, récolter ce qu'il peut ou ce qu'il veut pour construire son propre parcours de lecture.

– La lecture de la biographie n'est pas le premier passage obligé. Mieux vaut choisir, d'emblée, le texte et son entourage, afin de ne pas induire d'interprétations en fonction des éléments biographiques. Cependant, certaines questions portent sur les biographies ou sur la présentation des siècles afin que les lecteurs retrouvent des références, des renseignements socioculturels éclairant les textes.

– Lorsqu'arrive le moment de la mise en commun des réactions face au texte, les interactions dans la classe participent à l'élaboration des sens pluriels du texte.

Accompagnement pédagogique :

Première étape : découverte

C'est la première rencontre avec le texte. Elle peut se faire sans le lire, seulement en regardant sa composition, la typographie, la ponctuation, les fractures, les entailles, ce qui rompt avec la linéarité du continuum linguistique, en repérant des fragments. L'image du texte, son organisation, est porteuse de sens. Élaborer des hypothèses sur le genre d'écrit proposé, sur ses thèmes possibles, sur l'intrigue, c'est créer un horizon de lecture, une attente. Le travail sur le paratexte est important : les indices qu'il livre apportent des éléments de reconnaissance, orientent la lecture, ancrent l'œuvre dans un contexte.

Cette première étape s'effectue principalement à l'oral. Le travail en groupe peut se révéler efficace et stimulant.

Deuxième étape : exploration

C'est la confrontation avec le texte.

– Les tâches à effectuer : « repérer, observer, noter, relever, souligner » rendent l'élève actif face à l'écrit. Il n'attend pas que le sens se donne (ou que l'enseignant le lui suggère), il l'élabore par tâtonnements, en liant les indices, en croisant les données. Ces tâches ne se réduisent pas à des mécanismes, mais aident à construire du sens. On ne relève pas un seul mot, mais aussi son entourage, même si celui-ci ne fait pas l'objet d'interrogation. On est déjà dans la lecture.

– Pour faciliter la compréhension, des termes sont expliqués dans les questions elles-mêmes. Des reformulations élucident certains passages jugés difficiles. Notre volonté est d'accompagner l'étudiant dans sa lecture et non de le mettre en difficulté afin que la littérature reste ce qu'elle est : un plaisir.

– Le texte littéraire est aussi un support de communication et un déclencheur de besoin de langage : les étudiants comprennent souvent ce qui est écrit mais ne disposent pas des formes linguistiques ni du vocabulaire pour exprimer leur pensée. Le fait que le professeur apporte ce dont ils ont besoin « en contexte » aide à l'expression et facilite la mémorisation.

– Le lecteur est sans cesse sollicité sur ce qu'il pense, ce qu'il ressent. En fonction du texte, des liens, des comparaisons sont établies avec sa culture.

– La dernière question articule généralement lecture et production ou propose une réflexion ouverte à partir du texte. Cette option n'est pas systématique. Quelquefois l'étudiant est renvoyé au silence du texte, à lui-même…

La littérature est un carrefour d'interculturalité : elle confronte le lecteur à des valeurs, des croyances qui ne lui sont pas toujours familières. Les voix contradictoires qui s'y expriment permettent d'échapper à l'enfermement d'une vision exclusive du monde. Cet ouvrage se veut donc aussi, pour l'étudiant, outil d'apprentissage d'une libre pensée.

Les auteures.

Sommaire

Texte intégral

Le Moyen Âge

Le Moyen Âge historique couvre une période allant de la chute de l'Empire romain (476) à la découverte de l'Amérique (1492). Le Moyen Âge littéraire s'étend du XIIe siècle à la fin du XVe.

Les XIIe et XIIIe siècles connaissent un extraordinaire essor dans tous les domaines. La monarchie s'impose ; la construction de Notre-Dame de Paris commence en 1163 ; les premières universités sont créées (la Sorbonne en 1257). Des calamités marquent les XIVe et XVe siècles : la peste, la guerre de Cent Ans (Jeanne d'Arc, qui a combattu les troupes anglaises, est brûlée à Rouen en 1431), des révoltes dans les villes et les campagnes. Les institutions sociales et politiques reposent sur la féodalité : un contrat entre le suzerain et son vassal basé sur la réciprocité des services.

À cette époque, la France est plurilingue. Le latin est utilisé par les clercs ; la langue d'oc est parlée au sud, la langue d'oïl au nord. Pour des raisons politiques, la langue d'oïl deviendra dominante.

LES GENRES LITTÉRAIRES

Le théâtre

Son origine est religieuse et remonte au Xe siècle. Des épisodes de la Bible sont interprétés en latin puis en langue vulgaire (le roman). D'abord représentés à l'intérieur des églises, ces drames liturgiques se jouent ensuite dans la rue. *Le Jeu d'Adam*, le plus ancien texte qui nous soit parvenu, date du XIIe siècle. Les *miracles* sont consacrés à la vie des saints : *Le Miracle de Théophile* (Rutebeuf, XIIIe siècle), les *mystères* à la passion du Christ : *Les mystères de La Passion* (Arnoul Gréban, 1450). Puis des pièces profanes sont introduites : *Le jeu de la feuillée* d'Adam de la Halle ainsi que des intermèdes burlesques : les farces. La plus connue est la *Farce de maître Pathelin* (vers 1465).

Les récits légendaires

Ils s'inspirent de thèmes empruntés à l'histoire de France, à l'Antiquité, et aux contes celtiques (Bretagne). Ils sont écrits en roman, qui donnera son nom au genre littéraire, et en vers.

• Les chansons de geste, longs poèmes épiques, racontent les exploits des chevaliers. La *Chanson de Roland* (vers 1070) appartient au cycle de Charlemagne et magnifie les combats de l'Empereur contre les Sarrasins.

• Le *Roman de Thèbes* (vers 1155-1160) relate la lutte fratricide des fils d'Œdipe ; le *Roman d'Alexandre* (1170-1180), écrit en vers de 12 pieds, adapte un texte antique.

• L'amour impossible de *Tristan et Yseut,* première légende qui nous vient de Bretagne, s'inscrit peu à peu dans le cycle des aventures du roi Arthur et des chevaliers de la Table ronde. Chrétien de Troyes (1135 ?-1190 ?) reprend ces mythes celtiques en les adaptant à l'idéal de la chevalerie (loyauté du chevalier envers son seigneur) et de l'amour courtois (soumission du chevalier à sa Dame) : *Le chevalier au lion* (1180) puis en les christianisant : *Le conte du Graal* (1181). Dans la seconde moitié du XIIe siècle, la première poétesse, Marie de France, s'inspire de ces contes pour composer des lais.

■ Les récits satiriques et moraux

Ils mêlent le réalisme à la satire, la grossièreté à la morale.

• *Le Roman de Renart* (fin du XIIe siècle) décrit un monde animal qui ressemble à celui des humains.

Les fabliaux (XIIIe et XIVe siècles) sont de courts récits au comique parfois vulgaire, qui reposent sur des jeux de mots et des quiproquos.

■ La poésie

• Poésie allégorique et didactique : *Le Roman de la Rose*
Vers 1230, Guillaume de Lorris compose une longue somme poétique, basée sur le code de l'amour courtois où l'Amant doit séduire sa Dame, symbolisée par une rose, dans un univers peuplé d'allégories. Jean de Meun en rédige une suite parodique et moralisatrice vers 1275, loin du délicat lyrisme de la première partie.

• Poésie lyrique :
À l'origine, elle est chantée ; les troubadours transmettent une poésie fine et élégante, influencée par les cultures chrétienne, arabe et juive de l'Espagne. Au XIIIe siècle, un nouveau courant apparaît avec Bodel et Rutebeuf (*La Complainte Rutebeuf*), qui unit réalisme et lyrisme personnel. Guillaume de Machaut (XIVe siècle), détache les textes de leur lien avec la musique et met à l'honneur des « poèmes à forme fixe » : ballades, rondeaux, lais… Christine de Pisan, Charles d'Orléans et François Villon se sont illustrés dans cet art poétique.

■ Les chroniques

Ce sont des témoignages sur les évènements contemporains. Villehardouin raconte la quatrième croisade (1202-1204), Joinville écrit, vers 1272-1309, *Histoire de Saint Louis* (le roi Louis IX). Dans ses *Chroniques,* Froissart rend compte des guerres d'Europe de 1327 à 1400 et Les *Mémoires* de Philippe de Commynes (1489-1498) se rapportent aux règnes de Louis XI et de Charles VIII.

3. Le Corbeau et le Renard

Il arriva, comme c'est possible,
que devant une fenêtre
d'un cellier
passa en volant un corbeau qui vit,
à l'intérieur, des fromages
posés sur une claie.
Il en prit un et repartit avec sa proie.
Un renard survint, qui le rencontra,
très désireux
de pouvoir manger sa part de fromage ;
par la ruse, il veut essayer de voir
s'il pourra tromper le corbeau.
« Ah ! Seigneur Dieu ! » dit le renard,
« Quelle noblesse possède cet oiseau !
Au monde il n'a pas son pareil !
De mes yeux, je n'en ai jamais vu de si beau !
Si son chant était aussi beau que son corps,
il vaudrait plus que de l'or fin. »
Le corbeau entendit ces louanges
selon lesquelles il n'avait pas son pareil au monde.
Il se décida à chanter :
jamais, à chanter, il ne perdra sa gloire.
Il ouvrit le bec et chanta :
il laissa échapper le fromage,
qui tomba à terre inéluctablement,
et le renard de s'en emparer.
Il ne se soucia plus du chant du corbeau,
possédant le fromage qu'il convoitait.

C'est l'histoire des orgueilleux
qui désirent une grande renommée :
par des flatteries et des mensonges
on peut gagner leurs bonnes grâces ;
ils gaspillent follement leurs biens
à cause des flatteries mensongères des gens.

Marie de France, *102 Fables* écrites entre 1167 et 1189.

Marie de France

Elle est la première femme écrivaine française de la littérature en langue vulgaire (le roman, opposé au latin). On ne sait presque rien d'elle, de sa vie. Elle aurait écrit un vers qui nous est resté : « Marie ai nom, si sui de France », d'où l'on a tiré le nom qui lui est donné. On suppose qu'elle a vécu pendant la seconde moitié du XIIe siècle, peut-être en Angleterre, à la cour d'Aliénor d'Aquitaine et d'Henri II Plantagenêt, auquel elle dédie ses *Lais*, textes courts en vers qui s'inspirent de contes bretons, composés entre 1160 et 1175. Son œuvre montre une grande culture. Elle est l'auteure d'un recueil de *Fables* (entre 1167 et 1189) qui est sans doute la première adaptation en français des fables du Grec Ésope. *L'Espurgatoire de saint Patrice* se présente comme le récit d'un voyage vers l'autre monde (l'au-delà). L'histoire de l'amour tragique de Tristan et Iseut lui a inspiré le *Lai du Chèvrefeuille*. À son talent de conteuse, au style simple, s'ajoute une tonalité courtoise et poétique.

Pour mieux comprendre

Une fable : un récit court, en vers, qui contient une morale.

Un corbeau : un oiseau de couleur noire.

Un renard : un animal sauvage, aux oreilles pointues. Il est **rusé**, malin.

Un cellier : un endroit où l'on conserve du vin, des provisions.

Une claie : une sorte de grille en bois sur laquelle on pose les **fromages**.

Survint, v. *survenir* (passé simple) : arriver sans prévenir.

Des louanges : des **flatteries**, des paroles gentilles et fausses.

La noblesse : de grandes qualités morales.

N'avoir son pareil : extraordinaire, qui n'a pas d'égal.

Convoiter : désirer très fort une chose (qui est à un autre).

Un orgueilleux(euse) : une personne très fière d'elle-même, arrogante.

Gaspiller : dépenser inutilement.

Découverte

1 Regardez ce texte sans le lire. Comment est-il composé ? À quel genre littéraire appartient-il ?

2 Quel est le titre de l'œuvre d'où ce texte est extrait ? Qui en l'auteur ? Redéfinissez de manière plus précise le genre de ce texte.

3 Lisez le titre de ce passage. Que symbolisent pour vous ces animaux ? (Aidez-vous de « Pour mieux comprendre »). Connaissez-vous un autre auteur qui a composé un texte avec le même titre ?

4 Lisez tout le texte et dites ce que vous avez compris. Délimitez les différentes parties : que contiennent-elles ?

Exploration

1 Vers 1 à 7 : de quel animal est-il d'abord question ? Où se trouve-t-il ? Que voit-il ? Que fait-il ?

....

2 Soulignez « sa proie » : le mot signifie une prise, ce qu'on a volé. À quel autre mot renvoie-t-il ? Que représente-t-il pour l'oiseau ?

....

3 Vers 8-12 : qui le corbeau rencontre-t-il ? De quelle manière se manifeste l'autre animal ? (Observez le choix du verbe). Qu'est-ce qui l'intéresse ? Par quel moyen va-t-il y parvenir ? Trouvez un adjectif pour qualifier cet animal.

....

4 Délimitez les vers entre guillemets. Que signifie cette ponctuation ? Qui parle ? S'adresse-t-il directement ou indirectement à l'oiseau ? Relevez les mots qui justifient votre réponse. Quelle est son intention en procédant de cette manière ?

....

5 Sur quels procédés stylistiques repose la parole du renard ? (Lexique, type de phrases, comparaison, exagération, ponctuation…). Quelle image de son interlocuteur veut-il donner ?

....

6 Vers 21-28 : quelle décision le corbeau prend-il ? Comment le fait-il ? (Vers 23). Qu'est-ce qui se produit et qui ne peut être évité (*inéluctablement*) ? Quelle est la réaction immédiate du renard ? Que cesse-t-il de faire et pourquoi ?

....

7 Relisez la dernière partie. De qui parle la poétesse ? Que veulent ces personnes ? Comment obtiennent-elles ce qu'elles *désirent* ? Quel défaut est dénoncé ? À quel temps sont les verbes ? Expliquez le choix de ce temps.

....

8 À la manière de Marie de France, écrivez une courte fable avec deux animaux pour dénoncer un défaut. Ou recherchez la fable de La Fontaine qui a le même titre et comparez les deux textes.

Yvain
ou le Chevalier au lion

Chrétien de Troyes

Il serait né vers 1135 à Troyes et mort vers 1190. Ses premières œuvres (traduction d'Ovide et une version de *Tristan et Iseut*) sont perdues. Il nous reste cinq longs romans en vers (octosyllabes). Il a vécu à la cour de Marie de Champagne, fille du roi de France Louis VII et d'Aliénor d'Aquitaine, qui lui a peut-être fait connaître les légendes bretonnes et la conception de l'amour courtois. Ses romans s'inspirent du cycle du Roi Arthur et des chevaliers de la Table ronde, qu'il transpose dans la société courtoise de la France de la seconde moitié du XIIe siècle : *Érec et Énide* (vers 1162), *Lancelot ou le Chevalier à la charrette* (vers 1168), *Yvain ou le Chevalier au lion*. Le héros se débat entre amour et aventure, affronte mille dangers dans un environnement peuplé d'êtres fantastiques et d'enchantements, pour conquérir sa Dame ou sauver les gens en difficulté. *Perceval ou le conte du Graal* a une dimension mystique. Ch. de Troyes est un extraordinaire conteur qui a connu, à son époque, un immense succès.

Messire Yvain cheminait, absorbé dans ses pensées, dans une forêt profonde, lorsqu'il entendit, au cœur du bois, un cri de douleur perçant. Il se dirigea alors vers l'endroit d'où venait le cri, et quand il y fut parvenu, il vit, dans une clairière, un lion aux prises avec un serpent qui le tenait par la queue et qui lui brûlait les flancs comme une flamme ardente. Messire Yvain ne s'attarda guère à regarder ce spectacle extraordinaire. En son for intérieur, il se demanda lequel des deux il aiderait, et décida de se porter au secours du lion, car on ne peut que chercher à nuire à un être venimeux et perfide. Or, le serpent est venimeux, et sa bouche lance des flammes tant il est plein de malignité. C'est pourquoi messire Yvain décida de s'attaquer à lui en premier et de le tuer.

Il tire son épée et s'avance, l'écu devant son visage pour se protéger des flammes qu'il rejetait par la gueule, une gueule plus large qu'une marmite. Si ensuite le lion l'attaque, il ne se dérobera pas. Mais quelles qu'en soient les circonstances, il veut d'abord lui venir en aide. Il y est engagé par Pitié qui le prie de porter secours à la noble bête. Avec son épée affilée, il se porte à l'attaque du serpent maléfique ; il le tranche jusqu'en terre et le coupe en deux moitiés. Il frappe tant et plus, et s'acharne tellement qu'il le découpe et le met en pièces. Mais il fut obligé de couper un bout de la queue du lion parce que la tête du serpent perfide y était accrochée. Il trancha donc ce qu'il fallut : il lui était impossible d'en prendre moins.

Chrétien de Troyes, *Yvain ou le Chevalier au lion*, vers 1180. Version modernisée.

Pour mieux comprendre

Un chevalier : un homme noble qui combat à cheval. Il est fidèle à son seigneur et soumis à sa Dame dans la littérature courtoise.

Messire : l'appellation d'un seigneur ; terme de politesse (XIIe siècle).

Absorbé : plongé dans ses pensées.

Une clairière : dans une forêt, un endroit où il n'y a pas d'arbres.

Ardent(e) : qui brûle.

En son for intérieur : en lui-même.

Venimeux : 1) plein de poison ; 2) rempli de haine et de méchanceté.

Perfide : trompeur, sans foi, méchant.

La malignité : la méchanceté ; qui aime faire le mal (le malin, c'est le diable), qui cherche à **nuire**.

Un écu : un bouclier, un objet en métal qui protège celui qui se bat.

Par Pitié : par bonté.

Affilée : l'épée est si aiguisée, tranchante, qu'elle est mince comme un fil.

Maléfique : mauvais (à propos d'une action magique, d'un sortilège).

Découverte

1 De quelle œuvre est extrait ce passage ? De qui est-il question ? Quelle est la caractéristique de cette personne ? (Regardez « Pour mieux comprendre »). Qu'est-ce qui est surprenant dans le titre de l'œuvre ?

2 Consultez le panorama : d'où viennent les aventures du roi Arthur ? À votre avis, dans quelles régions se passent ces histoires ?

3 Lisez la première phrase : repérez le personnage. Que fait-il et dans quel état d'esprit semble-t-il être ? Où se trouve-t-il ? Imaginez cet endroit.

4 Qu'est-ce que le personnage entend ? Faites des hypothèses sur ce qui se passe. Dans une telle situation, que feriez-vous ? D'après vous, que va faire le héros ?

5 Lisez le texte. Quels nouveaux « personnages » apparaissent ? Que se passe-t-il entre eux ?

Exploration

1 En entendant « le cri », que fait Yvain ? Que voit-il ? Par quel adjectif « ce spectacle » est-il qualifié ? Partagez-vous cette appréciation ? Développez votre réponse.

....

2 Sur quoi porte l'hésitation d'Yvain ? Finalement, que décide-t-il et pourquoi ? Dans le paragraphe 2, retrouvez les mots qui désignent l'animal qu'il va aider. Qu'a-t-il en commun avec le chevalier ?

....

3 Relevez tous les termes et fragments de phrases qui décrivent le serpent. Retrouvez leur signification (regardez « Pour mieux comprendre »). À quel champ lexical appartiennent-ils ? En fait, que symbolise cet animal et que symbolise le combat d'Yvain ?

....

4 Dans la description du serpent, quel est le rôle des répétitions ? Soulignez l'expression qui contient un comparatif de supériorité et analysez-la. Qu'en pensez-vous ? Comment le serpent est-il représenté ? À quel univers appartient-il ?

....

5 « Il tire (…) pièces. » : suivez les étapes du combat en comptant les verbes d'action. Qu'est-ce que chaque verbe apporte dans le déroulement du combat ? Par quels mots et expressions le narrateur traduit-il l'intensité de l'affrontement ? Quel est le genre littéraire de ce passage ?

....

6 Quels sont les principaux temps employés ? Dites quel est leur rôle et leur valeur dans le récit.

....

....

7 À la fin de l'affrontement, qu'est-ce qu'Yvain est obligé de faire ? Quelle peut être la réaction du lion ? Imaginez et écrivez la suite immédiate de ce récit (n'oubliez pas le titre du roman).

....

15

Le XVIᵉ siècle

C'est le siècle de la Renaissance, de l'Humanisme et de la Réforme. La découverte des Nouveaux Mondes, les avancées scientifiques (Copernic, Ambroise Paré), le développement de l'imprimerie, la redécouverte de l'Antiquité... changent la conscience que l'homme a de sa place dans l'univers et dans l'Histoire. François Iᵉʳ (1515-1547), roi et mécène, favorise le nouvel élan des Arts et des Lettres. Il fait venir d'Italie Léonard de Vinci, Cellini, Le Titien, Le Primatice qui décore le château de Fontainebleau.

▬▬▬ L'HUMANISME ET LA RÉFORME

L'humanisme est un mouvement intellectuel européen de retour à la culture antique. De grands érudits (Érasme, Guillaume Budé, Thomas More, Etienne Dolet...) traduisent, diffusent, analysent les textes anciens. Ils questionnent les domaines politique, scientifique, esthétique, religieux. Les humanistes opèrent une rupture avec la tradition médiévale, qui s'appuyait sur le commentaire des textes, et reviennent aux écrits originaux, débarrassés de leur glose. Cette méthode s'applique aussi à la Bible, traduite en allemand par Luther et en français par Lefèvre d'Étaples (1530), afin de la rendre accessible au plus grand nombre. Pour le théologien Calvin, la source unique de la foi est dans la Bible. L'autorité de l'Église est donc inutile pour connaître Dieu. Il fonde une religion réformée, le protestantisme, condamné par l'Église catholique et les souverains français. Les guerres de religion ensanglantent le royaume de 1562 jusqu'à la promulgation de l'Édit de Nantes par le roi Henri IV en 1598, qui assure la liberté de conscience et accorde aux protestants le droit d'exercer leur culte.

▬▬▬ LES GENRES LITTÉRAIRES

■ La poésie

• Clément Marot (1496-1544), protégé par François Iᵉʳ, traducteur d'Ovide et de Pétrarque, passe des formes médiévales (rondeau, ballade...) à celles de la Renaissance : épître, élégie, sonnet.

• L'École lyonnaise, s'inspirant de Pétrarque, est révélatrice de l'influence italienne sur la poésie française. Maurice Scève célèbre l'amour platonique dans une longue suite de dizains au langage hermétique : *Délie, objet de plus haute vertu* (1544). Pernette du Guillet compose *Rymes* (1544), monologue intérieur élégiaque. Dans les sonnets et élégies de Louise Labé, la femme souffre, mais elle désire aussi.

• La Pléiade : c'est un vivier poétique qui s'épanouit au Collège de Coqueret, à Paris, où enseigne l'helléniste Jean Dorat. Les élèves apprennent l'italien, cultivent l'amour des lettres antiques et placent la poésie au-dessus de tous les genres. Dans *Défense et Illustration de la langue française* (1549), Du Bellay invite les lettrés à écrire en français et affirme que cette langue est capable de tout exprimer. Pour cela, il faut donc enrichir le lexique en réintroduisant des mots anciens, en utilisant le langage des métiers, en empruntant aux dialectes provinciaux, en créant des mots dérivés du grec et du latin. Le style et la forme (versification, genres) doivent aussi être travaillés, les écrivains anciens traduits et imités. L'œuvre poétique de Du Bellay, lyrique et mélancolique, parfois satirique, témoigne de la diversité de son talent : *Regrets, Antiquités de Rome* (1558). Ronsard, le « Prince des poètes », offre à la poésie ses plus beaux sonnets d'amour où l'épicurisme se teinte de la nostalgie du temps qui passe : *Les Amours* (1552) est un recueil qui sera complété tout au long de la vie de l'auteur.

Le baroque traduit l'angoisse d'un monde instable qui conduit les poètes (Philippe Desportes, Guillaume du Bartas, Agrippa d'Aubigné) à puiser dans les possibilités du langage et à utiliser toute la variété des figures de style pour essayer de saisir ce qui se dérobe.

■ Les récits

Pantagruel (1532), *Gargantua* (1534) donnent l'ampleur du génie contestataire de Rabelais. Les emprunts aux écrits populaires, la verve truculente, l'exagération comique ne masquent pas le projet de l'auteur : combattre l'obscurantisme et promouvoir l'idéal humaniste.

À l'ombre de Rabelais, le récit court s'impose. L'*Heptaméron* (1559), de Marguerite de Navarre, sœur de François Iᵉʳ, est un ensemble d'histoires emboîtées, inspiré du *Décaméron* de Boccace.

■ Les essais

L'*Institution de la religion chrétienne* de Calvin, traduite du latin en français (1559) par l'auteur, est un manifeste en faveur de la Réforme.

Dans ses *Essais,* œuvre inclassable, Montaigne interroge, avec une grande liberté d'esprit, l'humaine condition. « Je suis moi-même la matière de mon livre » écrit-il. L'auteur ne propose pas de dogmes fermés, pas de théories arrêtées, mais suggère une attitude face à la vie : stoïque (« Le savoir mourir nous affranchit de toute sujétion et contrainte »), sceptique (« Que sais-je ? »), épicurienne (« Pour moi donc, j'aime la vie »).

Plus j'ai d'amour
plus j'ai de fâcherie

Marguerite de Navarre

(Angoulême, 1492 – Odos de Bigorre, 1549)
Fille du roi Henri II et de Catherine de Médicis, elle est la sœur du roi François 1ᵉʳ auquel elle sacrifie une partie de sa vie : elle épouse à dix-sept ans le duc d'Alençon, qu'elle n'aime pas, pour satisfaire l'ambition de son frère. Femme érudite et sensible, protectrice des créateurs (Marot), son influence, y compris diplomatique, est grande à la cour où elle réunit écrivains et humanistes. Elle se remarie avec le roi de Navarre, qu'elle aime, mais dont les tromperies et la grossièreté envers les femmes lui sont insupportables. Catholique fervente, elle se rapproche de la Réforme, mais rompt avec Calvin dont les excès l'horrifient. Son recueil de poésie, *Miroir de l'âme pécheresse* (1531) est poursuivi par la Sorbonne qui y reconnaît les idées évangélistes. Elle réunit ses poèmes d'inspiration platonicienne dans *Marguerites de la Marguerite des Princesses* (1547). L'*Heptaméron*, inspiré du *Décaméron* de Boccace, paraîtra après sa mort. *Ses Dernières poésies*, publiées au XIXᵉ siècle, font la transition entre le Moyen Âge et la Renaissance.

LXX

Plus j'ai d'amour, plus j'ai de fâcherie,
Car je n'en vois nulle autre réciproque ;
Plus je me tais, et plus je suis marrie,
Car ma mémoire, en pensant, me révoque
Tous mes ennuis, dont souvent je me moque
Devant chacun, pour montrer mon bon sens ;
À mon malheur moi-même me consens
En le celant, par quoi je conclus
Que, pour ôter la douleur que je sens,
Je parlerai, mais n'aimerai plus.

Marguerite de Navarre, *Dernières poésies*, vers 1547-1549,
publiées en 1896 par Abel Lefranc.

Pour mieux comprendre

Un amour : un attachement, une passion pour une personne ; amour pour Dieu.
Une fâcherie : une peine, une tristesse.
Marri(e) : triste.
Se moquer : rire de.

Révoquer : rappeler, revenir en mémoire.
Consens, v. *consentir* : accepter.
Celant, v. *celer* : cacher, garder pour soi, ne rien dire, **se taire**.
Ôter : enlever, faire partir.

Découverte

1 Qui a écrit ce poème ? Consultez la biographie. Qu'est-ce qui retient votre attention ?

2 À quelle époque a vécu cette femme ? Lisez le panorama du siècle : qu'est-ce qui vous semble important ?

3 Regardez le poème : combien comporte-t-il de vers ? Repérez les rimes et dites comment elles s'organisent.

4 Lisez le poème. Que ressentez-vous ? Quel est le thème ? Qui parle ?

Exploration

1 Repérez le premier mot des vers 1 à 4 : que remarquez-vous du point de vue formel ? Qu'exprime « Car » ? À quel type d'écrit renvoie-t-il ?

....

....

2 Vers 1/2 : paraphrasez ce que dit la poétesse. Pourquoi est-elle triste ? De quel « amour » parle-t-elle ? (Regardez « Pour mieux comprendre »). Comment explique-t-elle sa tristesse ?

....

3 Vers 3 à 6 : quand la poétesse se tait, que ressent-elle ? Quel rôle donne-t-elle à la mémoire quand il n'y a plus de parole ?

....

4 Vers 4 à 6 : quelle attitude la poétesse adopte-t-elle face à ses « ennuis » ? Devant « qui » fait-elle cela et pourquoi ? Qui parle ici : la reine qui doit respecter l'étiquette de la cour ou l'être humain qui souffre ? Justifiez votre réponse.

....

5 Vers 7/8 (jusqu'à la virgule) : quel constat fait la poétesse ? À quel fragment du vers 3 renvoie « En le celant » ? Repérez les mots dont les sonorités se répètent : quels effets sont recherchés ?

....

6 La fin du poème : quels mots des vers 1 et 3 rappellent « douleur » ? À quelle conclusion parvient la poétesse ? À quel vers fait écho cette conclusion ? Repérez les mots grammaticaux qui construisent le raisonnement : quel est le rôle de la poésie ici ?

....

7 Relisez le texte. Y a-t-il des images, des métaphores ? Dites sur quoi repose la dimension poétique du texte. Quelle est la particularité de cette poésie ?

....

8 Que pensez-vous de la conclusion de la poétesse ? Après la lecture, pouvez-vous dire de quel genre d'amour il est question ? Quelle est votre interprétation ?

....

Essais

Montaigne

(Michel Eyquem, château de Montaigne, Périgord, 1533-1592)
Fils d'un riche négociant anobli adepte des idées de la Renaissance, il a le latin pour langue maternelle. Il étudie le droit et la philosophie et siège au Parlement de Bordeaux où, en 1558, il rencontre La Boétie (1530-1563) auquel l'attache une profonde amitié. Il lit Plutarque, Sénèque, Platon, Lucrèce, Virgile… et commence la rédaction des *Essais* vers 1572. Les deux premiers livres paraissent en 1580. À partir de 1578, une maladie incurable le fait terriblement souffrir. Il voyage en France, en Allemagne, en Italie. Élu maire de Bordeaux (1581), il continue à participer aux affaires du royaume, a la confiance d'Henri III, reçoit chez lui Henri de Navarre, le futur roi Henri IV. Il consacre les dernières années de sa vie à enrichir les *Essais* dont l'édition de 1588 comporte le troisième livre. C'est une œuvre unique dans la littérature française, constituée de séries d'expériences, de réflexions, de jugements. Le projet de l'humaniste Montaigne était de se peindre lui-même comme témoin de « l'humaine condition ».

Au demeurant, ce que nous appelons ordinairement amis et amitiés, ce ne sont qu'accointances et familiarités nouées par quelque occasion ou commodité, par le moyen de laquelle nos âmes s'entretiennent. En l'amitié de quoi je parle, elles se mêlent et se confondent l'une en l'autre, d'un mélange si universel, qu'elles effacent et ne retrouvent plus la couture qui les a jointes. Si on me presse de dire pourquoi je l'aimais, je sens que cela ne se peut exprimer, qu'en répondant : « Parce que c'était lui ; parce que c'était moi ».

Il y a, au-delà de tout mon discours, et de ce que j'en puis dire particulièrement, ne sais quelle force inexplicable et fatale, médiatrice de cette union. Nous nous cherchions avant que de nous être vus, et par des rapports que nous oyions l'un de l'autre, qui faisaient en notre affection plus d'effort que ne porte la raison des rapports, je crois par quelque ordonnance du ciel ; nous nous embrassions par nos noms. Et à notre première rencontre, qui fut par hasard en une grande fête et compagnie de ville, nous nous trouvâmes si pris, si connus, si obligés entre nous, que rien dès lors ne nous fut si proche que l'un à l'autre. (…)

Montaigne, *Essais*, Livre I, chapitre 28 : « De l'amitié », 1580-1588.
Version modernisée.

Pour mieux comprendre

Une accointance : une relation avec quelqu'un ; une fréquentation.

Une familiarité : une intimité, le fait de voir beaucoup, régulièrement une personne.

Une commodité : une convenance, une occasion favorable.

S'entretenir : être lié (les âmes sont liées l'une à l'autre).

Se confondre : être deux et ne faire plus qu'un.

La couture : l'endroit visible où deux morceaux de tissu sont cousus ensemble.

Le discours : le jugement.

Fatale : voulue par le destin.

Des rapports : des propos tenus sur quelqu'un.

Nous oyions, v. *ouïr* : entendre.

Une affection : un sentiment.

L'effort : l'effet.

Nous nous embrassions par nos noms : à seulement entendre nos noms, nous nous sentions unis.

Obligés : liés.

Découverte

1 De quelle œuvre est extrait ce passage ? En vous aidant de la biographie, faites des hypothèses sur le type de texte proposé.

2 Quelle partie de l'œuvre de Montaigne est proposée ? Combien de subdivisions (« livres ») comporte-t-elle ? (Reportez-vous à la biographie).

3 Quel est le thème du chapitre dont vous allez découvrir un passage ?

4 Lisez la première phrase. Montaigne parle de l'amitié ordinaire entre personnes qui se fréquentent ou se voient régulièrement. Qui est « nous » ? Quels mots renvoient à ce qui est habituel ? Quelle forme restrictive annonce une opposition ?

5 Dans cette même phrase, Montaigne ne parle pas des hommes, mais des « âmes ». Que font-elles dans le cadre de l'amitié ordinaire ?

Exploration

1 Lisez le reste du texte. Phrase 2 : « En (…) parle » : Montaigne parle de son amitié avec La Boétie. Dans la biographie, relevez ce qui concerne cet homme. Combien de temps a duré l'amitié entre les deux hommes ?

....

2 Dans cette phrase, quel mot remplace « elles » ? Qu'est-ce qui différencie l'amitié ordinaire de celle qui lie Montaigne à La Boétie ? Comment comprenez-vous « elles effacent (…) jointes. » ? Retrouvez dans cette phrase l'expression qui résume ce qu'est cette amitié.

....

3 Qu'est-il impossible de faire pour Montaigne ? Cependant, comment répond-il ? Comment interprétez-vous sa réponse ? Quel autre sentiment peut-elle exprimer ?

....

4 Paragraphe 2 : dans cette amitié, qu'est-ce qui dépasse (est « au-delà ») le jugement (« discours ») ? Retrouvez dans la suite de ce passage une expression synonyme. Commentez : « Nous nous cherchions (…) vus ». De quoi relève cette amitié ?

....

5 « et par des rapports (…) rapports » signifie : « Ce que nous entendions sur l'un et l'autre faisait plus d'effet sur nos sentiments qu'il n'est normal pour des paroles prononcées par d'autres personnes. » Qu'est-ce qui avive (exalte) les sentiments des deux hommes ? Comprenez-vous cette situation ? L'avez-vous déjà vécue ? Développez votre réponse.

....

6 Quelle phrase illustre les propos précédents ? Sur quoi repose la poésie de cette phrase ?

....

7 Amitié… passion amoureuse… ? Selon vous, qu'exprime vraiment ce texte ? Argumentez votre réponse.

....

Le XVIIᵉ siècle

Le XVIIᵉ siècle connaît beaucoup de problèmes : guerres de religion, famine, instabilité politique. Après l'assassinat d'Henri IV (1610), son épouse, Marie de Médicis, dirige le royaume. Son fils, Louis XIII, est roi (1617 à 1643) et nomme le cardinal de Richelieu comme Conseiller, qui soutient le pouvoir royal. Louis XIV, le « Roi-Soleil », gouverne de 1661 à 1715. Pendant son règne, la France devient le pays le plus puissant d'Europe. C'est le triomphe de la monarchie absolue.

LES COURANTS

Trois mouvements marquent cette période : le baroque, la préciosité et le classicisme.

Le Baroque (en portugais, *barroco* signifie « perle irrégulière ») vient d'Italie et se développe en Europe. Il est utilisé d'abord en architecture : son art repose sur l'illusion, les transformations, le sentiment que tout est changement. Pour la littérature, *Les Tragiques* d'Agrippa d'Aubigné (1616) sont un exemple de ce mouvement : il décrit une vision tragique de la vie et de la mort. Les œuvres baroques ont un style orné, une langue riche en figures de style (métaphore, opposition, symbole). La dimension comique, inspirée du *Don Quichotte* de Cervantes (traduit en 1614) a aussi son importance : on la retrouve dans les premières pièces de Corneille (*L'illusion comique,* 1636, *Mélite,* 1629), dans *Le Roman comique* (1651-1655) de Paul Scarron et dans l'*Histoire comique de Francion* (1623) de Charles Sorel. Tristan l'Hermite (*Les Amours de Tristan*, 1638) et Théophile de Viau écrivent une poésie tournée vers la nature où ils expriment la souffrance de l'amour.

La Préciosité se développe dans les salons de l'aristocratie et de la bourgeoisie (l'hôtel de la marquise de Rambouillet), en réaction à un mode de vie sans finesse. Elle se distingue par un langage recherché et la délicatesse dans l'expression des sentiments. Les femmes revendiquent plus d'indépendance et de liberté dans la relation amoureuse, défendent la bienséance (respect des règles de politesse). *L'Astrée* (1607-1627) d'Honoré d'Urfé, *Le grand Cyrus* (1649-1653), *Clélie* avec la « carte du tendre » (1554-1660) de Mademoiselle de Scudéry, sont représentatifs de ce mouvement. *La Princesse de Clèves* (1678) de Madame de La Fayette, fait le passage entre la Préciosité et le Classicisme.

Le Classicisme est basé sur l'harmonie, l'équilibre, la raison et le respect des textes antiques. L'application des règles touche aussi la langue française. Pour le grammairien Vaugelas, de l'Académie française, dans *Remarques sur la langue française* (1647), la langue parlée à la cour du roi est adoptée comme référence : ce sera désormais le « bon usage ». L'*Art poétique* (1674) de Boileau, les *Dictionnaires* de Richelet (1680), de Furetière (1690) et de l'Académie (1694) participent à la recherche et à la conception des règles du français, dans la volonté de le rendre parfait.

LES GENRES LITTÉRAIRES

Le théâtre

Le XVIIᵉ siècle représente l'âge d'or du théâtre. Les maîtres de la tragédie, Corneille (*Le Cid*, 1637 ; *Horace*, 1640) et Racine (*Andromaque*, 1667 ; *Iphigénie,* 1674) respectent la règle des trois unités (temps, lieu et action), symbole de la rigueur classique. La grandeur, la vertu des héros cornéliens surmontent les situations difficiles, alors que le tragique fait souffrir les héros raciniens qui n'ont souvent qu'une solution : la mort. Maître de la comédie, Molière s'inspire des comiques latins (Plaute), de la Commedia dell'arte italienne, de la tradition de la farce (petite pièce drôle) pour mettre en scène des événements de la société : l'éducation des femmes (*L'École des femmes*, 1662), l'argent (*L'Avare*, 1668), la médecine (*Le Malade imaginaire*, 1673). Ses personnages doivent faire rire et réfléchir. L'art a un objectif moral : éduquer et distraire.

Les écrits moralistes

• Les *Fables* de La Fontaine présentent des animaux ou des personnes pour dénoncer les vices de son temps, et les *Contes* de Perrault, de tradition orale, proposent plusieurs niveaux de lecture. La dimension morale tient un grand rôle.

• La correspondance : les *Lettres* (publiées en 1726) de Madame de Sévigné décrivent la société de son époque et la manière de vivre à la cour du roi.

• La maxime : dans une écriture courte et précise, La Rochefoucauld (*Maximes*, 1665*)*, montre les défauts de l'être humain alors que La Bruyère (*Les Caractères*, 1688) analyse et critique l'attitude des hommes et offre des portraits satiriques qui deviennent universels.

Les écrits philosophiques

Le *Discours de la méthode* (1637) de Descartes s'appuie sur une démarche basée sur la raison. C'est la pensée qui assure l'homme de son existence : « Cogito ergo sum : je pense, donc je suis ». Pour Pascal, philosophe, mathématicien (les *Provinciales*, 1656, les *Pensées*, 1669-1670), la grâce est donnée par Dieu ; le problème de la liberté humaine se pose alors.

Vers la fin du siècle, le libertinage, courant érudit, défend la liberté de pensée. On passe de l'honnête homme du XVIIᵉ au philosophe du XVIII siècle.

L'École des femmes

Arnolphe, un vieux bourgeois, avait choisi pour épouse Agnès, une paysanne alors âgée de quatre ans. Il l'a fait élever dans un couvent, dans l'ignorance totale du monde. Elle a désormais 17 ans. Elle a rencontré Horace, un « jeune blondin »…

Scène 2
ARNOLPHE, AGNÈS.
ARNOLPHE, *assis.*

(…) Le mariage, Agnès, n'est pas un badinage.
À d'austères devoirs le rang de femme engage :
Et vous n'y montez pas, à ce que je prétends,
Pour être libertine et prendre du bon temps.
Votre sexe n'est là que pour la dépendance.
Du côté de la barbe est la toute-puissance.
Bien qu'on soit deux moitiés de la société,
Ces deux moitiés pourtant n'ont point d'égalité :
L'une est moitié suprême, et l'autre subalterne :
L'une en tout est soumise à l'autre qui gouverne.
Et ce que le soldat dans son devoir instruit,
Montre d'obéissance au Chef qui le conduit,
Le Valet à son Maître, un enfant à son Père,
À son Supérieur le moindre petit Frère,
N'approche point encor de la docilité,
Et de l'obéissance, et de l'humilité,
Et du profond respect, où la femme doit être
Pour son mari, son Chef, son Seigneur et son Maître.
Lorsqu'il jette sur elle un regard sérieux,
Son devoir aussitôt est de baisser les yeux ;
Et de n'oser jamais le regarder en face
Que quand d'un doux regard il lui veut faire grâce.
C'est ce qu'entendent mal les femmes d'aujourd'hui :
Mais ne vous gâtez pas sur l'exemple d'autrui.
Gardez-vous d'imiter ces coquettes vilaines,
Dont par toute la Ville on chante les fredaines :
Et de vous laisser prendre aux assauts du malin,
C'est-à-dire, d'ouïr aucun jeune blondin. (…)

Molière, *L'École des femmes*, acte III, scène 2, 1662.

Molière

(Jean-Baptiste Poquelin,
Paris, 1622-1673)

Fils d'un tapissier du roi Louis XIII, il fait des études de droit. À 21 ans, il rencontre Madeleine Béjart et fonde l'Illustre Théâtre (1644). Il prend le pseudonyme de Molière, devient directeur de la troupe et parcourt la France. En 1658, il rentre à Paris, joue ses farces qui plaisent au roi Louis XIV. Ses comédies : *Les Précieuses ridicules* (1659), *L'École des femmes*, *L'Avare* (1668), *le Bourgeois gentilhomme* (1670) ont beaucoup de succès. *Tartuffe* (1664), qui met en scène l'hypocrisie de certains croyants et D*om Juan* (1665), le libre penseur qui s'oppose à Dieu, sont interdits. Il meurt lors de la première représentation du *Malade imaginaire* et l'Église lui refuse un enterrement religieux. Ses satires de la société du XVIIe siècle sont universelles et aujourd'hui, ses pièces de théâtre sont toujours jouées avec succès.

Pour mieux comprendre

Un badinage : un jeu, un amusement, une chose légère.

Libertin(e) : libre, qui n'obéit pas aux lois.

Suprême : supérieur.

Subalterne : qui est inférieur, **soumis.**

Un Frère : un jeune qui vient d'entrer en religion, dans un couvent.

L'humilité : l'état d'infériorité d'une personne ; la soumission, la modestie.

Faire grâce : faire honneur.

Entendre : 1) écouter, **ouïr ;** 2) accepter, comprendre.

Une coquette : une femme qui cherche à plaire aux hommes ; Arnolphe la considère comme laide, **vilaine.**

Une fredaine : un léger écart de conduite par rapport à la norme.

Un assaut : 1) une attaque ; 2) l'entreprise de séduction d'Horace, **malin** comme le diable.

Découverte

1 Relevez le nom de l'auteur et le titre de l'œuvre. Quel genre littéraire allez-vous découvrir ? Comment comprenez le titre ? À quel moment de la pièce sommes-nous ?

2 Lisez le chapeau et faites une présentation complète de chacun des personnages. Qu'est-ce qui vous semble choquant ?

3 Lisez le texte. Qui parle et à qui ? Qu'indique la didascalie ? Au théâtre, comment appelle-t-on le moment où un personnage parle longuement à un autre ?

4 Soulignez le vers 1 : de quoi s'agit-il ? Dites quel est le point de vue d'Arnolphe.

Exploration

1 Vers 2 à 5 : à quoi le rang de femme engage-t-il Agnès ? À quoi ce rang engage-t-il la femme ? (Aidez-vous de « Pour mieux comprendre »). Quelle certitude Arnolphe a-t-il sur le destin la femme ? (Vers 2).

....

2 « Et vous n'y montez pas/Pour être libertine (...) temps. » : recherchez le sens de « libertine ». Qu'est-ce qu'Arnolphe reproche à Agnès ? Comment jugez-vous cet homme ?

....

3 Vers 6 à 10 : pour Arnolphe, que sont l'homme et la femme ? Cependant, qu'est-ce qui les différencie ? Par quels mots/expressions désigne-t-il les deux êtres ? Que révèle cette vision du monde ? Qu'en pensez-vous ?

....

4 Dans les vers 11 à 14, quels exemples l'homme prend-il pour convaincre Agnès ? Qu'est-ce que chaque exemple souligne dans la relation entre les personnages ? S'agit-il de la même relation dans un couple ? Expliquez votre réponse.

....

5 Dans la suite, jusqu'à « ...son Maître. » : retrouvez les mots synonymes de *docilité*. Pour l'homme, quelles sont les quatre qualités que la femme *doit* incarner et pour qui ? (Vers 18.) À quelles autres figures s'identifie Arnolphe ? À quelles figures identifie-t-il la femme ?

....

6 À partir du vers 19 : quels comportements la femme doit-elle avoir face au mari ? Commentez le vers 23. Quelles sont les deux recommandations faites à Agnès ? De quoi Arnolphe a-t-il peur ?

....

7 « les coquettes vilaines » : en vous aidant de « Pour mieux comprendre », expliquez cette expression. Que dit-on de ces personnes ? (Vers 26) À quoi ce vieux bourgeois est-il sensible socialement ? De quel défaut souffre-t-il ?

....

8 La devise d'Arnolphe est d'épouser une sotte pour ne pas être sot : que pensez-vous de cette logique ?

....

Blaise Pascal

(Clermont-Ferrand, 1623 – Paris, 1662)
Sa mère meurt lorsqu'il a trois ans. Son père est un homme cultivé, curieux des sciences, président à la Cour des Aides. Pascal est un génie précoce. À seize ans, son *Essai pour les coniques* soulève l'admiration des mathématiciens. Il réalise la machine arithmétique, ancêtre de la machine à calculer. Sa contribution est aussi très importante en géométrie et en physique. Ce savant, admirateur de Montaigne, est atteint d'une maladie qui lui paralyse le bas du corps. Après la mort de son père et l'entrée de sa sœur chez les religieuses jansénistes de Port-Royal, il a une vie mondaine qui lasse vite l'homme épris d'infini, rempli d'angoisse et en quête de Dieu. Après l'extase mystique de la nuit du 23 novembre 1654, il se retire à Port-Royal. Il publie *Les Provinciales* qui défendent le jansénisme (la grâce dépend de Dieu et n'est pas donnée à tous). Son *Apologie de la religion chrétienne*, qui veut convaincre par le raisonnement, sera publiée par Port-Royal sous le titre : *Pensées de M. Pascal sur la Religion*. Son pouvoir de conviction est servi par une logique irréfutable et une grande puissance poétique.

Pensées

135

Justice, force.

Il est juste que ce qui est juste soit suivi. Il est nécessaire que ce qui est le plus fort soit suivi.

La justice sans la force est impuissante. La force sans la justice est tyrannique.

La justice sans force est contredite parce qu'il y a toujours des méchants. La force sans la justice est accusée. Il faut donc mettre ensemble la justice et la force, et pour cela faire que ce qui est juste soit fort ou que ce qui est fort soit juste.

La justice est sujette à dispute. La force est très reconnaissable et sans dispute. Ainsi on n'a pu donner la force à la justice, parce que la force a contredit la justice, et a dit qu'elle était injuste, et a dit que c'était elle qui était juste.

Et ainsi ne pouvant faire que ce qui est juste fût fort, on a fait que ce qui est fort fût juste.

Blaise Pascal, *Pensées*, 1669-1670.

Pour mieux comprendre

Nécessaire : inévitable.
Suivi : respecté.
Tyrannique : injuste, violent.
Contredite : contestée ; réfutée.
Accusée : mise en cause, tenue pour coupable.

Sujette à dispute : qui fait l'objet d'une discussion ; qui est soumise à examen, à débat.
Fût : v. *être* au subjonctif imparfait.

Découverte

1 Quel est le titre de l'œuvre d'où ce passage est extrait ? Faites des hypothèses sur le genre d'écrit et son contenu. Vérifiez vos hypothèses en lisant la biographie.

2 Repérez la date de parution de l'œuvre. Quel est le régime politique en France à cette époque ? (Consultez le panorama). Quelles sont les particularités de ce type de gouvernement ?

3 Regardez le texte : comment est-il composé ? À votre avis, que signifie le chiffre en haut du texte ?

4 Relevez le titre de ce passage. À quoi vous font penser ces deux mots ?

Exploration

1 Lisez le paragraphe 1 : comment est-il construit ? Comparez les phrases qui le composent. Quelles notions Pascal met-il en parallèle ? Quelle différence fait-il entre ces deux notions ?

....

2 Lisez le reste du texte. Combien de fois les mots « justice » et « force » sont-ils employés ? Que constatez-vous ?

....

3 Dans les deux paragraphes suivants (jusqu'à « accusée »), que se passe-t-il lorsque l'une des notions fonctionne sans l'autre ? Que pensez-vous des affirmations de Pascal ? Selon vous, que faudrait-il faire ?

....

4 Fin du paragraphe 3 : que propose Pascal ? Que doit-il se passer pour que cela se produise ? Retrouvez les mots de liaison qui construisent la logique de cette partie.

....

5 Paragraphe 4 : « La justice est sujette à dispute ». Pourquoi, à votre avis, est-il impossible d'établir ce qui est juste ? Quelle est la caractéristique de la force ?

....

6 Pourquoi n'a-t-on pas pu donner « la force à la justice » ? Qu'a dit la « force » de la « justice » ? Dans ce cas, qu'est-ce qui devient « juste » et pourquoi ? Que pensez-vous des affirmations de Pascal ? Y a-t-il des situations contemporaines qui illustreraient ses propos ?

....

7 Repérez les mots de liaison au début du dernier paragraphe : quel est leur rôle ? À partir de quel constat Pascal établit-il sa conclusion ? Comment comprenez-vous cette conclusion ? Vous semble-t-elle plutôt optimiste ou pessimiste ? Argumentez votre réponse.

....

8 Discussion : à votre avis, cette « Pensée » est-elle marquée par le régime politique de la France du XVIIᵉ siècle ou peut-elle aussi concerner le monde actuel ? Présentez vos arguments.

....

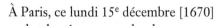

Lettres

Madame de Sévigné

(Marie de Rabutin-Chantal, Paris, 1626 – château de Grignan, 1696)
Elle est, avec madame de La Fayette, une des grandes figures littéraires de ce siècle. Elle appartient à une noble et riche famille. Orpheline très jeune, elle est élevée par son oncle. Elle apprend l'italien, l'espagnol, le latin. En 1644, elle devient marquise de Sévigné, mais son mari meurt sept plus tard : elle élève seule ses deux enfants. Elle fréquente les salons de la haute bourgeoisie où elle se lie d'amitié avec La Rochefoucauld, le cardinal de Retz, Mme de La Fayette, Melle de Scudéry. En 1669, sa fille se marie avec le Comte de Grignan, part pour le sud ; la séparation est douloureuse pour la mère. Commence alors une correspondance qui deviendra célèbre. Mme de Sévigné passe son temps entre Paris, Grignan et la Bretagne. Ses *Lettres*, adressées pour partie à sa fille, montrent un art de la narration, un style travaillé et « naturel », une expression originale. Elles abordent la vie à la cour, la mort, l'amour, la critique des écrivains de son temps.

À MONSIEUR DE COULANGES

À Paris, ce lundi 15e décembre [1670]

Je m'en vais vous mander la chose la plus étonnante, la plus surprenante, la plus merveilleuse, la plus miraculeuse, la plus triomphante, la plus étourdissante, la plus inouïe, la plus singulière, la plus extraordinaire, la plus incroyable, la plus imprévue, la plus grande, la plus petite, la plus rare, la plus commune, la plus éclatante, la plus secrète jusqu'aujourd'hui, la plus brillante, la plus digne d'envie : enfin une chose dont on ne trouve qu'un exemple dans les siècles passés, encore cet exemple n'est-il pas juste ; une chose que l'on ne peut pas croire à Paris (comment la pourrait-on croire à Lyon ?) ; une chose qui fait crier miséricorde à tout le monde, une chose qui comble de joie Mme de Rohan et Mme d'Hauterive ; une chose enfin qui se fera dimanche, où ceux qui la verront croiront avoir la berlue ; une chose qui se fera dimanche, et qui ne sera peut-être pas faite lundi. Je ne puis me résoudre à la dire ; devinez-la : je vous le donne en trois. Jetez-vous votre langue aux chiens ? Eh bien ! il faut donc vous la dire : M. de Lauzun épouse dimanche au Louvre, devinez qui ? Je vous le donne en quatre, je vous le donne en dix ; je vous le donne en cent. Mme de Coulanges dit : Voilà qui est bien difficile à deviner ; c'est Mme de La Vallière. – Point du tout, Madame. – C'est donc Mlle de Retz ? – Point du tout, vous êtes bien provinciale. – Vraiment nous sommes bien bêtes, dites-vous, c'est Mlle Colbert. – Encore moins. – C'est assurément Mlle de Créquy. – Vous n'y êtes pas. Il faut donc à la fin vous le dire : il épouse dimanche, au Louvre, avec la permission du Roi, Mademoiselle, Mademoiselle de… Mademoiselle… devinez le nom : il épouse Mademoiselle, ma foi ! par ma foi ! ma foi jurée ! Mademoiselle, la Grande Mademoiselle ; Mademoiselle, fille de feu Monsieur ; Mademoiselle, petite-fille de Henri IV ; mademoiselle d'Eu, mademoiselle de Dombes, mademoiselle de Montpensier, mademoiselle d'Orléans ; Mademoiselle, cousine germaine du Roi ; […]

Mme de Sévigné, *Lettres*, lettre 19, éd. posthume, 1726.

Pour mieux comprendre

Mander : faire savoir par lettre, écrire.

Digne d'envie : qui mérite d'être désirée.

Lyon : M. et Mme de Coulanges sont à Lyon.

Crier miséricorde : exprimer une surprise mêlée de peur.

Puis, v. *pouvoir* (présent) : Mme de Sévigné ne peut se décider (**résoudre**) à parler.

Jeter sa langue aux chiens : renoncer à deviner quelque chose (aujourd'hui, on dit « donner sa langue au chat »).

Le donner en trois, en quatre, en dix, en cent : donner à deviner.

Duc de Lauzun (1633-1723) : homme politique qui se marie (**épouse**) avec **Mademoiselle** de Montpensier, fille du frère (mort, **feu**) du roi Louis XIII.

La Vallière : une ancienne favorite du roi Louis XIV. Melles de **Retz, Colbert** et **de Créquy** sont les trois plus beaux partis à ce moment-là.

Ma foi : c'est vrai, une parole d'honneur.

Découverte

1 Observez ce document : à quel genre littéraire appartient-il ? Relevez les éléments qui vous permettent de l'identifier.

2 Qui écrit à qui ? Repérez le lieu et la date. Quel roi gouvernait à cette époque ? Retrouvez un nom de lieu qui permet de situer où se trouve le destinataire (une phrase entre parenthèses).

3 Lisez les six premiers mots : quels sont les pronoms personnels utilisés ? Que signifie « mander » ?

Exploration

1 Lisez le texte. De « Je m'en vais… » à « digne d'envie » : à quelle « chose » Mme de Sévigné fait-elle référence ? De quelle manière en parle-t-elle ? De quel degré de comparaison s'agit-il ? Combien y a-t-il d'adjectifs ? Quels effets sont ainsi créés ?

....

2 Relevez tous les adjectifs et classez-les selon qu'ils ont le même sens, un sens opposé. Que cherche à transmettre Mme de Sévigné ?

....

3 « enfin une chose (…) faite lundi. » : sur quel mot la marquise revient-elle sans cesse ? Combien de fois est-il repris ? Sait-on de quel événement il s'agit ? Que veut susciter la marquise chez son correspondant ? Soulignez les informations qui accompagnent et développent ce mot. À quel jeu s'amuse-t-elle ?

....

4 Dans la suite, retrouvez une phrase qui indique qu'elle hésite à se décider. Que propose-t-elle en échange à M. de Coulanges ?

....

5 « Jetez-vous votre langue aux chiens ? » : quel est le sens de cette expression ? Que dit-on aujourd'hui ? Quel événement annonce-t-elle à M. de Coulanges ? Où aura-t-il lieu ? L'information est-elle complète ? À quel jeu Mme de Sévigné s'amuse-t-elle de nouveau ?

....

6 « Mme de Coulanges dit (…) êtes pas. » : la marquise fait parler Mme de Coulanges qui se trouve à Lyon. Qui émet les suppositions ? Qui donne les réponses ? Qu'est-ce que la marquise introduit dans l'art de la lettre ? Quels effets sont produits ?

....

7 « Il faut donc à la fin vous le dire » : quelles phrases précédentes rappellent celle-ci ? Dans la suite du texte, que fait de nouveau la marquise ? Finalement, quelle nouvelle annonce-t-elle ? Quels moyens utilise-t-elle pour présenter « Mademoiselle » ? Que veut-elle ainsi souligner ?

....

8 Vous êtes témoin d'un événement très important : écrivez une lettre à un(e) ami(e) pour le lui raconter à la manière de la marquise de Sévigné.

....

Phèdre

Jean Racine

(La Ferté-Milon, 1639 – Paris, 1699)
À quatre ans, il n'a plus ses parents. Il est élevé par les religieuses jansénistes de l'abbaye de Port-Royal et il reçoit une solide formation intellectuelle et morale. Il restera marqué par la doctrine janséniste : l'homme est faible, attiré par le péché ; seul Dieu peut le sauver. Il écrit pour le théâtre, pratique scandaleuse pour l'Église. Ses pièces s'inspirent de l'Antiquité. Il crée beaucoup entre 1664 et 1677 : *Andromaque* (grand succès), *Britannicus, Bérénice, Bajazet, Iphigénie*. En 1673, il entre à l'Académie française. Après l'échec de *Phèdre*, il abandonne le théâtre et devient historien du roi Louis XIV. En 1680, il revient au jansénisme et écrit deux pièces inspirées de la Bible : *Esther* (1689) et *Athalie* (1691). Il est l'un des maîtres de la tragédie française. Sa conception du monde est pessimiste : les sentiments passionnés de ses personnages les conduisent souvent à la mort.

Thésée, fils d'Égée, est en voyage. Phèdre, sa femme, discute avec sa confidente, Œnone.

ŒNONE

Aimez-vous ?

PHÈDRE

De l'amour j'ai toutes les fureurs.

ŒNONE

Pour qui ?

PHÈDRE

Tu vas ouïr le comble des horreurs.
J'aime… À ce nom fatal, je tremble, je frissonne.
J'aime…

ŒNONE

Qui ?

PHÈDRE

Tu connais ce fils de l'Amazone,
Ce prince si longtemps par moi-même opprimé ?

ŒNONE

Hippolyte ! Grands Dieux !

PHÈDRE

C'est toi qui l'as nommé.

ŒNONE

Juste ciel ! tout mon sang dans mes veines se glace.
Ô désespoir ! ô crime ! ô déplorable race !
Voyage infortuné ! Rivage malheureux,
Fallait-il approcher de tes bords dangereux ?

PHÈDRE

Mon mal vient de plus loin. À peine au fils d'Égée
Sous les lois de l'hymen je m'étais engagée,
Mon repos, mon bonheur semblait être affermi,
Athènes me montra mon superbe ennemi.
Je le vis, je rougis, je pâlis à sa vue ;

Jean Racine, *Phèdre*, acte I, scène 3, 1677.

Pour mieux comprendre

La fureur : la démesure et la violence (de l'amour).

Ouïr : entendre.

Le comble : le plus haut degré.

Fatal : qui est fixé par le destin ; qui annonce la mort.

L'Amazone : une femme guerrière. La mère d'Hippolyte, Antiope, reine des Amazones, a eu son fils avec Thésée.

Opprimer : violenter une personne, dominer.

La race déplorable : les femmes maudites par Vénus (déesse de l'amour) : la mère et la sœur de Phèdre.

Infortuné : malheureux. Thésée a éloigné son fils sur les plaintes de Phèdre.

Un hymen : un mariage.

Affermi : rendu plus solide, plus fort.

Pâlir : perdre ses couleurs.

Superbe ennemi : Hippolyte.

Découverte

1 Regardez la composition de ce texte et dites à quel genre littéraire il appartient.

2 Qui sont les personnages ? Lequel porte le titre de l'œuvre ? Le connaissez-vous ? Numérotez chaque intervention des personnages.

3 Lisez les cinq premières répliques (interventions) : quelles phrases Œnone emploie-t-elle ? Que veut-elle savoir ?

Exploration

1 Que répond Phèdre ? Aidez-vous de « Pour mieux comprendre » et reformulez sa phrase. Que pensez-vous du choix du mot « fureurs » ?

....

2 Avec quel mot « fureurs » rime-t-il ? Qu'expriment ces deux noms ? « Tu vas ouïr (...) horreurs. » : de quoi Phèdre est-elle consciente ? Prononce-t-elle le nom de celui qu'elle aime ? Qu'utilise-t-elle à la place ? Que signifie l'adjectif ? De quelle manière sont traduits les sentiments de Phèdre ?

....

3 Répliques 6/7 : quelles informations Phèdre donne-t-elle ? Qu'est-ce qu'elle ne peut pas faire ? Œnone a compris : qui est-ce et quel lien a-t-il avec Phèdre ? (Regardez « Pour mieux comprendre »). Quel est le sens de « Grands Dieux ! » ?

....

4 « C'est toi qui l'as nommé. » : qui fait « l'aveu » ? Que continue de faire Phèdre ? Comment comprenez-vous les deux premières phrases de la dernière intervention d'Œnone ? Que ressent-elle ? À quoi renvoie « race déplorable » ?

....

5 Analysez la manière dont réagit Œnone (lexique, phrase, répétition...). Que marquent les exclamations ?

....

6 Dernière réplique : que semble-t-il se produire pour Phèdre juste après son mariage (*hymen*) ? Que signale « À peine » ? Que désigne « Mon mal » ? Quand est-il apparu ?

....

7 Parvient-elle à prononcer le nom d'Hippolyte ? Comment le désigne-t-elle ? Comment comprenez-vous les mots utilisés par Phèdre ?

....

8 « À peine (...) vue » : repérez le temps des verbes. Quel est leur rôle ? Dans le dernier vers, par quels procédés stylistiques (lexique, sons, rythme...) Racine met-il en scène la passion de Phèdre ?

....

Le XVIIIᵉ siècle

Dès 1715 (mort du roi Louis XIV), le pouvoir de la monarchie absolue s'affaiblit. Sous Louis XV (1723-1774), la France est riche, mais les réformes de l'État sont un échec. Pendant le règne de Louis XVI, le pays connaît une crise économique, politique, financière et sociale qui oblige le roi à convoquer les États généraux (assemblée des trois composantes de la société : le clergé, la noblesse et le tiers état) le 1ᵉʳ mai 1789. Le tiers état se proclame Assemblée nationale : la Révolution commence. Le 14 juillet, la Bastille est prise, la Déclaration des droits de l'homme et du citoyen est votée le 26 août. Le 21 janvier 1793, Louis XVI est condamné à mort et guillotiné.

La vie culturelle n'est plus à Versailles mais à Paris, dans les clubs, les cafés, les salons philosophiques, où se propagent les idées nouvelles. Les mœurs sont plus libres et l'esprit critique s'exerce sur tous les savoirs. La confiance dans le progrès, la raison et le bonheur, un désir de fraternité universelle, caractérisent l'esprit philosophique. Les récits de voyages en Chine, en Perse, en Amérique favorisent l'ouverture à d'autres cultures. Dans la seconde moitié du siècle, l'importance accordée à la sensibilité annonce le romantisme.

▬▬▬▬▬ LES LUMIÈRES : UN MONDE ÉCLAIRÉ PAR LA PHILOSOPHIE

Raison, tolérance, humanité : ces trois mots de Condorcet résument l'idéal des philosophes.

La critique rationnelle de la royauté de droit divin (c'est Dieu qui donne le pouvoir au roi) mine peu à peu l'autorité royale. Dans l'*Esprit des lois* (1748), Montesquieu s'achemine vers une monarchie parlementaire (comme en Angleterre), modérée, basée sur la raison. Pour Voltaire, les hommes « sont naturellement libres et égaux » ; les *Lettres philosophiques* (1734) défendent le modèle anglais. Si Diderot propose un contrat entre le souverain et le peuple (article *Autorité politique* de l'Encyclopédie), Rousseau, dans le *Contrat social* (1762), va plus loin : il conçoit un pacte social librement accepté entre le peuple et un gouvernement qui assure l'administration de l'État : c'est la démocratie.

La question religieuse intéresse beaucoup les philosophes. Tous luttent contre l'intolérance et le fanatisme. Face au déisme de Voltaire (il croit en Dieu mais refuse les dogmes des religions), à la « religion naturelle » de Rousseau (*La Profession de foi du Vicaire Savoyard*, 1762), Diderot affirme son athéisme dans *Le rêve de d'Alembert* (1769).

Le respect de l'être humain, la réflexion sur la liberté et la reconnaissance de l'égalité des personnes, contribuent à mettre fin à l'esclavage en 1794.

L'ENCYCLOPÉDIE

Le *Dictionnaire raisonné des sciences, des arts et des métiers,* œuvre immense de 17 volumes, présente les connaissances disponibles et les met à la disposition de tous. De nombreux philosophes y travaillent. Le principal collaborateur est Diderot; d'Alembert s'occupe des mathématiques et de la partie scientifique. L'ambition de l'Encyclopédie est de combattre les préjugés, de faire triompher la raison, d'assurer par la science la libération et le bonheur de l'homme.

LES GENRES LITTÉRAIRES

La poésie

Le genre est en crise. André Chénier, influencé par la Grèce, crée des poèmes d'une grande musicalité: *Les Bucoliques (*1785-1787). Dans *Iambes,* il se révolte contre la Terreur, la période la plus sanguinaire de la Révolution.

Le théâtre

Dans ses comédies, *Le Jeu de l'Amour et du Hasard* (1730), *Les Fausses Confidences* (1737), Marivaux joue sur les subtilités du langage pour montrer les fantaisies de l'amour. Chez Beaumarchais, la satire des institutions sociales, présente dans *Le Barbier de Séville* (1775), devient plus violente dans *Le Mariage de Figaro* (1784), où le valet triomphe de son maître, à la grande joie du public.

Le roman

C'est un genre important qui veut donner une image fidèle de l'évolution de la société. Ce réalisme se retrouve dans l'histoire de *Gil Blas de Santillane* de Lesage (1715-1735), dans la description de la passion fatale de *Manon Lescaut* de l'Abbé Prévost (1731). Le roman épistolaire connaît un succès considérable: les *Lettres Persanes* (Montesquieu, 1721), critique des mœurs et des institutions, *La Nouvelle Héloïse* (1761), où Rousseau essaie de réunir passion et vertu, *Les Liaisons dangereuses* (Laclos, 1782), récit libertin de l'alliance du mal et de l'intelligence qui marque l'apogée du genre. Voltaire diffuse ses idées dans les contes philosophiques: *Zadig* (1747), *Micromégas* (1752), *Candide* (1759) et Diderot fait éclater le genre romanesque avec *La Religieuse* (1760), *Le neveu de Rameau* (1762) et surtout *Jacques le Fataliste* (1773). Quant à Rousseau, persécuté et malheureux, il se réfugie dans l'autobiographie: la sensibilité des *Confessions* (1765-1770) est préromantique.

L'inégalité
entre les hommes

Jean-Jacques Rousseau

(Genève, 1712 – Ermenonville, 1778).
Très jeune, il perd sa mère et reste peu chez son père. En 1728, il quitte Genève et va chez madame de Warens, une femme qui le protège. Il fait de petits métiers pour survivre. À 30 ans, il est à Paris, rencontre Diderot et participe à *L'Encyclopédie*. En 1744, il rentre de Venise où il était secrétaire d'ambassadeur, a une relation avec Thérèse Levasseur qui lui donne cinq enfants qu'il abandonne à l'Hospice des enfants trouvés. *La Nouvelle Héloïse* (1761), roman par lettres, montre le malheur humain. Le *Discours sur l'origine de l'inégalité*, qui s'indigne contre l'injustice, lui assure la gloire. *L'Émile ou de l'éducation* et *Du contrat social* (1762) sont condamnés par le Parlement de Paris et brûlés à Genève. Il passera une grande partie de sa vie à fuir et son caractère ombrageux lui aliène ses amis. Son refuge sera l'autobiographie : *Les Rêveries du promeneur solitaire* (1776) et *Les Confessions* qui paraîtront après sa mort.

J e conçois dans l'Espèce humaine deux sortes d'inégalité ; l'une que j'appelle naturelle ou Physique, parce qu'elle est établie par la Nature, et qui consiste dans la différence des âges, de la santé, des forces du Corps, et des qualités de l'Esprit, ou de l'Âme ; l'autre qu'on peut appeler inégalité morale, ou politique, parce qu'elle dépend d'une sorte de convention, et qu'elle est établie, ou du moins autorisée par le consentement des Hommes. Celle-ci consiste dans les différents Privilèges, dont quelques-uns jouissent, au préjudice des autres, comme d'être plus riches, plus honorés, plus Puissants qu'eux, ou même de s'en faire obéir.

On ne peut pas demander quelle est la source de l'inégalité Naturelle, parce que la réponse se trouverait énoncée dans la simple définition du mot : on peut encore moins chercher s'il n'y aurait point quelque liaison essentielle entre les deux inégalités ; car ce serait demander, en d'autres termes, si ceux qui commandent valent nécessairement mieux que ceux qui obéissent, et si la force du Corps ou de l'Esprit, la sagesse ou la vertu, se trouvent toujours dans les mêmes individus, en proportion de la Puissance, ou de la Richesse : question bonne peut-être à agiter entre des Esclaves entendus de leurs maîtres, mais qui ne convient pas à des Hommes raisonnables et libres, qui cherchent la vérité.

De quoi s'agit-il donc précisément dans ce Discours ? De marquer dans le progrès des choses, le moment où le Droit succédant à la Violence, la Nature fut soumise à la Loi ; d'expliquer par quel enchaînement de prodiges le fort put se résoudre à servir le faible, et le Peuple à acheter un repos en idée, au prix d'une félicité réelle.

Jean-Jacques Rousseau, *Discours sur l'origine et les fondements de l'inégalité parmi les hommes*, 1755.

Pour mieux comprendre

Le consentement : l'accord, l'acceptation.
Les privilèges : un avantage, une faveur. Sous l'Ancien Régime, des avantages que possèdent des personnes en raison de leur naissance (nobles) ou de leurs fonctions (hommes d'Église et de Justice). Ils ont été abolis, supprimés, le 4 août 1789.
Jouir : profiter de.
Au préjudice de : au détriment, au désavantage des autres ; contre les autres.
Une liaison : une relation.

Essentiel(le) : qui constitue la nature d'un être ou d'une chose.
Valent (…) mieux, v. *valoir* : avoir plus de valeur, être plus estimable.
La vertu : la perfection morale.
Marquer : montrer.
Le prodige : quelque chose d'extraordinaire ; un miracle.
Se résoudre : se décider à.
En idée : qui n'existe pas dans la réalité ; s'oppose à **réelle**.
Au prix de : pour le prix de, à la place de.

Pour mieux comprendre

1 De quelle œuvre ce texte est-il extrait ? Quel genre littéraire vous est proposé ? Quelle est sa particularité ? Relevez la date de publication.

2 Consultez la biographie : que s'est-il passé pour certains livres de l'auteur ? Pourquoi, à votre avis ? Recherchez dans un dictionnaire le sens du mot « censure ».

3 Lisez le texte. Quel genre d'écrit venez-vous de découvrir ? Qu'avez-vous compris ?

4 Qui parle ? Que pense le locuteur (« conçois ») au sujet de l'Espèce humaine ?

Exploration

1 Nommez les deux sortes d'inégalités. Comment comprenez-vous que la seconde soit « autorisée par le consentement des hommes » ? À quoi Rousseau fait-il allusion ?

....

2 En quoi consiste la seconde inégalité ? Relevez l'explication du nom trouvé, puis les exemples donnés par l'auteur. Expliquez ce que vous comprenez. Lequel de ces exemples vous est le plus insupportable ? Développez votre réponse.

....

3 Paragraphe 2 : « On ne peut (…) Naturelle, » : êtes-vous d'accord avec l'affirmation du philosophe ? Argumentez votre réponse. Quel premier argument donne-t-il pour justifier son affirmation ? Correspond-il à votre réponse ?

....

4 Le second argument avance qu'il ne faut pas chercher de relation « naturelle » entre les deux inégalités : quelle est la première justification donnée par Rousseau ? Que pensez-vous de ces propos ?

....

5 La seconde justification concerne les qualités physiques et les valeurs morales : se retrouveraient-elles seulement chez les Puissants et les Riches, justement parce qu'ils sont puissants et riches ? Commentez ce raisonnement.

....

6 Qu'annonce, du point de vue du déroulement du *« Discours »*, le paragraphe 3 ? Quel est le rôle de l'interrogation ? Quel « moment » le philosophe choisit-il de montrer ?

....

7 À votre avis, pourquoi le fort s'est-il décidé à servir le faible ? Quelle en est la conséquence pour le peuple ? Est-ce un véritable « contrat social » entre le fort et le faible ou une manière pour le fort de préserver ses privilèges ? Argumentez votre réponse.

....

8 Dans *Du contrat social*, Rousseau écrit : « L'homme est né libre, et partout il est dans les fers. » Partagez-vous cette pensée ?

....

La religieuse

Denis Diderot

(Langres, 1713 – Paris, 1784)
Issu d'une famille bourgeoise, il fait des études de droit, de théologie et de philosophie à Paris et mène, pendant une dizaine d'années, une vie de bohème. En 1747, Diderot devient le principal rédacteur de l'*Encyclopédie*, énorme entreprise de vulgarisation de toutes les connaissances, qui voulait combattre les préjugés et faire triompher la raison. Le philosophe en dirigera les travaux jusqu'en 1766. Le matérialisme athée de la *Lettre sur les aveugles à l'usage de ceux qui voient* (1749) lui vaut un emprisonnement dans la tour de Vincennes. En 1773, il demeure cinq mois à la cour de Russie, invité par Catherine II. Travailleur infatigable, bon vivant, ami fidèle (Grimm, Sophie Volland), tout le passionne et son œuvre est éclectique, constituée de théâtre, réflexions sur l'art du comédien : *Paradoxe sur le comédien* (1773), critiques d'art, romans : *La religieuse, Le neveu de Rameau* (1762), *Jacques le fataliste et son maître* (1773), essais philosophiques : *Le rêve de d'Alembert* (1769)…

Suzanne Simonin a été forcée par ses parents d'entrer dans un couvent, où elle est maltraitée. Elle a écrit à un avocat pour la libérer. Sa supérieure, une femme sévère, vient d'apprendre la nouvelle. Suzanne répond…

– (…) Chacun a son caractère, et j'ai le mien ; vous aimez la vie monastique, et je la hais ; vous avez reçu de Dieu les grâces de votre état, et elles me manquent toutes ; vous vous seriez perdue dans le monde ; et vous assurez ici votre salut ; je me perdrais ici, et j'espère me sauver dans le monde ; je suis et je serai une mauvaise religieuse.

– Et pourquoi ? Personne ne remplit mieux ses devoirs que vous.

– Mais c'est avec peine et à contre-cœur.

– Vous en méritez davantage.

– Personne ne peut savoir mieux que moi ce que je mérite ; et je suis forcée de m'avouer qu'en me soumettant à tout, je ne mérite rien. Je suis lasse d'être une hypocrite ; en faisant ce qui sauve les autres, je me déteste et je me damne. En un mot, madame, je ne connais de véritables religieuses que celles qui sont retenues ici par leur goût pour la retraite, et qui y resteraient quand elles n'auraient autour d'elles ni grilles, ni murailles qui les retinssent. Il s'en manque bien que je sois de ce nombre : mon corps est ici, mais mon cœur n'y est pas ; il est au dehors : et s'il fallait opter entre la mort et la clôture perpétuelle, je ne balancerais pas à mourir. Voilà mes sentiments.

– Quoi ! Vous quitterez sans remords ce voile, ces vêtements qui vous ont consacrée à Jésus-Christ ?

– Oui, madame, parce que je les ai pris sans réflexion et sans liberté…

Denis Diderot, *La religieuse*, 1760-1781.

Pour mieux comprendre

Monastique : qui concerne la vie des religieux(ses), enfermé(e)s dans un **couvent**.

Hais, v. *haïr* : ne pas aimer, **détester**.

La grâce : la bonté, l'inspiration de Dieu.

Lasse : fatiguée.

Un(e) hypocrite : une personne menteuse, fausse, qui n'est pas sincère.

Se damner : 1) être prêt à tout ; 2) vendre son âme au diable (contraire : **se sauver**, le **salut**).

La retraite : le fait de se retirer du monde pour entrer au couvent.

Retinssent, v. *retenir* (imparfait du subjonctif) : garder dans un lieu entouré de **grilles**, de **murailles** qui empêchent de s'échapper.

Il s'en manque bien que : beaucoup de choses me manquent pour que je sois une religieuse.

Opter : choisir entre la **mort** et l'enfermement à vie (**clôture perpétuelle**).

Un remords : le fait de ressentir de la honte, de la culpabilité suite à une mauvaise action.

Consacrer : 1) rendre sacré ; 2) donner à Dieu.

Découverte

1 Quel est le titre de l'œuvre d'où ce texte est extrait ? À quel sujet Diderot s'est-il intéressé ? Pour quelles raisons, selon vous ?

2 Lisez le chapeau. Présentez les personnages et la situation. Où se passe l'histoire ? À votre avis, pourquoi les parents ont-ils agi ainsi ?

3 Lisez le texte. Mettez le nom des personnages devant chaque réplique. Dernière réplique, relevez les mots qui décrivent la réalité de Suzanne. Que dénonce Diderot ?

Exploration

1 « Chacun (…) le mien » : par quelle affirmation commence Suzanne ? Que cherche-t-elle à faire comprendre à sa supérieure ?

....

2 Lisez la suite : comment développe-t-elle son raisonnement ? (Opposition, parallélisme, répétition, champ lexical). Quel constat fait-elle dans la dernière phrase du paragraphe ? Quelles réactions Diderot veut-il susciter ?

....

3 Que montre la question de la supérieure ? Que rappelle-t-elle à Suzanne ? Commentez la réponse de Suzanne. Pour la supérieure, plus on souffre, plus on se rapproche (« mérite ») de Dieu. Comment réagit Suzanne à cette affirmation ? À quoi renvoie « Personne » ? Que revendique-t-elle ?

....

4 À quoi Diderot s'attaque-t-il et que cherche-t-il à faire prendre conscience ?

....

5 « et je suis forcée (…) damne. » : pour Suzanne, que se passe-t-il quand une personne est soumise ? Que ne supporte-t-elle plus ? Quelles sont les conséquences de sa vie dans ce lieu ?

....

6 « En un mot (…) sentiments. » : qu'est-ce qui caractérise la vraie religieuse pour Suzanne ? Comment se considère-t-elle ? (« Il s'en manque… »). Repérez l'hypothèse : quel choix ferait-elle sans hésiter (« balancer ») ? A-t-elle vraiment le « choix » ? Développez votre réponse.

....

7 Relisez cette réplique et analysez la façon (choix du lexique, parallélisme…) dont Diderot exprime la révolte de la religieuse. Que dénonce-t-il finalement ?

....

8 À votre avis, pourquoi Diderot choisit-il une femme pour faire cette satire ? Plus loin, la supérieure dit à Suzanne : « Que dira le monde ? » Quel aspect de la religion le philosophe « éclaire »-t-il ?

....

Voltaire

(Pseudonyme de François –
Marie Arouet, Paris, 1694-1778)
Fils de notaire, il reçoit une
éducation humaniste et s'initie
très tôt à la vie mondaine. Ses
écrits satiriques, son caractère
ombrageux, lui valent deux
emprisonnements à la Bastille,
puis un exil en Angleterre
(1726-1729). La publication
des *Lettres philosophiques* (1734),
critiquant la monarchie, l'oblige
à nouveau à s'éloigner de Paris.
Mme du Chatelet l'accueille
dans son château de Cirey
où il écrit le *Traité
de métaphysique*, l'*Essai sur
les mœurs*… Le philosophe
est élu à l'Académie française
en 1746. Son séjour en Prusse,
auprès de Frédéric II
(1747-1750) se termine par un
désenchantement et une nouvelle
arrestation. Il s'est battu
inlassablement pour la liberté,
la justice, la tolérance, contre
le fanatisme, professant
un déisme basé sur la raison
et défendant le bonheur terrestre.
Son œuvre est immense : théâtre,
poésie, histoire, philosophie.
Le *Traité sur la tolérance*
est écrit à propos de l'affaire
Calas, un protestant injustement
accusé de l'assassinat de son fils.
Le *Dictionnaire philosophique*
paraît en 1764, puis *Zadig* (1748)
et *Candide* (1759), contes
philosophiques.

Traité
sur la tolérance

Chapitre XXIII

PRIÈRE À DIEU

(…) Tu ne nous as point donné un cœur pour nous haïr, et des mains pour nous égorger ; fais que nous nous aidions mutuellement à supporter le fardeau d'une vie pénible et passagère ; que les petites différences entre les vêtements qui couvrent nos débiles corps, entre tous nos langages insuffisants, entre tous nos usages ridicules, entre toutes nos lois imparfaites, entre toutes nos opinions insensées, entre toutes nos conditions si disproportionnées à nos yeux, et si égales devant toi ; que toutes ces petites nuances qui distinguent les atomes appelés *hommes* ne soient pas des signaux de haine et de persécution ; que ceux qui allument des cierges en plein midi pour te célébrer supportent ceux qui se contentent de la lumière de ton soleil ; que ceux qui couvrent leur robe d'une toile blanche pour dire qu'il faut t'aimer ne détestent pas ceux qui disent la même chose sous un manteau de laine noire ; qu'il soit égal de t'adorer dans un jargon formé d'une ancienne langue, ou dans un jargon plus nouveau ; que ceux dont l'habit est teint en rouge ou en violet, qui dominent sur une petite parcelle d'un petit tas de la boue de ce monde, et qui possèdent quelques fragments arrondis d'un certain métal, jouissent sans orgueil de ce qu'ils appellent *grandeur* et *richesse*, et que les autres les voient sans envie : car tu sais qu'il n'y a dans ces vanités ni de quoi envier, ni de quoi s'enorgueillir.

Puissent tous les hommes se souvenir qu'ils sont frères ! (…)

Voltaire, *Traité sur la tolérance à l'occasion de la mort de Jean Calas*, 1763.

Pour mieux comprendre

Un traité : un ouvrage qui analyse une question scientifique ou morale.
La tolérance : le fait d'admettre que quelqu'un peut penser ou agir différemment de soi. Pour les philosophes, c'est aussi la liberté de penser.
Égorger : couper la gorge, le cou. Tuer.
Supporter : accepter.
Le fardeau : un poids lourd à porter.
Débile : faible, fragile.

Insensé : fou, absurde.
Un atome : une chose très petite.
Jouir : profiter de.
L'orgueil : une fierté déplacée ; la suffisance, la vanité. V. **s'enorgueillir**.
L'envie : le fait de désirer ce qui appartient à quelqu'un ; la jalousie.
Une vanité : le fait d'être vide, sans importance.

Découverte

1 De quelle œuvre ce passage est-il extrait ? À propos de quel événement a-t-il été écrit ?

2 À quelle date cet ouvrage est-il paru ? Quel est le régime politique en France à cette époque ?

3 Relevez le titre du chapitre proposé : en général, quel est le but d'une telle communication ?

4 Lisez jusqu'à « égorger » : qu'affirme Voltaire ? Quelle idée se fait-il de Dieu ?

5 Lisez le paragraphe 1 : repérez « fais que » ainsi que les points-virgules. « Fais » n'est employé qu'une fois : il est sous-entendu avant chaque « que ».

Exploration

1 « fais que (...) passagère » : soulignez les deux adjectifs qui qualifient la « vie ». À votre avis, pourquoi Voltaire choisit-il ces aspects de l'existence ? Que demande-t-il à Dieu ?

....

2 À quels mots se rapportent « les petites différences » ? De quel thème général parle Voltaire ? Soulignez les adjectifs qui qualifient ces mots : sont-ils péjoratifs ou mélioratifs (positifs) ? Par ce choix, que cherche à montrer le philosophe ?

....

3 « entre toutes nos conditions (...) persécution ; » : quel groupe de mots reprend « les petites différences » ? Comment cette réalité (« conditions ») est-elle vécue par les hommes ? Comment est-elle considérée par Dieu ? Qu'est-ce que Voltaire demande à Dieu ?

....

4 « que ceux qui allument (...) nouveau » : quel est le thème général ? Sur quels éléments s'appuie l'auteur ? Qu'est-ce qui est ironique ? Sur quels procédés stylistiques se développe l'argumentation ? (Parallélisme, opposition...). Qu'est-ce que Voltaire demande à Dieu ?

....

5 « que ceux dont (...) envie » : de quelle catégorie économique est-il question ? Relevez ce qu'elle domine et possède. Comment procède l'ironie voltairienne ? (Vocabulaire, parallélisme, graphie...) Qui sont « les autres » ?

....

6 Dans ce passage, qu'est-ce que Voltaire demande à Dieu ? À votre avis, est-ce possible ? Argumentez votre réponse. Dans la phrase suivante, Voltaire est-il encore dans la prière ? Commentez la dernière phrase du passage.

....

7 Voltaire a écrit : « Écrasons l'infâme », c'est-à-dire les superstitions, les dogmes religieux qui créent le fanatisme et font que les hommes s'entretuent. En quoi ce passage est-il caractéristique de cette position philosophique ?

....

Aux hommes

Fier d'une fausse liberté,
Sexe, qui vous croyez le maître,
Soyez, au moins, digne de l'être.
Justifiez votre fierté ;
Et puis, ce sera notre affaire,
Quand vous l'aurez bien mérité,
De vous surpasser pour vous plaire.
Pardonnez-moi cette candeur,
Qui peut vous paraître un outrage,
Mais qui convient à mon humeur.
Vive, indépendante et volage,
Ma plume obéit à mon cœur.
Disserter est votre partage :
Il est très noble assurément ;
Le nôtre, c'est l'amusement,
Qui, prouvant moins, vaut davantage.
À votre plus grave argument,
Nous répondons en nous jouant,
Avec un mot de persiflage.
[…]

Fanny de Beauharnais,
Mélange de poésies fugitives et prose sans conséquence, 1772.

Fanny de Beauharnais

(Paris 1737-1813)
Marie-Anne-Françoise Mouchard de Chaban, comtesse de Beauharnais, est la fille d'un receveur général des finances. À dix ans, dans un couvent, elle compose son premier poème, brûlé par les religieuses. En 1753, elle se marie avec le comte de Beauharnais, de vingt ans son aîné, dont elle se sépare en 1762. Elle retrouve une vie libre, mondaine. Elle ouvre son salon aux gens de Lettres (Dorat, Louis Sébastien Mercier, Cazotte…). Elle écrit et publie de la poésie, *L'île de la félicité, ou Anaxis et Théone*, poème philosophique (1803), des romans, *Lettres de Stéphanie* (1778), *L'Abailard supposé ou le Sentiment à l'épreuve* (1780), du théâtre, *La Fausse Inconstance* (1787), des comédies, *À tous les penseurs, salut* (1774). Elle entretient une correspondance avec Voltaire et Frédéric II. Elle voyage en Italie au début de la Révolution, est emprisonnée pendant la Terreur. Son style élégant, léger, vif, traite avec finesse des travers des hommes, et aussi des femmes !

Pour mieux comprendre

Fugitive : qui s'échappe, s'enfuit ; qui ne dure pas.

Une prose : tout écrit, discours qui n'est pas en vers.

Fier : qui se croit supérieur aux autres ; qui se vante (avoir de la **fierté**).

Digne de : qui mérite ; honorable.

Une candeur : la simplicité, la sincérité, la naïveté, la pureté.

Un outrage : une injure très grave, une insulte.

Volage : qui change souvent de sentiment ; inconstant, léger, infidèle.

Disserter : parler, faire un développement à l'oral ou à l'écrit.

Un partage : les hommes ont reçu de la « nature » l'art de disserter, de bien parler, de raisonner.

Un argument : une preuve que l'on donne pour convaincre.

Un persiflage : une moquerie ; le fait de tourner une personne en ridicule par plaisanterie ou ironie.

Découverte

1 Observez la présentation du texte. De quel genre littéraire s'agit-il ? Qui en est l'auteur ?

2 Regardez le titre : à qui ce texte s'adresse-t-il ? Comment interprétez-vous le pluriel ?

3 Lisez le passage. Qui parle et à qui ? Relevez les indices qui vous permettent de répondre.

4 Dans le vers 2, par quels mots sont désignés les « hommes » ? Quel adjectif qualifie le genre masculin (vers 1) ? Quelle image des hommes la poétesse donne-t-elle ?

5 Quel est le mode du vers 3 ? Qu'exprime-t-il ici ? Reformulez l'idée de ce vers. Qu'est-ce qui est demandé au vers 4 ? Que signifie cette phrase ?

Exploration

1 Relisez les quatre premiers vers. Quel effet produisent les deux adjectifs du vers 1 ? Quelle nuance apporte le verbe *croire* (par rapport à la position des hommes) ? Relevez les mots à la rime. Que constatez-vous ?

....

....

2 Vers 5-10 : avec quel mot rime « affaire » ? Que propose la poétesse, dans quel but, mais à quelle condition ? Quelle relation établit-elle entre les deux sexes ? Quel est le ton de ce passage ?

....

....

3 Vers 8-9 : que demande-t-elle et pour quelle raison ? Sur quelle image de l'homme joue-t-elle ?

....

....

4 À quelle activité fait référence le mot « plume » ? Quels adjectifs qualifient ce mot ? Que pensez-vous du choix de ces mots ? À qui la plume est-elle implicitement comparée ?

....

5 Vers 13-16 : qu'est-ce que la « nature » a donné aux hommes ? Comment est jugé ce qu'ils font ? Qu'est-ce que la « nature » a donné aux femmes (« le nôtre ») ? À votre avis, la poétesse est-elle ironique ? sincère ? Justifiez votre réponse.

....

6 « À votre plus grave argument » reprend « Disserter » : quelle est la réaction des femmes face au « sérieux » des hommes ? (vers 18-19). Quelle attitude adoptent-elles ? Qu'en pensez-vous ?

....

7 Composez un poème adressé « aux femmes », à la manière de Fanny de Beauharnais. À vos plumes !

....

Le XIXᵉ siècle

De profonds changements bouleversent le XIXᵉ siècle : révolution industrielle, naissance du monde ouvrier et du droit syndical, émergence des socialismes utopistes, enseignement obligatoire et laïque, expansion de la presse et de l'édition, invention de la photographie et du cinéma, de l'automobile, découverte du vaccin par Pasteur, extension de l'empire colonial (Algérie, Indochine…).

La Tour Eiffel est construite en 1889, lors de la quatrième exposition universelle à Paris, commémorant le centenaire de la Révolution.

Sur le plan politique, ce siècle marque l'installation définitive de la République. Mais avant, il y aura *l'Empire* de Napoléon Iᵉʳ (1804-1814), la *Restauration* de la monarchie (1814-1848). Pendant cette période, deux révolutions éclatent : les *Trois Glorieuses* (1830) et la *Révolution de 1848* qui met fin à la monarchie. La *IIᵉ République* (1848-1851) est proclamée.

L'esclavage est aboli, la liberté accordée à la presse, le suffrage universel est institué. Napoléon III, neveu de Napoléon Iᵉʳ, organise un coup d'État et instaure le *second Empire* qui tombera lors de la guerre franco-prussienne (1870-1871). La *IIIᵉ République* (1870-1940), laïque et parlementaire, débute par une guerre civile : la *Commune de Paris* qui sera réprimée dans le sang en 1871.

LES COURANTS LITTÉRAIRES

■ Le Romantisme

Il s'inspire des écrivains anglais (Byron) et allemands (Goethe). C'est l'expression du désenchantement d'une génération née de la Révolution française de 1789, qui s'incarnera dans la poésie, le théâtre et le roman. Ce « mal du siècle » fut annoncé par Chateaubriand, écrivain du Moi blessé, dans le roman *René* (1802) et repris par Musset dans *La Confession d'un enfant du siècle* (1836). Lamartine, Vigny, Musset et Hugo, figure emblématique de ce siècle, symbolisent la poésie romantique. En célébrant la passion, la liberté et l'engagement politique, ils expriment leur malaise dans une société bourgeoise conformiste.

Le théâtre se libère des règles du Classicisme. La *Préface de Cromwell* (1827) et *Hernani* (1830) de Victor Hugo inaugurent le drame romantique avec ses audaces et déclenchent la bataille entre Classiques et Modernes. Stendhal (*Le Rouge et le Noir*, 1830) et Balzac avec la *Comédie Humaine* (1829-1848) analysent la réalité sociale et historique de leur époque et annoncent le Réalisme. Le père du roman historique, Alexandre Dumas, fait paraître ses œuvres dans la presse, sous forme de roman-feuilleton (*Le comte de Monte-Cristo,* 1845).

■ Le Réalisme

Né dans la seconde moitié du siècle, il refuse la mélancolie et la sentimentalité des Romantiques. Flaubert est dans une recherche permanente du style : *Madame Bovary* (1857), *l'Éducation Sentimentale* (1869), *Salammbô* (1862). Pour lui, « seule compte la beauté de l'écriture ». Maupassant, admirateur de Flaubert, porte le genre de la nouvelle à un haut degré de perfection : *Boule de Suif* (1880), *Une vie* (1883). Il s'écarte du réalisme pour investir une littérature du fantastique : *Le Horla* (1887).

■ Le Naturalisme

Dans *Les Rougon-Macquart* (1871-1893), Émile Zola relate l'histoire d'une famille du second Empire, marquée par l'hérédité et le déterminisme de l'environnement social. Il s'inspire des théories scientifiques de l'époque (le positivisme d'Auguste Comte). Son œuvre témoigne des transformations de son temps : les grands boulevards, les grands magasins, la finance, les chemins de fer, et rend compte des luttes sociales. Comme George Sand et Victor Hugo, il dénonce la misère que produit le capitalisme naissant.

■ Le Parnasse

Dans le groupe des Parnassiens, Théophile Gautier, *Émaux et Camées* (1852), Leconte de Lisle, *Poèmes Barbares* (1862), Hérédia, *Les Trophées* (1893), se détournent de l'émotion des Romantiques et de l'engagement politique pour s'intéresser à « l'art pour l'art ».

■ Le Symbolisme

Ce mouvement prend ses distances avec les autres courants littéraires. Nerval cherche son inspiration dans les arcanes du rêve et des souvenirs pour transcrire ses visions entre songe et réalité : *Les filles du feu* et *Les chimères* (1854). Baudelaire compose *Les Fleurs du Mal* (1857*)*, œuvre majeure du Symbolisme où il établit des correspondances entre le monde des sens et les aspects cachés de l'univers. Verlaine, *Poèmes saturniens* (1866), Rimbaud, *Une saison en enfer* (1873), *Illuminations (*1874-1876*)* et Mallarmé, *Hérodiade* (1871), explorent toutes les potentialités du langage poétique.

■ Les décadents

Ils représentent « la fin de siècle ». Des Esseintes, le héros du roman de Huysmans, À *rebours* (1884), illustre le personnage du dandy dégoûté des réalités quotidiennes et se réfugie dans un esthétisme morbide.

À partir de 1874, le mouvement impressionniste va renouveler la peinture et apporter des changements dans la manière de regarder, de décrire le monde.

Lorenzaccio

À Florence, en 1537, Lorenzo de Médicis, cousin d'Alexandre, duc de Médicis, qui règne sur cette ville, rencontre Tebaldeo, un peintre, devant le portail d'une église.

LORENZO. – Ton pourpoint est usé ; en veux-tu un à ma livrée ?

TEBALDEO. – Je n'appartiens à personne. Quand la pensée veut être libre, le corps doit l'être aussi.

LORENZO. – J'ai envie de dire à mon valet de chambre de te donner des coups de bâton.

TEBALDEO. – Pourquoi, monseigneur ?

LORENZO. – Parce que cela me passe par la tête. Es-tu boiteux de naissance ou par accident ?

TEBALDEO. – Je ne suis pas boiteux ; que voulez-vous dire par là ?

LORENZO – Tu es boiteux ou tu es fou.

TEBALDEO. – Pourquoi, monseigneur ? Vous vous riez de moi.

LORENZO – Si tu n'étais pas boiteux, comment resterais-tu, à moins d'être fou, dans une ville où, en l'honneur de tes idées de liberté, le premier valet d'un Médicis peut t'assommer sans qu'on y trouve à redire ?

TEBALDEO. – J'aime ma mère Florence ; c'est pourquoi je reste chez elle. Je sais qu'un citoyen peut être assassiné en plein jour et en pleine rue, selon le caprice de ceux qui la gouvernent ; c'est pourquoi je porte ce stylet à ma ceinture.

LORENZO. – Frapperais-tu le duc si le duc te frappait, comme il lui est arrivé souvent de commettre, par partie de plaisir, des meurtres facétieux ?

TEBALDEO. – Je le tuerais, s'il m'attaquait.

LORENZO. – Tu me dis cela, à moi ?

TEBALDEO. – Pourquoi m'en voudrait-on ? Je ne fais de mal à personne. Je passe les journées à l'atelier. Le dimanche, je vais à l'Annonciade ou à Sainte-Marie ; les moines trouvent que j'ai de la voix ; ils me mettent une robe blanche et une calotte rouge, et je fais ma partie dans les chœurs, quelquefois un petit solo : ce sont les seules occasions où je vais en public. Le soir, je vais chez ma maîtresse, et quand la nuit est belle, je la passe sur son balcon. Personne ne me connaît, et je ne connais personne : à qui ma vie ou ma mort peut-elle être utile ?

Alfred de Musset, *Lorenzaccio*, acte II, scène 2, 1834.

Alfred de Musset

(Paris 1810-1857)
Il descend d'une famille noble, parente de Du Bellay. Après de brillantes études au lycée Henri IV, il fréquente très jeune les milieux romantiques dont le maître est Victor Hugo. C'est le plus parisien des poètes français. Il chérit Paris, ses théâtres, ses cafés à la mode. Dès 16 ans, sa préoccupation est l'amour et la poésie. Il est considéré comme un jeune poète prodige, mais plutôt que de tout sacrifier à l'ambition littéraire, il préfère vivre à sa fantaisie. En 1830, il écrit les *Contes d'Espagne et d'Italie*. *Les Caprices de Marianne* paraissent en 1833, au moment de sa passion tumultueuse avec George Sand, puis *Fantasio*, *On ne badine pas avec l'amour* et *Lorenzaccio*. Brisé par la rupture avec l'écrivaine, il chante sa souffrance dans *La Nuit de Mai, La Nuit de Décembre* (1835), *La Confession d'un enfant du siècle* (1836). L'alcool et le mal de vivre l'emportent à 47 ans.

Pour mieux comprendre

Un pourpoint : un vêtement d'homme qui va des épaules à la ceinture (une veste).

Une livrée : un vêtement que le seigneur donne aux personnes qui travaillent pour lui. Lorenzo propose à Tebaldeo de travailler pour lui.

Boiteux : 1) sens propre : qui marche sur un pied ou sur l'autre, qui n'est pas équilibré ; 2) sens figuré : qui ne raisonne pas bien.

Par accident : par hasard. (Ici, le moment où l'on parle).

Assommer : tuer en donnant des coups.

Un stylet : un couteau, un poignard qui a une lame fine et pointue.

Facétieux : 1) comique, drôle ; 2) moqueur, plaisant.

L'Annonciade et Sainte-Marie : des églises de Florence.

Une calotte : un petit bonnet rond qui ne couvre que le sommet de la tête.

Découverte

1 Regardez ce texte sans le lire. À quel genre littéraire appartient-il ? Où en est-on dans la pièce ? Numérotez les répliques.

2 Quels sont les personnages présents ? Quelle peut être l'origine de leur nom ? Repérez le titre de l'œuvre et dites ce que vous remarquez avec le nom d'un des personnages.

3 Lisez le chapeau : présentez les personnages, le lieu, l'époque et la situation. À quelle période de l'histoire Musset s'est-il intéressé ? Faites une recherche sur les Médicis.

4 Lisez le texte. Dans sa première réplique, que constate Lorenzo ? Que propose-t-il ? Aidez-vous de « Pour mieux comprendre » et dites ce qu'il propose vraiment au peintre.

Exploration

1 Quelle est la réponse de Tebaldeo ? Comment se définit-il ? Comment développe-t-il sa réponse ? Qu'en pensez-vous ?

....

2 Répliques 3 à 5 : quelle est la réaction immédiate de Lorenzo ? Que souligne l'expression « j'ai envie de » ? Quel rapport Lorenzo établit-il avec le peintre ?

....

3 Qu'indique la question (réplique 4) de Tebaldeo ? Lorenzo donne-t-il une vraie réponse ? Soulignez la question qu'il pose. Quels sont les sens de l'adjectif *boiteux* ? Sur quoi porte « apparemment » sa question ? Tebaldeo l'a-t-il comprise ? Que pense-t-il ?

....

4 « Si tu n'étais pas (...) redire ? » : dans quel sens Lorenzo emploie-t-il *boiteux* ? Reconstituez son raisonnement par une phrase affirmative : « tu es fou car... ». Quelle image nous est donnée du gouvernement de Florence ?

....

5 Que risque un artiste face à un valet ? Quelle est sa situation dans cette ville ? Que symbolise Florence pour Tebaldeo ? De quoi est-il conscient ?

....

6 Répliques 11-13 : de quel personnage Lorenzo parle-t-il ? Qui est-il pour lui ? Quels actes ce personnage a-t-il commis ? Comment jugez-vous son comportement ? Lorenzo fait une hypothèse : que veut-il savoir indirectement ?

....

7 Que répond Tebaldeo ? Quelle est son attitude face au pouvoir ? « Tu me dis cela, à moi ? » : de quoi Lorenzo semble-t-il s'étonner ? Relevez les arguments donnés par le peintre. Sur quoi insiste-t-il ?

....

8 Lorenzo veut assassiner le duc de Médicis. Après cette rencontre, il demande à Tebaldeo de faire le portrait de son cousin. À votre avis, quel rôle va-t-il faire jouer au peintre ?

....

La Chartreuse de Parme

Stendhal

(Pseudonyme de Henri Beyle, Grenoble, 1783 – Paris, 1842)
Son enfance est difficile : il perd sa mère très tôt, se révolte contre sa famille bourgeoise et son précepteur. Il rejette la monarchie et la religion. Après des études de mathématiques, il s'engage dans l'armée, découvre l'Italie, l'un de ses enchantements, puis prend part, comme intendant, à la campagne de Russie. À la chute de Napoléon, il s'installe à Milan, revient à Paris en 1821, mène une vie mondaine. *Rome, Naples et Florence* paraît en 1817. L'amour sera « la principale affaire de sa vie », ses passions sont nombreuses et mouvementées. *De l'amour* est publié en 1822 puis l'un de ses chefs-d'œuvre, *Le Rouge et le Noir*, en 1830. Le second, *La Chartreuse de Parme*, sera rédigé en sept semaines (novembre-décembre 1838). Sa sensibilité romantique et sa quête incessante du bonheur ne l'empêchent pas de s'analyser sans complaisance et de porter un regard critique sur la société qui l'entoure, dans un style dépouillé et incisif.

À Parme, au début du XIXᵉ siècle, Fabrice del Dongo est emprisonné dans la tour Farnèse. Clélia, fille du gouverneur de la forteresse, est amoureuse de lui mais elle a promis à son père d'épouser le marquis Crescenzi. Elle apprend que Fabrice va être empoisonné. Malgré les gardiens, elle parvient jusqu'à lui.

Elle regarda dans la chambre et vit Fabrice assis devant une fort petite table où était son dîner. Elle se précipita sur la table, la renversa, et, saisissant le bras de Fabrice, lui dit :

– As-tu mangé ?

Ce tutoiement ravit Fabrice. Dans son trouble, Clélia oubliait pour la première fois la retenue féminine, et laissait voir son amour.

Fabrice allait commencer ce fatal repas : il la prit dans ses bras et la couvrit de baisers. « Ce dîner était empoisonné, pensa-t-il : si je lui dis que je n'y ai pas touché, la religion reprend ses droits et Clélia s'enfuit. Si elle me regarde au contraire comme un mourant, j'obtiendrai d'elle qu'elle ne me quitte point. Elle désire trouver un moyen de rompre son exécrable mariage, le hasard nous le présente : les geôliers vont s'assembler, ils enfonceront la porte, et voici un esclandre tel que peut-être le marquis Crescenzi en sera effrayé, et le mariage rompu. »

Pendant l'instant de silence occupé par ces réflexions, Fabrice sentit que déjà Clélia cherchait à se dégager de ses embrassements.

– Je ne sens point encore de douleurs, lui dit-il, mais bientôt elles me renverseront à tes pieds ; aide-moi à mourir.

– Ô mon unique ami ! lui dit-elle, je mourrai avec toi.

Elle le serrait dans ses bras, comme par un mouvement convulsif.

Elle était si belle, à demi vêtue et dans cet état d'extrême passion, que Fabrice ne put résister à un mouvement presque involontaire. Aucune résistance ne fut opposée.

Dans l'enthousiasme de passion et de générosité qui suit un bonheur extrême, il lui dit étourdiment :

– Il ne faut pas qu'un indigne mensonge vienne souiller les premiers instants de notre bonheur : sans ton courage je ne serais plus qu'un cadavre, ou je me débattrais contre d'atroces douleurs ; mais j'allais commencer à dîner lorsque tu es entrée, et je n'ai point touché à ces plats.

Stendhal, *La Chartreuse de Parme*, Livre second, chapitre 25, 1839.

Pour mieux comprendre

Ravir : enchanter, rendre très heureux.
Un esclandre : un scandale.
Rompre : participe passé : **rompu**. Annuler, briser, arrêter.
Se dégager : se libérer.
Convulsif : qui caractérise un mouvement violent et involontaire.

Étourdiment : sans faire attention, sans penser.
Indigne : méprisable, bas, vil.
Une chartreuse : un couvent, une maison pour des religieux construite dans un endroit isolé.

Découverte

1 Lisez le chapeau : dites où et quand se passe l'histoire. Qui sont les personnages, quelles sont leurs relations ? Que se passe-t-il à cette étape du roman ?

2 En 1815, Fabrice s'est enfui de la maison familiale pour combattre à Waterloo. Faites une recherche sur cette bataille. À votre avis, pourquoi un jeune homme désire-t-il participer à une bataille ?

3 Regardez le texte : comment est-il composé ?

4 Lisez jusqu'à : « …lui dit : ». Repérez tout ce que fait Clélia. Quel est le temps des verbes conjugués ? En vous appuyant sur la valeur du temps et le nombre d'actions, dites ce que le narrateur veut montrer.

Exploration

1 Lisez le texte jusqu'à « opposée. ». Que comprenez-vous ?

....

2 Soulignez la question de Clélia : de quoi la jeune fille a-t-elle peur ? Quelles sont les conséquences de cette peur ? Quel type de barrières tombent ?

....

3 Repérez le passage entre guillemets et soulignez « pensa-t-il : ». À quoi correspond ce passage dans un récit ? Quelle réalité Fabrice rappelle-t-il ? Relevez ses deux hypothèses : à quelles solutions possibles aboutissent-elles ?

....

4 Quels constats Fabrice fait-il ? Selon lui, que va-t-il se passer ? Comment sa vision des événements est-elle traduite ? (Relevez les personnages, les temps verbaux…). À quelle conclusion aboutit-il ?

....

5 Pendant les « réflexions » de Fabrice, que fait Clélia ? Quelle est la réaction immédiate du jeune homme ? De quelle façon entretient-il l'angoisse de la jeune femme ? Que pensez-vous de cette attitude ?

....

6 Dans le passage : « Ô mon unique (…) opposée. » : comment se développe l'image romantique de la femme et de la passion ? Comment se comportent les deux personnages ?

....

7 Lisez la fin du texte : quelle est la décision finale de Fabrice et pourquoi ?

....

8 Quel est le titre de ce roman ? Que signifie-t-il ? Imaginez la suite de cette histoire entre les deux personnages.

....

Illusions perdues

Honoré de Balzac

(Tours, 1799 – Paris 1850)
Il est né dans une famille
de la petite bourgeoisie.
À Paris, il étudie le droit mais
préfère la philosophie. Très tôt,
la littérature le passionne mais
sa première œuvre est un échec.
À vingt-deux ans, aidé
par madame de Berny, sa
conseillère, son amante, il se
lance dans les affaires : c'est
une catastrophe. Pour payer
ses dettes, il recommence
à écrire, cette fois avec succès :
Les Chouans (1829) est le premier
livre qui porte le nom de « Balzac ».
En 1834, il imagine le plan de
son œuvre et adopte le titre
La Comédie humaine en 1842.
Il veut décrire de manière précise
la société de son temps, sur une
période qui va de 1789 à 1850.
Il pense composer 137 romans
et créer 4 000 personnages.
Entre 1829 et 1848, il termine
95 livres, 46 resteront à l'état
de projet. À partir de 1833,
il correspond avec madame
Hanska, une riche admiratrice
polonaise, avec laquelle
il se marie le 14 mars 1850.
Il meurt peu après, épuisé par
les soucis et le travail.

L'intelligent et séduisant Lucien Chardon (Lucien de Rubempré) a quitté sa ville de province, Angoulême, pour chercher gloire et fortune à Paris.

Pendant sa première promenade vagabonde à travers les Boulevards et la rue de la Paix, Lucien, comme tous les nouveaux venus, s'occupa beaucoup plus des choses que des personnes. À Paris, les masses s'emparent tout d'abord de l'attention : le luxe des boutiques, la hauteur des maisons, l'affluence des voitures, les constantes oppositions que présentent un extrême luxe et une extrême misère saisissent avant tout. Surpris de cette foule à laquelle il était étranger, cet homme d'imagination éprouva comme une immense diminution de lui-même. Les personnes qui jouissent en province d'une considération quelconque, et qui y rencontrent à chaque pas une preuve de leur importance, ne s'accoutument point à cette perte totale et subite de leur valeur. Être quelque chose dans son pays et n'être rien à Paris sont deux états qui veulent des transitions ; et ceux qui passent trop brusquement de l'un à l'autre tombent dans une espèce d'anéantissement. Pour un jeune poète qui trouvait un écho à tous ses sentiments, un confident pour toutes ses idées, une âme pour partager ses moindres sensations, Paris allait être un affreux désert. (…)

Honoré de Balzac, *Illusions perdues*, 1837-1843.

Pour mieux comprendre

La province : toute la France, sauf Paris.
Les Boulevards ; rue de la Paix : des rues fréquentées par les personnes riches et élégantes.
S'emparer de : se **saisir** de, prendre.
Vagabond(e) : au hasard, sans but précis.
Une masse : un ensemble de choses qui forme un tout (le luxe des boutiques, par exemple).

Jouir : avoir, profiter de.
La considération : l'estime, le respect envers une personne.
S'accoutumer : s'habituer à.
Vouloir : demander, nécessiter.
Un anéantissement : Le fait de tomber dans le néant, de n'être plus rien.

Découverte

1 Quel est l'auteur du roman d'où ce passage est extrait ? Reportez-vous à sa biographie. Qu'est-ce qui retient votre attention ? Comment interprétez-vous le titre de l'œuvre ?

2 Lisez le chapeau : repérez le personnage et ce qui est dit de lui, les lieux ainsi que la situation.

3 Lisez la première phrase : relevez l'indication temporelle. Où se promène Lucien ? À votre avis, que cherche-t-il à voir ? À qui est-il comparé ? Implicitement, quelle caractéristique du personnage rappelle Balzac ?

4 Lisez tout le texte. Essayez de déterminer les mouvements du passage.

Exploration

1 À Paris, qu'est-ce qui « s'empare » de quoi ? Est-ce qu'un objet inanimé peut faire cette action ? Sur quelle particularité de la capitale Balzac insiste-t-il ?

2 Soulignez les groupes de mots qui exemplifient « les masses » : quels détails choisit l'auteur ? Que veut-il montrer ? Quel commentaire sociologique apporte-t-il ? Dans le passage, quels procédés stylistiques sont utilisés et quels effets sont ainsi produits ?

3 Qui est « cet homme d'imagination » ? Par quel groupe de mots cette expression est-elle reprise dans la dernière phrase ? Relevez les deux adjectifs qui disent l'état d'esprit et la situation du héros. Qu'éprouve-t-il alors ? Comment comprenez-vous cette impression ?

4 « les personnes (...) valeur » : quel est le rôle de ce passage par rapport au précédent ? De la province à Paris, quelles contradictions affrontent « Les personnes » ? À quoi ne peuvent-elles pas s'habituer ? Par quels mots Balzac traduit-il la violence de leur nouvelle condition ?

5 Comment interprétez-vous « une espèce d'anéantissement » ? Quelles causes et quelle réalité psychologique/sociale produisent cet état ? Quels procédés stylistiques utilise l'auteur pour transmettre son analyse ?

6 Dans la dernière phrase, analysez la manière dont est préparée la chute (variations, structure de la phrase...). À quoi Balzac prépare-t-il ses lecteurs au sujet de son héros ?

7 Relisez le texte : relevez les temps verbaux et dites quelle est leur fonction et leur valeur dans la narration. À quel moment le narrateur se manifeste-t-il dans le texte ?

8 Comment imaginez-vous le destin de Lucien Chardon, qui a abandonné le nom du père pour adopter le patronyme aristocratique de la mère : « de Rubempré » ?

Carmen

Don José, jeune navarrais (pays basque, en Espagne) de bonne famille devenu soldat en Andalousie, raconte son histoire au narrateur.

(…) Voilà la gitanilla ! Je levai les yeux, et je la vis. C'était un vendredi, et je ne l'oublierai jamais. Je vis cette Carmen que vous connaissez, chez qui je vous ai rencontré il y a quelques mois.

Elle avait un jupon rouge fort court qui laissait voir des bas de soie blancs avec plus d'un trou, et des souliers mignons de maroquin rouge attachés avec des rubans couleur de feu. Elle écartait sa mantille afin de montrer ses épaules et un gros bouquet de cassie qui sortait de sa chemise. Elle avait encore une fleur de cassie dans le coin de la bouche, et elle s'avançait en se balançant sur ses hanches comme une pouliche du haras de Cordoue. Dans mon pays, une femme en ce costume aurait obligé le monde à se signer. À Séville, chacun lui adressait quelque compliment gaillard sur sa tournure ; elle répondait à chacun, faisant les yeux en coulisse, le poing sur la hanche, effrontée comme une vraie bohémienne qu'elle était. D'abord elle ne me plut pas, et je repris mon ouvrage ; mais elle, suivant l'usage des femmes et des chats qui ne viennent pas quand on les appelle et qui viennent quand on ne les appelle pas, s'arrêta devant moi et m'adressa la parole :

– Compère, me dit-elle à la façon andalouse, veux-tu me donner ta chaîne pour tenir les clefs de mon coffre-fort ?

– C'est pour attacher mon épinglette, lui répondis-je.

– Ton épinglette ! s'écria-t-elle en riant. Ah ! monsieur fait de la dentelle, puisqu'il a besoin d'épingles !

Tout le monde qui était là se mit à rire, et moi je me sentais rougir, et je ne pouvais trouver rien à lui répondre.

– Allons, mon cœur, reprit-elle, fais-moi sept aunes de dentelle noire pour une mantille, épinglier de mon âme !

Et prenant la fleur de cassie qu'elle avait à la bouche, elle me la lança, d'un mouvement du pouce, juste entre les deux yeux. Monsieur, cela me fit l'effet d'une balle qui m'arrivait… Je ne savais où me fourrer, je demeurais immobile comme une planche. Quand elle fut entrée dans la manufacture, je vis la fleur de cassie qui était à terre entre mes pieds ; je ne sais ce qui me prit, mais je la ramassai sans que mes camarades s'en aperçussent et je la mis précieusement dans ma veste. Première sottise !

Prosper Mérimée, *Carmen*, 1845 pour *La Revue des Deux Mondes*, 1847 en librairie.

Prosper Mérimée

(Paris, 1803 – Cannes, 1870)

Mérimée a deux activités majeures dans sa vie : l'écriture et les monuments historiques. Il est né dans une famille d'artistes : ses parents sont professeurs de dessin. Il étudie le droit. Il devient ami de Stendhal, a une relation amoureuse avec George Sand. Ses nombreux voyages en Europe lui servent de décor pour ses écrits. En 1829 paraît *Chronique du temps de Charles IX*, roman historique qui connaît un grand succès. La même année, il publie *Mateo Falcone*, sa première nouvelle, genre littéraire où il excelle. Suivront *La Double méprise*, *La Vénus d'Ille*, *Colomba*, *Carmen*… Il reçoit la Légion d'honneur en 1831 et est nommé Inspecteur des Monuments historiques en 1834 : il doit recenser, protéger et restaurer les monuments, comme il l'a fait pour la cathédrale Notre-Dame de Paris. En 1844, il est élu à l'Académie française.

Son écriture précise, au rythme rapide, se situe entre réalisme et fantastique.

Pour mieux comprendre

La gitanilla : mot espagnol qui signifie la petite gitane ; la **bohémienne**.

Maroquin : une sorte de cuir fait avec la peau des chèvres ou des moutons.

Cassie : cassier : un arbre des pays chauds qui donne des fleurs et des fruits.

Une pouliche : une jeune jument (femelle du cheval) qui n'est pas encore bien dressée et que l'on élève dans un **haras**.

Se signer : pour les Chrétiens, faire le signe de la croix.

En coulisse : un regard de côté.

Un compère : un camarade.

Une épinglette : une longue aiguille pour nettoyer les armes, les fusils (et non pour faire de la **dentelle** !).

Mantille : une écharpe en **dentelle** dont les Espagnoles se couvrent la tête.

Une aune : une ancienne mesure de longueur (à peu près 1, 20 m)

La manufacture : l'usine de cigares où travaille Carmen.

Découverte

1 Regardez le texte sans le lire. Comment est-il composé ?

2 De quelle œuvre ce passage est-il extrait ? Connaissez-vous ce personnage ? Recherchez quels créateurs il a inspirés. Reportez-vous au texte de Gautier dans ce manuel.

3 Lisez le chapeau. Repérez les personnages, la situation sociale du premier dans l'histoire, la fonction du second dans la narration.

4 De quel pays et de quelles régions est-il question ? Retrouvez-les sur une carte. Imaginez ce qui peut différencier ces régions.

5 Lisez le premier paragraphe : qui parle et à qui ? Quel genre de texte allez-vous découvrir ? Quel personnage est annoncé ? Quel déterminant précède son prénom et que signifie son emploi ?

Exploration

1 Lisez la dernière phrase du texte. Comment interprétez-vous ces propos ? Repérez la ponctuation et dites quelle est sa valeur.

2 Lisez tout le texte. Délimitez les étapes successives du récit. Le prénom de Carmen n'est plus employé. Par quel pronom est-il remplacé ? Qu'indique ce choix ?

3 Paragraphe 2 : « Dans mon pays (…) ouvrage ; » : quelles régions sont comparées et à propos de quelles personnes ? Comment Carmen se comporte-t-elle ? Comment l'imaginez-vous ? Comment le narrateur la juge-t-il ?

4 « Elle avait un jupon (…) Cordoue » : analysez la construction du portrait de Carmen. Quel détail montre à la fois la coquetterie et la pauvreté de la gitane ? Quels sont les éléments qui peuvent choquer Don José ? Commentez la comparaison. Retrouvez-en une autre à la fin de ce paragraphe. Que pensez-vous de la manière dont Don José voit Carmen ?

5 Dans le passage dialogué, repérez les termes par lesquels Carmen apostrophe le jeune homme. Sur quels registres joue-t-elle ? Comment se moque-t-elle de lui ? (Appuyez-vous sur « épinglette/ épingle/épinglier » ; « dentelle/mantille »).

6 Dernier paragraphe : relevez ce que fait Carmen et ce que fait Don José. Dans quel état se trouve-t-il et comment explique-t-il son geste ? Que vient-il de se passer ?

7 Comment imaginez-vous la suite de cette première rencontre ? Cette « Carmen » est-elle la même que celle de Gautier ? Argumentez votre réponse.

Carmen

Théophile Gautier

(Tarbes, 1811 – Neuilly-sur-Seine, 1872)
Il est né dans une famille lettrée et royaliste. Partisan de V. Hugo pendant la bataille d'*Hernani* (1830), il s'éloigne des Romantiques pour défendre un art détaché de l'engagement politique et du lyrisme personnel. Dans la préface de son roman, *Mademoiselle de Maupin* (1835), il revendique « l'art pour l'art ». Il est le maître de l'École parnassienne. Dans *Émaux et Camées*, sa poésie se construit sur des formes savantes, un vocabulaire recherché, une perfection plastique qui joue sur les variations de la volupté, la mort, l'exotisme, et sur le thème des correspondances.

Il voyage en Orient, en Espagne. Dans ses romans, il recherche la distance dans l'espace et le temps : *Le Capitaine Fracasse* (1863) a pour cadre la France au XVIIᵉ siècle, *Le Roman de la momie*, l'Égypte ancienne.

Il est à la croisée des courants littéraires du XIXᵉ siècle : il admire les Romantiques mais Flaubert se réclame de lui, Balzac en fait un ami et Baudelaire lui dédicace *Les Fleurs du mal*.

Carmen est maigre, – un trait de bistre
Cerne son œil de gitana.
Ses cheveux sont d'un noir sinistre,
Sa peau, le diable la tanna.

Les femmes disent qu'elle est laide,
Mais tous les hommes en sont fous :
Et l'archevêque de Tolède
Chante la messe à ses genoux ;

Sur sa nuque d'ambre fauve
Se tord un énorme chignon
Qui, dénoué, fait dans l'alcôve
Une mante à son corps mignon.

Et, parmi sa pâleur, éclate
Une bouche aux rires vainqueurs ;
Piment rouge, fleur écarlate,
Qui prend sa pourpre au sang des cœurs.

Ainsi faite, la moricaude
Bat les plus altières beautés,
Et de ses yeux la lueur chaude
Rend la flamme aux satiétés.

Elle a, dans sa laideur piquante,
Un grain de sel de cette mer
D'où jaillit, nue et provocante,
L'âcre Vénus du gouffre amer.

Théophile Gautier, *Émaux et Camées*, 1852.

Pour mieux comprendre

Émaux : objets, bijoux réalisés à partir du verre fondu.

Camées : de petites pierres précieuses sculptées pour faire un bijou.

Bistre : une couleur brun-noir qui entoure, **cerne** l'œil.

Gitana : mot espagnol qui signifie gitane, bohémienne.

Tanna, v. *tanner* (passé simple) : 1) Travailler la peau des bêtes pour en faire du cuir. 2) Donner une couleur brune, marron.

L'ambre : une substance parfumée, jaune (**fauve**) ou grise.

Une alcôve : partie de la chambre où se trouve le lit.

Une mante : un manteau simple et très large porté autrefois par les femmes.

Pourpre : 1) rouge foncé ; 2) symbole de pouvoir.

La moricaude : mot qui vient de « more », « maure » : africain. Personne qui a le teint brun, foncé.

Altière : qui se comporte avec fierté, orgueil.

À satiété : totalement satisfait (après avoir mangé, bu…). Le pluriel du texte est un choix poétique.

Amer : 1) un goût désagréable (**âcre**) qui ressemble à celui du citron. 2) triste et mélancolique.

Découverte

1 Regardez le poème : comptez le nombre de strophes, observez les lettres en début de vers ainsi que les rimes et la ponctuation. Pour vous, est-ce un poème moderne ou traditionnel ?

2 Quel est le titre de ce poème ? Connaissez-vous ce personnage ? Recherchez quels créateurs il a inspirés. Reportez-vous aussi au texte de Mérimée dans ce manuel.

3 Quel est le titre du recueil d'où ce poème est extrait ? Que signifient les mots ? Faites des hypothèses sur les choix d'écriture de Gautier. Comparez ce que vous avez trouvé avec la présentation du recueil dans la biographie.

4 Lisez le poème. Que comprenez-vous ? De qui et de quoi est-il question ?

Exploration

1 Relevez les mots qui rappellent un pays : quel est le cadre de cette histoire ?

....

2 Strophe 1 : qui est Carmen ? Qu'évoque ce mot pour vous ? Relevez l'adjectif qui la qualifie et les autres mots qui construisent son portrait. Avec quel personnage est-elle liée ? Quelle image est donnée de Carmen ?

....

3 Strophes 3 et 4 : Quels détails physiques sont privilégiés dans la poursuite du portrait ? Quel thème est évoqué dans la strophe 3 et par quels procédés stylistiques est-il développé ? Le même thème est repris à la strophe 4. Analysez les nouvelles images qui sont créées. Quelles interprétations faites-vous du dernier vers de cette strophe ?

....

4 Dans les strophes 1, 3, 4 et 5, relevez tous les mots qui évoquent des couleurs. Lesquelles sont dominantes et que symbolisent-elles ? Quel genre de femme le poète présente-t-il ?

....

5 Comparez les strophes 2 et 5 : quels différents regards sont portés sur Carmen ? Quel effet produit-elle sur les hommes ? « Rend la flamme aux satiétés » peut signifier que la chaleur des yeux brûle les hommes. Quel nouvel élément apparaît pour décrire la séduction ?

....

6 Strophe 6 : quelle caractéristique déjà évoquée est reprise au vers 21 ? Quelle dimension nouvelle apporte l'adjectif ? À quel mythe le poète associe-t-il Carmen ? Qu'évoque-t-il pour vous ?

....

7 Même strophe : relevez les mots qui portent la rime et analysez-les. Quels adjectifs choisit le poète pour définir Vénus ? Quels liens sont établis entre Carmen et Vénus ? En quoi ce poème est-il représentatif du courant parnassien ?

....

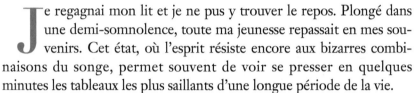

Les filles du feu

Gérard de Nerval

(Paris 1808-1855)
De son vrai nom Gérard Labrunie, Nerval passe son enfance pleine de rêves dans le Valois et s'éveille à la poésie populaire, plus libre que la poésie formelle. Il se passionne pour la littérature allemande, traduit Goethe. Il est follement amoureux de l'actrice Jenny Colon, figure symbolique que l'on retrouve dans ses poèmes. Poète voyageur, Nerval part en Orient en 1843 à la suite d'une première crise de folie et il écrira *Voyage en Orient* (1851). Il vit pendant dix ans de petits métiers (journalisme, édition…). En 1853, la folie le reprend et il est interné dans la clinique du docteur Blanche : dans ses moments de lucidité, il écrit ses chefs-d'œuvre poétiques : *Les Chimères* (1854), *Petits châteaux de Bohème* (1853), des récits : *Sylvie, Les Filles du feu* (1854), *Aurélia* (1855). On le découvre pendu près du Châtelet, dans la rue de la Vieille-Lanterne. Pour Nerval, l'écriture poétique lui fait découvrir son destin et lui ouvre « les portes mystiques » qui le séparent du monde réel.

Dans le Valois, le narrateur rentre chez lui, tard, après une soirée au théâtre.

II
ADRIENNE

Je regagnai mon lit et je ne pus y trouver le repos. Plongé dans une demi-somnolence, toute ma jeunesse repassait en mes souvenirs. Cet état, où l'esprit résiste encore aux bizarres combinaisons du songe, permet souvent de voir se presser en quelques minutes les tableaux les plus saillants d'une longue période de la vie.

Je me représentais un château du temps de Henri IV avec ses toits pointus couverts d'ardoises et sa face rougeâtre aux encoignures dentelées de pierres jaunies, une grande place verte encadrée d'ormes et de tilleuls, dont le soleil couchant perçait le feuillage de ses traits enflammés. Des jeunes filles dansaient en rond sur la pelouse en chantant de vieux airs transmis par leurs mères, et d'un français si naturellement pur, que l'on se sentait bien exister dans ce vieux pays du Valois, où, pendant plus de mille ans, a battu le cœur de la France.

J'étais le seul garçon dans cette ronde, où j'avais amené ma compagne toute jeune encore, Sylvie, une petite fille du hameau voisin, si vive et si fraîche, avec ses yeux noirs, son profil régulier et sa peau légèrement hâlée !… Je n'aimais qu'elle, je ne voyais qu'elle – jusque-là ! À peine avais-je remarqué, dans la ronde où nous dansions, une blonde, grande et belle, qu'on appelait Adrienne. Tout à coup, suivant les règles de la danse, Adrienne se trouva placée seule avec moi au milieu du cercle. Nos tailles étaient pareilles. On nous dit de nous embrasser, et la danse et le chœur tournaient plus vivement que jamais. En lui donnant ce baiser, je ne pus m'empêcher de lui presser la main. Les longs anneaux roulés de ses cheveux d'or effleuraient mes joues. De ce moment, un trouble inconnu s'empara de moi. […]

Gérard de Nerval, *Les filles du feu*, Sylvie, 1854.

Pour mieux comprendre

Le Valois : une région au nord de Paris, propriété des rois de France, de la branche des Valois (François 1er).

Pus, v. *pouvoir* (passé simple).

Une demi-somnolence : un demi-sommeil, à moitié endormi ; entre le rêve (**songe**) et la réalité.

Une combinaison : un assemblage, une composition de plusieurs éléments.

Saillant : ce qui est remarquable, qui ressort ; visible.

Une ardoise : une pierre noire ou grise pour recouvrir le toit des maisons.

Une encoignure : un coin, un angle.

Un orme/un tilleul : des arbres hauts ; le **tilleul** a des fleurs blanches ou jaunâtres odorantes.

Perçait, v. *percer* : faire un trou ; pénétrer, traverser.

Un hameau : quelques maisons, loin d'un village.

Hâlé : brun, bronzé. La peau prend des couleurs au soleil.

Un anneau : une boucle ; de la forme du cercle.

Découverte

1 Comment ce texte est-il composé ? Lisez le premier mot de chaque début de paragraphe :
qui raconte ?

2 Quel est le titre de l'œuvre ? Comment le comprenez-vous ? De quelle « fille » s'agit-il dans
cet extrait ?

3 Lisez le chapeau : où était le narrateur ? Que fait-il ? Dans quel lieu se passe l'histoire ?

4 Lisez la première phrase. Que fait le narrateur ? Que se passe-t-il ? Pourquoi, à votre avis ? Quel
est le temps utilisé ? Quelle est sa valeur ?

Exploration

1 Lisez le texte. « Plongé (…) souvenirs. » : retrouvez le sujet implicite de « Plongé ». Dans quel
état se trouve le narrateur ? Quelle partie de sa vie revit-il ?

2 Que reprend « Cet état » ? Que permet-il ? Comment comprenez-vous « se presser (…)
de la vie. » ? Dans cette situation, à quoi *résiste* l'esprit ?

3 Par quel verbe commence le paragraphe 2 ? À quel temps est-il et quelle est sa valeur ici ? Dans
quel état le narrateur se trouve-t-il désormais ? Quelle époque évoque-t-il ?

4 Qui le narrateur voit-il ? Où se trouvent ces personnes et que font-elles ? Quelles images suscite
ce passage ? Analysez le style (lexique, phrase, …) de ce paragraphe : de quelle manière Nerval
recrée-t-il le décor ?

5 Paragraphe 3 : soulignez le début de la phrase 1 jusqu'à la virgule. Autour de qui se centre
le récit ? Où est le personnage ? Relisez de « Je me représentais… » à « ronde » : comment
s'organise la narration ?

6 « où j'avais (…) jusque-là ! » : de qui le narrateur est-il accompagné ? Relevez les détails
décrivant cette personne. Quels sont les sentiments du garçon pour elle ?

7 Qui *remarque*-t-il ensuite ? Quelles sont ses caractéristiques ? Comparez-la à Sylvie. Analysez
la construction de la phrase « À peine (…) appelait Adrienne. » : quels effets sont recherchés ?
Que signifie « Tout à coup » et quel temps introduit-il ? Quelle est la valeur de ce temps ?

8 Que vient-il de se passer pour le narrateur ? Que symbolise la ronde ici ? Imaginez la suite.
(Pensez à Sylvie !)

Histoire
de ma vie

I

*Pourquoi ce livre ? – C'est un devoir de faire profiter les autres de sa propre expérience. – Lettres d'un voyageur. – Confessions de J.-J. Rousseau. – Mon nom et mon âge. – Reproches à mes biographes. – Antoine Delaborde, maître paulmier et maître oiselier. – Affinités mystérieuses. – Éloges des oiseaux. — Histoire d'*Agathe *et de* Jonquille. – L'oiselier de Venise.

Je ne pense pas qu'il y ait de l'orgueil et de l'impertinence à écrire l'histoire de sa propre vie, encore moins à choisir, dans les souvenirs que cette vie a laissés en nous, ceux qui nous paraissent valoir la peine d'être conservés. Pour ma part, je crois accomplir un devoir, assez pénible même, car je ne connais rien de plus malaisé que de se définir et de se résumer en personne.

L'étude du cœur humain est de telle nature, que plus on s'y absorbe, moins on y voit clair ; et pour certains esprits actifs, se connaître est une étude fastidieuse et toujours incomplète. Pourtant je l'accomplirai, ce devoir ; je l'ai toujours eu devant les yeux ; je me suis toujours promis de ne pas mourir sans avoir fait ce que j'ai toujours conseillé aux autres de faire pour eux-mêmes : une étude sincère de ma propre nature et un examen attentif de ma propre existence.

Une insurmontable paresse (c'est la maladie des esprits trop occupés et celle de la jeunesse par conséquent) m'a fait différer jusqu'à ce jour d'accomplir cette tâche ; et, coupable peut-être envers moi-même, j'ai laissé publier sur mon compte un assez grand nombre de biographies pleines d'erreurs, dans la louange comme dans le blâme.

George Sand, *Histoire de ma vie*, 1re partie, chapitre Ier, 1854-55.

George Sand

(Paris, 1804 – 1876, Nohant)
Après une enfance libre
à Nohant, dans la campagne,
Aurore Dupin se marie avec
le baron Dudevant dont elle
se sépare en 1831. Elle vient
chercher la gloire littéraire
à Paris et prend le pseudonyme
masculin de George Sand
en 1832 pour son premier roman,
Indiana. Suivent *Valentine* (1832),
Lélia (1833), *Lettres d'un
voyageur* (1834). Ses romans
féministes la rendent célèbre.
De 1833 à 1835, une passion
tumultueuse l'attache à Musset.
Après leur rupture, elle s'intéresse
à la politique sociale. De 1839
à 1848, elle aime Chopin,
musicien polonais. En 1848,
elle s'enthousiasme pour
la révolution, mais est déçue
par Napoléon III pendant
le Second Empire. Elle retourne
à Nohant et écrit ses romans
champêtres : *La Mare au Diable*
(1846), *La Petite Fadette* (1848),
François le Champi (1849). C'est
l'une des premières femmes
écrivaines reconnues de son
époque dans un monde
littéraire misogyne.

Pour mieux comprendre

Un reproche : un jugement, une critique.

Un orgueil : de la fierté ; avoir une haute opinion de soi.

Une impertinence : ce qui n'est pas correct ; une insolence.

Accomplir : faire, réaliser complètement.

Malaisé : difficile, pénible.

S'absorber : occuper son esprit à quelque chose, se perdre dans.

Fastidieux (se) : fatigant, difficile.

Insurmontable : qui ne peut pas être surmonté, franchi, dépassé.

Différer : remettre à plus tard une activité, un travail (**une tâche**).

Une louange : un compliment (le contraire : **un blâme**).

Découverte

1 Lisez le titre et dites de quel genre littéraire il s'agit. De quoi l'auteure va-t-elle parler ? Quelle partie de l'œuvre vous est proposée ?

2 Qui est l'auteure de ce texte ? Quel est son âge quand ce livre est publié ? Quel est son véritable nom ? (Lisez la biographie). Comment comprenez-vous le choix de ce pseudonyme ?

3 Lisez seulement le texte (pas la partie en italique). Relevez le pronom personnel utilisé. Correspond-il au genre littéraire que vous avez trouvé ?

Exploration

1 Retrouvez à la fin du paragraphe 2 les objectifs que se fixe G. Sand. À votre avis, est-ce que ces objectifs sont faciles à atteindre ? Commentez le choix des adjectifs.

....

2 Paragraphes 1-2 : relevez les verbes et leur suite immédiate ainsi que deux expressions nominales qui se rapportent au travail autobiographique. La première phrase du second paragraphe jusqu'à « …claire » illustre-t-elle ce que vous avez trouvé ? Argumentez votre réponse.

....

3 Paragraphe 1 : « Je ne pense (…) vie, » : qu'affirme G. Sand ? Partagez-vous son opinion ? Justifiez votre réponse. Dans la suite, que privilégie-t-elle dans ce travail ?

....

4 Relevez l'expression qui signale la narratrice. Que croit-elle réaliser ? Que pensez-vous du choix de ce mot ? Quel regard porte-t-elle sur cette activité ? (Fin de la dernière phrase).

....

5 Paragraphes 2-3 : repérez le verbe répété et dites de quels mots il est suivi. Que signifie cette répétition ? Que promet l'auteure ? L'a-t-elle fait ? Pour quelle raison ?

....

6 De quoi s'accuse (« coupable ») Sand ? Qu'a-t-elle laissé faire ? À votre avis, qu'a-t-on pu dire sur son compte ? Relevez les mots qui vous permettent de répondre. Pour une auteure vivante, à cette époque, que signifie le fait que des biographies lui soient consacrées ?

....

7 Comment interprétez-vous « se connaître (…) incomplète » ? Pour vous, cette phrase se rapproche-t-elle de la maxime, la vérité, l'hypothèse ? Justifiez votre réponse.

....

8 Lisez la partie au-dessus du texte. À quoi correspond-elle et à quoi renvoie chaque phrase ? Que reconnaissez-vous ? (Aidez-vous de la biographie).

....

9 Pour George Sand, raconter, c'est « comme un échange de confiance et de sympathie qui élève la pensée de celui qui raconte et de celui qui écoute. » Qu'en pensez-vous ?

....

Demain, dès l'aube…

Victor Hugo

(Besançon, 1802 – Paris, 1885)
C'est le chef de file du Romantisme. Son œuvre immense frappe par sa puissance créatrice, la diversité des thèmes et des formes littéraires.

Lorsqu'il a 20 ans, il publie son premier recueil de poésies, *Odes*. Le 25 juillet 1830, la représentation d'*Hernani* déclenche la bataille entre Classiques et Romantiques. Paraissent ensuite *Notre-Dame de Paris* (1831), *Lucrèce Borgia* (1833), *Ruy Blas* (1838) et quatre recueils de poésies dont *Les Feuilles d'automne* (1831) et *Les Rayons et les ombres* (1840). En 1841, il est élu à L'Académie française. La mort de sa fille Léopoldine à Villequier, le 4 septembre 1843, plonge Hugo dans le désespoir.

Il se bat pour l'abolition de l'esclavage et de la peine de mort. Opposé au coup d'État du 2 décembre 1851 (Napoléon III), il part en exil à Jersey et Guernesey jusqu'en 1870. Il écrit *Les Châtiments* (1853), *Les Contemplations* (son chef-d'œuvre lyrique), *La Légende des siècles* (1859-1883), *Les Misérables* (1862), *Les Travailleurs de la mer* (1866), *L'homme qui rit* (1869). Un hommage national lui est rendu pour son 80ᵉ anniversaire.

Ce poème a été écrit pour Léopoldine

Demain, dès l'aube, à l'heure où blanchit la campagne,
Je partirai. Vois-tu, je sais que tu m'attends.
J'irai par la forêt, j'irai par la montagne.
Je ne puis demeurer loin de toi plus longtemps.

Je marcherai les yeux fixés sur mes pensées,
Sans rien voir au dehors, sans entendre aucun bruit,
Seul, inconnu, le dos courbé, les mains croisées,
Triste, et le jour pour moi sera comme la nuit.

Je ne regarderai ni l'or du soir qui tombe,
Ni les voiles au loin descendant vers Harfleur,
Et quand j'arriverai, je mettrai sur ta tombe
Un bouquet de houx vert et de bruyère en fleur.

4 octobre 1847.

Victor Hugo, *Les Contemplations*, 1856.

Pour mieux comprendre

Une contemplation : une méditation ; le fait de se concentrer sur quelque chose. Pour Hugo, *Les Contemplations* sont « les Mémoires d'une âme ».

L'aube : (du latin *albus*, blanc). Très tôt le matin, quand le soleil commence à paraître.

Demeurer : rester.

Courbé : penché en avant.

Les voiles : un morceau de toile qui fait avancer les bateaux. Figure de style (synecdoque) : le mot « voile » désigne les bateaux.

Harfleur : au XIXᵉ siècle, petit port en face du Havre et non loin de Villequier, dans l'estuaire de la Seine, là ou le fleuve se jette dans la Manche. Hugo part peut-être du Havre.

Une tombe : un endroit où l'on enterre une personne morte.

Le houx : une plante sauvage aux feuilles découpées et piquantes, avec de petites boules rouges.

La bruyère : une plante sauvage aux petites fleurs blanches ou bleu-mauve, qui pousse sur des terres pauvres.

Découverte

1 Regardez le poème et dites comment il est construit (nombre de strophes, de vers, ponctuation, majuscules…).

2 De quel recueil est-il extrait ? Que signifie ce mot ? (Reportez-vous à « Pour mieux comprendre »).

3 Lisez le chapeau : pour qui et à quelle date ce poème a-t-il été écrit ? (Consultez la biographie). Quelles hypothèses faites-vous sur le texte que vous aller découvrir ?

4 Lisez le poème. Que comprenez-vous ? Que ressentez-vous ? Votre lecture correspond-elle à vos hypothèses ? Développez votre réponse.

Exploration

1 Vers 1/2 : de quoi est-il question ? Qui parle et à qui ? S'adresse-t-on à l'interlocuteur comme quelqu'un de présent ou d'absent ? Justifiez votre réponse. Qu'est-ce qui est triste et émouvant dans ces vers ?

....

2 Relevez les indices temporels. À quel moment écrit le poète ? À quel moment de la journée partira-t-il ? Que symbolise ce moment ? Analysez la métaphore : quel indice temporel renforce-t-elle ? Quelle est la valeur du rejet au vers 2 ?

....

3 Vers 3/4 : que dit le poète ? Quel est l'effet produit par les répétitions ? Qu'est-ce qui est bouleversant dans le vers 4 ?

....

4 Strophe 1 : quel est le temps des verbes et leur valeur ? Comptez le nombre de syllabes par vers : quelle sorte de poésie représentent ces vers ? Repérez les rythmes, les coupures, les mises en relief, les rimes. Quels effets produisent les choix formels du poète ?

....

5 Comparez les vers 5/6 et 9/10 : que remarquez-vous ? À quoi Hugo est-il désormais insensible ? Analysez les deux figures de style des vers 9/10. Quelle image le poète donne-t-il de lui (vers 7/8) ?

....

6 Vers 11/12 : quel genre de fleurs Hugo met-il sur la tombe ? Où les a-t-il trouvées ? À quels mots font écho les noms qui portent les rimes ? Relisez les vers qui contiennent ces mots. Symboliquement, qu'offre le poète à sa fille ?

....

7 Comment expliquez-vous que Victor Hugo s'adresse à sa fille comme si elle était vivante ?

....

Madame Bovary

Emma Bovary et son mari, Charles, médecin, arrivent à Yonville, un bourg de la campagne normande, où ils vont s'installer. Ils ont voyagé avec la bonne, Félicité, une nourrice et Monsieur Lheureux, un marchand de tissus.

II

Gustave Flaubert

(Rouen, 1821 – Croisset, 1880)
Il passe une enfance malheureuse dans l'univers de l'hôpital, où son père est chirurgien. Il se sent délaissé par sa famille qui porte tous ses espoirs sur son grand frère. À 17 ans, il aime passionnément Elisa Schlésinger, femme d'un éditeur, plus âgée que lui ; elle lui inspire *L'Éducation sentimentale* (1869). En 1844, il a des crises nerveuses et arrête ses études. Il voyage en Orient, rencontre Louise Colet avec laquelle il entretient une liaison entre 1848 et 1852. Flaubert commence aussi une longue correspondance avec des amis comme G. Sand, T. Gautier, G. de Maupassant, A. Daudet, qui sera publiée plus tard.

En 1857 paraît *Madame Bovary*, œuvre commencée en 1851. L'auteur est inculpé d'« offense à la morale publique et la religion ». Le succès de *Salammbô* (1862) place Flaubert parmi les plus grands écrivains de son temps. Fatigué par la maladie, les difficultés financières et le travail, il meurt en 1880. Il est un représentant du courant littéraire appelé le Réalisme.

Emma descendit la première, puis Félicité, M. Lheureux, une nourrice, et l'on fut obligé de réveiller Charles dans son coin, où il s'était endormi complètement, dès que la nuit était venue.

Homais se présenta ; il offrit ses hommages à Madame, ses civilités à Monsieur, dit qu'il était charmé d'avoir pu lui rendre quelque service, et ajouta d'un air cordial qu'il avait osé s'inviter lui-même, sa femme d'ailleurs étant absente.

Madame Bovary, quand elle fut dans la cuisine, s'approcha de la cheminée. Du bout de ses deux doigts elle prit sa robe à la hauteur du genou, et, l'ayant ainsi remontée jusqu'aux chevilles, elle tendit à la flamme, par-dessus le gigot qui tournait, son pied chaussé d'une bottine noire. Le feu l'éclairait en entier, pénétrant d'une lumière crue la trame de sa robe, les pores égaux de sa peau blanche et même les paupières de ses yeux qu'elle clignait de temps à autre. Une grande couleur rouge passait sur elle, selon le souffle du vent qui venait par la porte entr'ouverte.

De l'autre côté de la cheminée, un jeune homme à chevelure blonde la regardait silencieusement.

Comme il s'ennuyait beaucoup à Yonville, où il était clerc chez Mᵉ Guillaumin, souvent M. Léon Dupuis (c'était lui, le second habitué du *Lion d'or*) reculait l'instant de son repas, espérant qu'il viendrait quelque voyageur à l'auberge avec qui causer dans la soirée. Les jours que sa besogne était finie, il lui fallait bien, faute de savoir que faire, arriver à l'heure exacte, et subir depuis la soupe jusqu'au fromage le tête-à-tête de Binet. Ce fut donc avec joie qu'il accepta la proposition de l'hôtesse de dîner en la compagnie des nouveaux venus, et l'on passa dans la grande salle, où Mme Lefrançois, par pompe, avait fait dresser les quatre couverts.

Gustave Flaubert, *Madame Bovary*, seconde partie, chapitre II, 1857.

Pour mieux comprendre

Les hommages : des salutations et des compliments d'un homme à une femme.

Les civilités : des salutations polies faites par un homme à un autre homme.

Oser : avoir le courage de faire quelque chose.

Un gigot : un morceau de viande qui cuit dans la cheminée à l'aide d'une broche qui tourne.

La trame : les fils qui constituent le tissu de la robe. La lumière **crue**, violente du feu montre la trame du tissu.

Les pores : les petits trous de la peau. Ici, le mot a une connotation presque médicale.

Cligner : fermer et ouvrir rapidement les yeux ; les fermer à demi, pour mieux voir.

Un clerc : celui qui aide un notaire dans l'écriture des documents officiels. Mᵉ (Maître) Guillaumin est notaire.

L'hôtesse : la femme qui reçoit.

Par pompe : de manière solennelle.

Découverte

1 De quel roman ce passage est-il extrait ? Connaissez-vous cette œuvre ? Que s'est-il passé à sa publication ? De quel courant littéraire l'auteur est-il le représentant ?

2 Lisez le chapeau : repérez les personnages, la situation, la ville et la région dont il est question.

3 Lisez le premier paragraphe : qui descend de la voiture en dernier et pourquoi ?

4 Soulignez l'adverbe et le verbe qui concernent ce personnage puis l'indicateur de temps. Que représente « on » et que fait « on » ? Analysez l'image que Flaubert construit de Charles.

5 Lisez le texte. Que comprenez-vous ? À partir du paragraphe 2, retrouvez le personnage principal de chaque partie. Y a-t-il des traces d'un narrateur ?

Exploration

1 Paragraphe 2 : soulignez tous les verbes qui disent ce que fait Homais (le pharmacien d'Yonville) ; encadrez ce qu'il fait et a fait : quel genre d'homme est présenté ? Comment la phrase est-elle construite ? Quels sont les effets ainsi produits ?

....

2 Paragraphe 3, phrase 1 : où est Mme Bovary et que fait-elle ? De « Du bout (...) noire. » : relevez chaque action. Où se trouve <u>exactement</u> le pied d'Emma ? Cette position est-elle élégante, vulgaire ? Que veut montrer Flaubert ? (Emma, fille de paysans, rêve de passer pour une aristocrate).

....

3 « Le feu (...) entr'ouverte. » : retrouvez l'adjectif qui qualifie la lumière du feu. Est-il habituellement utilisé pour qualifier un feu de cheminée ? Quels détails révèle cette lumière ? Le vocabulaire appartient-il à celui de la description romantique ou réaliste ? Argumentez votre réponse.

....

4 Dans tout le paragraphe 3, quel est le temps des verbes et quel est leur rôle dans la narration ?

....

5 Paragraphe 4 : quel autre personnage apparaît ? Où se trouve-t-il et que fait-il ? Qu'en déduisez-vous ? Par quels détails est-il présenté ? À quel genre de personnage vous fait-il penser ?

....

6 Relevez les verbes et expressions qui expriment l'ennui de Léon. (Binet est l'autre habitué de l'auberge). Léon a-t-il provoqué la proposition de Mme Lefrançois ? Quel genre d'homme peut-il être ? Selon vous, que va-t-il se passer avec Emma ?

....

7 Dans une lettre à Louise Colet, Flaubert écrivait à propos de *Madame Bovary* : « Rien dans ce livre n'est tiré de moi (...) » : commentez cette affirmation en vous appuyant sur le passage proposé.

....

Correspondances

Charles Baudelaire

(Paris 1821-1867)
Critique d'art et de musique, traducteur d'Edgar Poe, chef de file du Symbolisme, Baudelaire fut avant tout « Le premier Voyant, roi des poètes, un vrai Dieu », selon Rimbaud. Né d'une mère de vingt-sept ans et d'un père de soixante-deux ans, celui-ci meurt quand il a sept ans. Sa mère se remarie un an plus tard, l'enfant se révolte contre ce mariage et est placé en pension. C'est le début de la solitude et du rejet de sa famille. Malgré des études brillantes, il est exclu du lycée. Sa vie de dandy désespère sa famille qui l'envoie à l'île Maurice et à La Réunion (1841-1842). Il en gardera le goût de l'exotisme. Il aimera Jeanne Duval, « la Vénus noire » qui restera sa compagne pendant vingt ans. Son œuvre poétique majeure, *Les Fleurs du Mal*, (1857), écrite sur 15 ans, condamnée pour immoralité, constitue une révolution dans l'art poétique. Il meurt paralysé à 46 ans. Les *Petits poèmes en prose* paraissent en 1869 (certains furent publiés dès 1862).

La Nature est un temple où de vivants piliers
Laissent parfois sortir de confuses paroles :
L'homme y passe à travers des forêts de symboles
Qui l'observent avec des regards familiers.

Comme de longs échos qui de loin se confondent
Dans une ténébreuse et profonde unité
Vaste comme la nuit et comme la clarté,
Les parfums, les couleurs et les sons se répondent.

Il est des parfums frais comme des chairs d'enfants,
Doux comme les hautbois, verts comme les prairies,
– Et d'autres, corrompus, riches et triomphants,

Ayant l'expansion des choses infinies,
Comme l'ambre, le musc, le benjoin et l'encens,
Qui chantent les transports de l'esprit et des sens.

Charles Baudelaire, *Les Fleurs du mal*, 1857.

Pour mieux comprendre

Une correspondance : un rapport, un lien, une analogie entre le monde matériel et le monde immatériel. Les aspects cachés de l'univers, l'au-delà.

Un temple : un lieu où les hommes communiquent avec le monde spirituel, l'au-delà.

Un pilier : une colonne qui soutient un bâtiment.

Confus (e) : difficile à distinguer, à comprendre, car tous les éléments sont mêlés.

Un symbole : un signe visible qui représente quelque chose d'invisible.

Familier(ère) : habituel ; comme appartenant au même monde ; sans hostilité, sans méchanceté.

Un hautbois : un instrument de musique à vent.

Corrompu : 1) sens moral : bas, mauvais, dépravé ; 2) altéré, abîmé.

L'expansion : la dilatation, l'accroissement, l'augmentation (d'un volume...).

L'ambre, le musc, le benjoin, l'encens : des parfums précieux, lourds et sensuels. Les parfums sont très importants dans la poésie baudelairienne.

Un transport : 1) le fait de porter dans un autre lieu ; 2) sentiment passionné, exaltation ; 3) ivresse sentimentale ou sensuelle.

Découverte

1 De quel recueil ce poème est-il extrait ? Comment comprenez-vous le titre ?

2 Observez la forme du texte et dites ce que vous remarquez. Comment s'appelle ce type de poème ? À quelle époque est-il apparu en France ? (Consultez le glossaire).

3 Lisez le titre du poème : que signifie ce mot ? À quel courant littéraire est-il rattaché ? Faites des hypothèses sur le thème du poème.

4 Lisez le poème. À votre avis, pourquoi « Nature » porte-il une majuscule ?

Exploration

1 Strophe 1 (un quatrain) : quelle définition Baudelaire donne-t-il de la Nature ? Quelles caractéristiques lui attribue-t-il ? Au vers 3, quel mot occupe la même place que « La Nature » ? Comment interprétez-vous ce parallélisme ? Que fait l'homme dans cette « Nature » ?

....

2 À quel mot du texte et à quelle réalité renvoie « vivants piliers » ? Est-il facile de comprendre les « paroles » ? Expliquez votre réponse. Quel mot porte la même rime et pourquoi à votre avis ? Cette « Nature » est-elle hostile ? Sur quel passage vous appuyez-vous pour répondre ?

....

3 Que symbolise la « Nature » ? Selon vous, quelle est la situation de l'être humain dans cette « Nature » ?

....

4 Quatrain 2 : quels sont les sujets grammaticaux de « se répondent » ? À quel sens (olfactif, visuel...) renvoie chaque sujet ? Comment comprenez-vous ce verbe et quel est son synonyme ? (Pensez au titre du poème). Avec quel mot rime-t-il et pourquoi, à votre avis ?

....

5 Vers 5 et 8 : quelle figure de style est utilisée ? Soulignez les deux composantes de cette figure : qu'ont-elles en commun ? Quelles analogies crée leur rapprochement ?

....

6 Analysez les vers 6 et 7 qui développent la figure de style (rimes, adjectifs, opposition, composition formelle). Dans cette strophe, quelles « correspondances » sont évoquées ? Sont-elles les mêmes que celles de la strophe précédente ? Justifiez votre réponse.

....

7 Strophe 3 (un tercet) : repérez les correspondances entre les différentes sensations (vers 9/10). Comment ces deux vers sont-ils construits ? À quoi renvoie « d'autres » ? Quelles sont les significations de « corrompus » ? Quelles autres correspondances le poète évoque-t-il ?

....

8 Dernier tercet : finalement, quel sens (visuel, auditif...) exprime le mieux ces correspondances ? (Vers 13). Pour le poète, que parvient-il à réunir ? (Vers 14). Quel mot du quatrain 2 annonçait cette vision du monde ? Qu'en pensez-vous ?

....

Mon rêve familier

Paul Verlaine

(Metz, 1844 – Paris, 1896)
À sa naissance, ce fils d'officier est dédié à la Vierge par sa mère. Mais son destin le conduira vers des amours tourmentées et l'alcool. Ses premiers recueils, *Poèmes saturniens* (1866), *Les fêtes galantes* (1869) sont influencés par le Parnasse. Malgré son mariage en 1870, sa passion pour le poète Rimbaud de 1871 à 1873 le mènera à deux ans de prison pour avoir voulu le tuer. Pendant son enfermement, il écrit *Romances sans paroles* (1874) et retrouve la foi. Son *Art poétique* (1874) est considéré comme un manifeste symboliste. Il publie *Sagesse* (1881), *Amour* (1888), poèmes mystiques, puis *Jadis et naguère* (1885). Les ventes de sa poésie sont maigres et malgré ses admirateurs (Baudelaire, les jeunes symbolistes), Verlaine ressemble plus à un clochard qu'au « Prince des poètes » comme le sacrent ses condisciples. Il meurt misérablement mais une foule de Français l'accompagne jusqu'au cimetière. Sa poésie aux vers libres, à la langue fluide inspirera des musiciens comme Fauré, Debussy et plus récemment le chanteur-poète Léo Ferré.

J e fais souvent ce rêve étrange et pénétrant
D'une femme inconnue, et que j'aime, et qui m'aime
Et qui n'est, chaque fois, ni tout à fait la même
Ni tout à fait une autre, et m'aime et me comprend.

Car elle me comprend, et mon cœur, transparent
Pour elle seule, hélas ! cesse d'être un problème
Pour elle seule, et les moiteurs de mon front blême,
Elle seule les sait rafraîchir, en pleurant.

Est-elle brune, blonde ou rousse ? – Je l'ignore.
Son nom ? Je me souviens qu'il est doux et sonore
Comme ceux des aimés que la Vie exila.

Son regard est pareil au regard des statues,
Et, pour sa voix, lointaine, et calme, et grave, elle a
L'inflexion des voix chères qui se sont tues.

Verlaine, *Melancholia*, in *Poèmes saturniens*, 1866.

Pour mieux comprendre

Saturnien : triste, mélancolique. Saturne est symbole de la mélancolie.

Melancholia : Verlaine s'est peut-être inspiré du tableau du peintre Albert Dürer, portant le même titre, symbole de la tristesse profonde.

Familier : 1) qui fait partie de la famille ; 2) habituel, intime.

Pénétrant : 1) qui entre, transperce ; 2) qui donne une sensation forte, une impression puissante.

Transparent : 1) qui laisse passer la lumière ; 2) qui laisse voir clairement les sentiments.

Cesser : arrêter.

Une moiteur : de la sueur, de la transpiration.

Blême : blanc très pâle, sans couleur.

Exiler : éloigner une personne de son pays, l'obliger à partir. La vie a séparé des personnes qui s'aimaient.

Une inflexion : 1) le mouvement ; 2) l'accent.

Tues : participe passé de « se taire ».

Découverte

1 Quel est le titre de ce poème ? Repérez le pronom possessif et donnez le sens de « familier ».

2 *Poèmes saturniens* est le titre général et *Melancholia* est la première partie de ce recueil. Regardez « Pour mieux comprendre » et expliquez l'adjectif et le nom. De quel artiste célèbre s'est inspiré Verlaine ? Faites une recherche sur ce peintre et sur son tableau.

3 Observez la composition du poème : nombre de strophes, de vers par strophes, les rimes. Comment appelle-t-on ce genre de poème ?

4 Lisez le poème. Qui parle ? Quel est le thème de ce texte ?

5 Vers 1 : quelle indication apporte l'adverbe ? Commentez le passage de « Mon rêve » à « ce rêve ».

Exploration

1 Quels adjectifs qualifient le rêve ? Que soulignent ces deux mots ? (Aidez-vous de « Pour mieux comprendre »). Lequel s'oppose à celui du titre ?

....

2 Vers 1 à 4 : de qui rêve le poète ? Quelle information est apportée concernant le poète et l'autre personne ? Quelles sont les caractéristiques de cette personne ? Qu'est-ce qui ne change pas ?

....

3 Relisez cette strophe : quel est le lien grammatical le plus utilisé ? Quel effet est-il produit ? Marquez les rythmes suivants : vers 1 : 6/6, vers 2 : 6//3/3, vers 3 : 3/3//6, vers 4 : 6//6. Relevez les rimes et les sons les plus répétés. Quelle musicalité est ainsi créée ?

....

4 Strophe 2 : soulignez le fragment repris de la strophe 1. Sur quoi insiste le poète ? Combien de fois est repris « elle seule » ? Qu'est-ce que « elle seule » sait faire ? Quelle image de la femme est construite ?

....

5 Sur quelles caractéristiques de la femme portent les questions de la troisième strophe ? Qu'est-ce que le poète ne sait pas ? De quoi se souvient-il et à quoi le compare-t-il ? Pour vous, qui sont les *aimés* ? Qu'a fait la *Vie* ? Qu'est-ce qui est inhabituel ici ?

....

6 Strophe 4 : à quoi le poète est-il sensible chez cette femme ? À quoi est comparé le regard de la femme ? Qu'est-ce qui est spécifique à cet objet ? Quelle sorte de regard est ainsi évoquée ?

....

7 Quelles sont toutes les particularités de la voix ? Avec quel mot rime « se sont tues » ? Qu'est-ce qui rapproche ces mots ?

....

8 À quel moment apparaît cette femme ? À quoi le poète la rattache-t-il ? Finalement, cette femme existe-t-elle vraiment ? Selon vous, en quoi ce poème fait-il écho au titre *Melancholia* ?

Ma Bohème

(Fantaisie)

Je m'en allais, les poings dans mes poches crevées ;
Mon paletot aussi devenait idéal ;
J'allais sous le ciel, Muse ! et j'étais ton féal ;
Oh ! là là ! que d'amours splendides j'ai rêvées !

Mon unique culotte avait un large trou.
– Petit-Poucet rêveur, j'égrenais dans ma course
Des rimes. Mon auberge était à la Grande-Ourse.
– Mes étoiles au ciel avaient un doux frou-frou.

Et je les écoutais, assis au bord des routes,
Ces bons soirs de septembre où je sentais des gouttes
De rosée à mon front, comme un vin de vigueur ;

Où, rimant au milieu des ombres fantastiques,
Comme des lyres, je tirais les élastiques
De mes souliers blessés, un pied près de mon cœur !

Arthur Rimbaud, *Poésies*, *Cahier de Douai*, 1870.

Arthur Rimbaud

(Charleville,
1854 – Marseille, 1891)
Enfant mal aimé d'une mère autoritaire, il trouve une aide auprès d'un professeur, qui l'encourage dans sa passion de la poésie. Il admire Victor Hugo et les poètes du Parnasse. Très jeune, il se révolte contre l'ordre social. À 16 ans, il quitte la maison familiale. En 1871, il écrit *Le Bateau ivre* et sa célèbre *Lettre du voyant* où il présente sa vision d'une poésie nouvelle. Il rencontre le poète Verlaine, deviennent amis et partent ensemble en Belgique et en Angleterre. Leur relation se termine mal : Verlaine blesse son compagnon et est emprisonné. De 1872 à 1873, il compose *Une saison en enfer* et *Illuminations* (poèmes en prose). À 21 ans, il abandonne la poésie, part pour l'Afrique où il vend des armes. Malade, il doit revenir à Marseille en 1891 pour se faire amputer de la jambe droite. Il meurt la même année. Son œuvre a profondément bouleversé la création poétique contemporaine.

Pour mieux comprendre

La bohème : une vie d'artiste, vagabonde, sans règle.

Un paletot : une courte veste.

Idéal : irréel à force d'être usé (tombait en pièces, devenait « une idée » de paletot).

Une muse : une déesse qui inspire le poète ; symbole de la poésie.

Un féal : un compagnon fidèle, un serviteur ; mot utilisé dans la poésie courtoise, dans celle des troubadours.

Égrener : faire passer un à un (ici, composer des rimes les unes après les autres).

Auberge (...) à la Grande-Ourse : dormir à la belle étoile, dehors.

La vigueur : la force, l'énergie, l'ardeur.

Le frou-frou : le bruit léger produit par un tissu.

La rosée : les gouttes d'eau qui se déposent le matin dans la nature.

Une lyre : un instrument de musique à cordes, symbole de la poésie, qui accompagne Orphée.

Des souliers : des chaussures.

Découverte

1 Observez la forme du texte et dites ce que vous remarquez. Comment s'appelle ce type de poème ?

2 Quelle est la particularité du titre ? Qu'évoquent pour vous ces deux mots ? À votre avis, pourquoi le second est-il entre parenthèses et en italique ?

3 Repérez la date au-dessous du poème : quel âge a Rimbaud lorsqu'il écrit ce texte ?

4 Lisez le poème. Dites ce que vous comprenez. À quoi êtes-vous sensible ?

Exploration

1 Soulignez les verbes de mouvement et les indications de lieu : quel est le thème de ce poème ? Qui parle ?

....

2 Que signifie : « mes poches crevées » ? Analysez les vers 2 et 5 et retrouvez le personnage de conte : quelle image « je » donne-t-il de lui ?

....

3 Relevez les expressions qui se rattachent ou évoquent la poésie : quelle activité semble privilégiée ? À quoi renvoie-t-elle ? Au vers 3 : qui le poète apostrophe-t-il ? Quel symbole est évoqué ? Quels rapports sont établis ?

....

4 Strophe 1 : relevez les mots qui portent les rimes, regardez comment elles s'organisent, ce que suggèrent les associations des sons et des mots. Analysez le vers 4 (sens, rythme, niveaux de langue…) : comment imaginez-vous celui qui écrit ?

....

5 Quels effets sont produits par le rejet au vers 7 ? Retrouvez les images qui répondent à « Mon auberge (…) Grande-Ourse ». Comment les interprétez-vous ? Qu'est-ce que crée le langage poétique ?

....

6 Strophe 3 : que reprend « je les écoutais » ? Qu'est-ce qui est surprenant dans ce que dit le poète ? Quels sont les points communs entre les deux éléments de la comparaison ? Qu'est-ce qui enivre (exalte) le poète ?

....

7 Strophe 4 : repérez la comparaison (vers 13/14) et inversez les deux parties. Qu'est-ce qui est inattendu ? Analysez le dernier hémistiche. Que fait Rimbaud avec le langage ?

....

L'Assommoir

Émile Zola

(Paris 1840-1902)
Il quitte Aix-en-Provence à l'âge de 7 ans à la mort de son père, brillant ingénieur italien. Sans argent, sa mère va à Paris. Zola rate son bac et abandonne ses études. En 1862, naturalisé français, il pratique divers métiers, devient journaliste dès 1864 et défend les peintres impressionnistes (Cézanne, Manet…). À 30 ans, il conçoit la saga des *Rougon-Macquart*: 20 romans de *L'Histoire naturelle et sociale d'une famille sous le Second Empire* écrits de 1869 à 1893, s'inspirant de *La Comédie humaine* de Balzac. *L'assommoir*, premier grand succès public, *Nana* (1880), *Pot-Bouille* (1882) et *Germinal* (1885) lui permettent de vivre de sa plume. Chef de file du Naturalisme, il analyse l'hérédité et les conditions historiques et sociales de son temps. En 1898, dans l'article « *J'accuse* », il soutient la révision du procès du capitaine Dreyfus accusé de haute trahison. Il meurt asphyxié dans sa chambre. C'est un assassinat, dû sans doute à ses engagements politiques. En 1908, la IIIe République fait transférer son corps au Panthéon.

Gervaise, une femme pauvre, est allée laver du linge avec d'autres femmes. Son amant, Lantier, a refusé de lui donner son linge. Il est resté à la maison avec leurs deux garçons. Les petits viennent retrouver leur mère.

[...] Gervaise reconnut Claude et Étienne. Dès qu'ils l'aperçurent, ils coururent à elle, au milieu des flaques, tapant sur les dalles les talons de leurs souliers dénoués. Claude, l'aîné, donnait la main à son petit frère. Les laveuses, sur leur passage, avaient de légers cris de tendresse, à les voir un peu effrayés, souriant pourtant. Et ils restèrent là, devant leur mère, sans se lâcher, levant leurs têtes blondes.

« C'est papa qui vous envoie ? » demanda Gervaise.

Mais, comme elle se baissait pour rattacher les cordons des souliers d'Étienne, elle vit, à un doigt de Claude, la clef de la chambre avec son numéro de cuivre, qu'il balançait.

« Tiens ! tu m'apportes la clef ! dit-elle, très surprise. Pourquoi donc ? »

L'enfant, en apercevant la clef qu'il avait oubliée à son doigt, parut se souvenir et cria de sa voix claire : « Papa est parti.

– Il est allé acheter le déjeuner, il vous a dit de venir me chercher ici ? »

Claude regarda son frère, hésita, ne sachant plus. Puis, il reprit d'un trait :

« Papa est parti… Il a sauté du lit, il a mis toutes ses affaires dans la malle, il a descendu la malle sur une voiture… Il est parti. »

Gervaise, accroupie, se releva lentement, la figure blanche, portant les mains à ses joues et à ses tempes, comme si elle entendait sa tête craquer. Et elle ne put trouver qu'un mot, elle le répéta vingt fois sur le même ton :

« Ah ! mon Dieu !… ah ! mon Dieu !… ah ! mon Dieu !… »

Mme Boche, cependant, interrogeait l'enfant à son tour, tout allumée de se trouver dans cette histoire.

« Voyons, mon petit, il faut dire les choses… C'est lui qui a fermé la porte et qui vous a dit d'apporter la clef, n'est-ce pas ? »

Et, baissant la voix, à l'oreille de Claude :

« Est-ce qu'il y avait une dame dans la voiture ? »

Émile Zola, *L'Assommoir*, 1877.

Pour mieux comprendre

L'Assommoir: 1) un instrument qui sert à assommer, tuer des gens. 2) un cabaret où les gens pauvres viennent boire pour oublier leurs misères.

Une dalle: une pierre sur le sol.

Des souliers dénoués: des chaussures dont les lacets (**cordons**) ne sont pas attachés.

Sachant, v. *savoir* au participe présent.

Une malle: un coffre, une caisse dans laquelle on met des affaires pour un voyage.

Accroupi(e): le fait de s'asseoir sur les jambes repliées.

Allumé(e): (familier) fou/folle, excité(e).

Découverte

1 Observez ce texte : comment est-il composé ?

2 Quel est le titre de l'œuvre ? Que signifie ce mot ? (Aidez-vous de « Pour mieux comprendre »).

3 Lisez le chapeau : relevez le nom des personnages et présentez la situation. De quel milieu social Zola va-t-il parler ?

4 Où sont les deux enfants au départ ? Que font-ils ensuite ? Lisez la première phrase et retrouvez leur nom.

Exploration

1 Lisez le premier paragraphe. Quelle est la réaction des garçons en voyant leur mère ? Comment paraissent-ils aux yeux des *laveuses* ? Quelle attitude ont-ils devant Gervaise ?

....

2 Soulignez la première question de Gervaise : que demande-t-elle ? Dans la suite, quel geste fait-elle ? Que découvre-t-elle alors ? À votre avis, que peut-elle imaginer ?

....

3 Relevez toute la seconde réplique de la mère. Quelles marques de ponctuation apparaissent ? Que signifient-elles ici ? Comment comprenez-vous la question de Gervaise ?

....

4 De « L'enfant… » à « Il est parti. » : quelle nouvelle est annoncée ? Comment Gervaise interprète-t-elle la première réponse de l'enfant ? Qui assiste aussi à ce dialogue ?

....

5 Analysez les différentes réactions de Claude. Quelle phrase reprend-il ? Qu'a-t-il vu ?

....

6 « Gervais, accroupie (…) ton » : quelle nouvelle interprétation Gervaise fait-elle ? Décrivez ses gestes et ses sensations. Comment Zola traduit-il l'état psychologique de ce personnage ?

....

7 Lisez la suite. Quelle expression répète Gervaise ? Que signifie-t-elle ? (Pensez aussi à sa condition sociale). Que fait Mme Boche ? Quel adjectif Zola utilise-t-il pour la décrire ? Que signifie ce mot ? Que veut-elle vraiment savoir ? Que pensez-vous de son attitude ?

....

8 Finalement, pour quelle raison Lantier a-t-il refusé de donner son linge à Gervaise ? Comment jugez-vous cet homme ? Relisez le texte et analysez la manière dont le suspense est entretenu.

....

9 À votre avis, quel avenir attend Gervaise, seule avec ses deux enfants ? (Pensez au titre et aidez-vous de la biographie).

....

Boule de Suif

Guy de Maupassant

(Fécamp, 1850 – Paris, 1893)
Il passe son enfance
en Normandie. Ses parents
se séparent quand il a 12 ans.
Il montre ses écrits à Flaubert,
son parrain, et ami d'enfance
de sa mère. À vingt ans,
il participe à la guerre de 1870
contre la Prusse, dont il garde
en mémoire les visions d'horreur.
Maupassant consacrera
seulement dix ans de sa vie
à écrire 300 nouvelles
et 6 romans. L'écrivain aime
les fêtes, les plaisirs de la vie.
Il fréquente les Impressionnistes,
Monet, Renoir, rencontre
l'écrivain russe Tourgueniev.
Il rejoint l'école naturaliste
dont le chef de file est Zola.
Une nouvelle : *Boule de Suif*,
« un chef d'œuvre » selon
Flaubert, deux recueils de contes :
La Maison Tellier (1881),
Les Contes de la bécasse
et deux romans : *Une Vie* (1883),
Bel-Ami (1885) en font l'auteur
le plus vendu après Zola.
Il meurt fou à 43 ans après
18 mois d'enfermement
à l'hôpital psychiatrique.

La guerre de 1870 oblige Boule de Suif, une prostituée, des bourgeois et des religieuses à s'enfuir. Ils s'arrêtent dans une auberge : un officier prussien refuse de les laisser repartir. Tous « encouragent » Boule de Suif à se donner à lui. Pour la suite du voyage, ils apportent à manger, sauf la femme.

Personne ne la regardait, ne songeait à elle. Elle se sentait noyée dans le mépris de ces gredins honnêtes qui l'avaient sacrifiée d'abord, rejetée ensuite, comme une chose malpropre et inutile. Alors elle songea à son grand panier tout plein de bonnes choses qu'ils avaient goulûment dévorées, à ses deux poulets luisants de gelée, à ses pâtés, à ses poires, à ses quatre bouteilles de bordeaux ; et sa fureur tombant soudain, comme une corde trop tendue qui casse, elle se sentit prête à pleurer. Elle fit des efforts terribles, se raidit, avala ses sanglots comme les enfants, mais les pleurs montaient, luisaient au bord de ses paupières, et bientôt deux grosses larmes se détachant des yeux roulèrent lentement sur ses joues.

D'autres les suivirent plus rapides, coulant comme les gouttes d'eau qui filtrent d'une roche, et tombant régulièrement sur la courbe rebondie de sa poitrine. Elle restait droite, le regard fixe, la face rigide et pâle, espérant qu'on ne la verrait pas.

Mais la comtesse s'en aperçut et prévint son mari d'un signe. Il haussa les épaules comme pour dire : « Que voulez-vous ? ce n'est pas ma faute. » Mme Loiseau eut un rire muet de triomphe et murmura : « Elle pleure sa honte. »

Les deux bonnes sœurs s'étaient remises à prier après avoir roulé dans un papier le reste de leur saucisson.

Maupassant, *Boule de Suif*, 1880.

Pour mieux comprendre

Boule de suif : 1) une boule de graisse ; 2) le surnom donné à la prostituée.
Songer : penser à.
Le mépris : le fait de considérer qu'une personne est basse moralement ; dédain, dégoût.
Des gredins : des personnes malhonnêtes, mauvaises.
Sacrifiée : Boule de Suif a été victime des bourgeois qui l'ont forcée à se donner au Prussien.

Goulûment : avec avidité ; manger beaucoup, **dévorer**.
Une fureur : une grande colère.
Se raidir : devenir plus dur ; qui est sans souplesse, **rigide**.
Des sanglots : une respiration brusque, provoquée par l'envie de pleurer.
Luisaient, v. *luire* : briller.
Hausser : faire un mouvement d'épaules vers le haut.

Découverte

1 Lisez le titre. Que signifie-t-il ? Qui désigne-t-il ? Le personnage n'a pas de nom : comment comprenez-vous le choix de l'auteur ? Quel est le genre de ce texte ? (Lisez la biographie).

2 Lisez le chapeau : qui sont les personnages ? Présentez la situation. Qui rencontrent-ils et où ?

3 Qu'a fait Boule de Suif ? L'a-t-elle fait librement ? Expliquez votre réponse.

4 Lisez la première phrase. Qui représente « Personne » ? Quelle attitude a-t-on pour Boule de Suif ? Pourquoi, à votre avis ?

Exploration

1 Lisez le texte. « Elle se sentait (…) inutile. » : qu'éprouve Boule de Suif face aux autres personnes ? Comment sont-elles nommées ? Que constatez-vous dans cette expression et comment la comprenez-vous ?

....

2 Quels actes ces personnes ont-elles accompli ? À quels différents moments fait-on référence ? Relevez la comparaison et commentez-la (choix du lexique…). Qu'en pensez-vous ?

....

3 « Alors (…) bordeaux » : soulignez les pronoms possessifs, les adjectifs numéraux et les groupes nominaux qui les complètent. Sur quoi l'auteur insiste-t-il ? Qu'ont fait les autres voyageurs qui étaient alors avec la femme ? Analysez les deux mots qui décrivent leur attitude.

....

4 Dans la première partie du voyage, Boule de Suif partage son panier. Que peut-elle ressentir maintenant ? Finalement, comment réagit-elle ? Qu'éprouvez-vous pour cette femme ?

....

5 « Elle fit (…) pas. » : relevez les trois premiers verbes. Sur quoi l'auteur attire-t-il l'attention ? Commentez la comparaison. Par quels procédés stylistiques (choix des mots, accumulation…) Maupassant rend-il son personnage touchant ?

....

6 Soulignez la dernière proposition du paragraphe 2 et le début du paragraphe 3 : autour de quoi s'organise le récit ? Comment réagissent les personnages ? (Paragraphe 3). Comment jugez-vous ces gens ?

....

7 Retrouvez l'ordre chronologique des actions des religieuses. Qu'est-ce qu'elles ne font pas ? Vous attendiez-vous à une telle attitude ? Développez votre réponse.

....

8 À quelles classes sociales appartiennent toutes ces personnes ? Que dénonce Maupassant ? Vers qui va votre sympathie ? Développez votre réponse.

....

Le XXᵉ siècle

Ce siècle a connu deux guerres mondiales, l'horreur des camps de concentration, la bombe atomique sur Hiroshima, la naissance et la chute de l'Union soviétique, les décolonisations, la guerre froide, d'importants changements politiques et une extraordinaire accélération des moyens de communication et des progrès de la science.

██████████ AVANT 1945

■ La poésie

Apollinaire libère la poésie des contraintes formelles (*Alcools*, 1913, *Calligrammes*, 1918) tandis que Valéry tend vers une poésie pure (*La Jeune Parque*, 1917). Saint-John Perse construit une œuvre poétique secrète et exigeante (*Éloges*, 1911, *Anabase*, 1924), couronnée par le prix Nobel en 1960. Le talent de Cocteau s'exprime dans tous les genres : poésie, roman, cinéma, théâtre, peinture.

■ Le roman

Proust bouleverse l'art du roman : *À la recherche du temps perdu* (1913-1927) est organisé comme une cathédrale. L'œuvre dépasse l'autobiographie pour reconstruire « l'édifice immense du souvenir ». La diversité de l'œuvre de Gide trouve son unité dans l'effort de sincérité de l'auteur, présent derrière des personnages contradictoires (*L'Immoraliste*, 1902, *Si le grain ne meurt*, 1920). Malraux et Saint-Exupéry puisent dans leur expérience personnelle la matière de leur œuvre : pour le premier, l'homme lutte contre l'angoisse de la mort par l'action, l'expérience de la fraternité et l'affirmation de sa liberté (*La Condition humaine*, 1933) ; les personnages du second réfléchissent sur les limites de l'homme, sa volonté et sa responsabilité (*Vol de nuit*, 1931, *Le Petit Prince*, 1943). Enfin Céline, dans une écriture proche de l'oralité (*Voyage au bout de la nuit*, 1932), développe une vision du monde d'un pessimisme radical.

■ Le théâtre

L'écrivain catholique Claudel s'impose surtout pour ses drames lyriques (*L'Annonce faite à Marie*, 1912). Principal dramaturge de l'entre-deux-guerres, Giraudoux réinvestit les mythes anciens pour dire le tragique du présent : *La guerre de Troie n'aura pas lieu* (1935).

Le surréalisme concerne tous les arts. Mouvement de révolte et d'engagement politique, il veut « changer la vie ». L'inconscient, l'écriture automatique permettent d'explorer l'inconnu. Breton (*Le Manifeste du Surréalisme*, 1924), Aragon, Eluard, Soupault, Artaud, essayent de transformer le monde.

À PARTIR DE 1945

L'existentialisme marque l'après-guerre. Dans un monde sans Dieu, l'homme « est condamné à être libre » et donne du sens à sa vie par ses actes et son engagement. Sartre définit cette nouvelle morale dans *L'existentialisme est un humanisme* (1946). Camus combat le sentiment de l'absurde par la révolte et le refus de tout ce qui empêche l'individu d'être libre (*La peste*, 1947, *L'Homme révolté*, 1951*)*.

• Le nouveau roman remet en question la tradition romanesque pour établir une relation différente entre le lecteur et le texte : *L'ère du soupçon* (Sarraute, 1956). Pour Butor, Simon, Robbe-Grillet, Duras, ce sont les points de vue, la narration, la durée intérieure, la description qui sont importants, et non plus l'histoire racontée. Le personnage est souvent réduit à des voix.

• Le théâtre de l'absurde remet aussi en cause personnage et langage. Ionesco et Beckett jouent sur des situations qui semblent ne pas avoir de sens, dérangent le confort du spectateur.

• En poésie, le succès rencontré par l'écriture tendre et révoltée de Prévert (*Paroles,* 1946) a parfois fait oublier l'originalité des œuvres de Michaux et de Ponge.

FEMMES ET LITTÉRATURE

Colette, Anna de Noailles ouvrent la voie au début du siècle. *Le Deuxième Sexe* (Beauvoir, 1949) est la référence des féministes des années 1970 : « On ne naît pas femme, on le devient ». Les femmes s'emparent alors de la littérature. Cixous (*Dedans*, 1969) et Kristeva (*Le Langage, cet inconnu*, 1981) s'interrogent sur le féminin et sur l'existence d'une écriture féminine. Mais les œuvres des écrivaines ne se limitent pas à leur condition de femme. Il y a peu de points communs entre Yourcenar et Duras, Wittig et Chédid, Sagan et Ernaux, Nothomb et Angot, sinon la nécessité d'écrire.

FRANCOPHONIE LITTÉRAIRE

Dans le monde, de nombreux écrivains utilisent le français en le transformant. Dans les années 1930, le mouvement de la Négritude (Césaire, Senghor, Damas) revendique la fierté d'être Noir. Au Maghreb, les héritiers de Mouloud Feraoun, Kateb Yacine, Mohamed Dib, Driss Chraïbi interrogent la pluralité des identités, le mystère des origines, les violences de l'Histoire, les rigidités des sociétés, la place des femmes, dans une langue « française rendue bien étrangère » et pourtant si proche.

CES DERNIÈRES ANNÉES

La production de romans à dominante autobiographique explose, même si des écrivains comme Le Clézio, Echenoz, Modiano, Orsenna, Maalouf, et Koltès ou Schmitt pour le théâtre, ne font pas partie de cette catégorisation. Entre témoignage et distance ironique, chant d'exil et travail de mémoire, créations stylistiques et jeux sur le sens, s'imposent les écritures d'une nouvelle génération : A. Begag, L. Sebbar, N. Bouraoui revendiquent la multiplicité des appartenances.

La vie profonde

Anna de Noailles

(Paris 1876-1933)
La princesse Brancovan est née à Paris, de mère grecque et de père roumain. Par mariage, elle devient comtesse de Noailles. Éblouissante, très belle, elle fascine, par sa personnalité, de grands écrivains de l'époque : Colette, Proust. Elle est la plus connue de toutes les femmes poètes de ce début de siècle. Son premier recueil, *Le Cœur innombrable* (1901), connaît un grand succès. Son lyrisme grave exprime ses passions. C'est la réapparition d'une poésie romantique, sincère et intime, longtemps mise à l'écart par les poètes symbolistes. Elle célèbre la nature, les paysages, la vie. Dans *Les Éblouissements* (1907), elle chante les beautés du monde, puis compose *Les vivants et les Morts* (1913), *Les Forces éternelles* (1921), *L'Honneur de souffrir* (1927), recueils qui développent les thèmes de la mort, la solitude, la fragilité du bonheur, la fuite du temps. La rigueur formelle de ses vers acquiert une perfection classique. Elle fut membre de l'Académie Royale de Belgique et reçut le Grand Prix de l'Académie française.

Être dans la nature ainsi qu'un arbre humain,
Étendre ses désirs comme un profond feuillage,
Et sentir, par la nuit paisible et par l'orage,
La sève universelle affluer dans ses mains !

Vivre, avoir les rayons du soleil sur la face,
Boire le sel ardent des embruns et des pleurs,
Et goûter chaudement la joie et la douleur
Qui font une buée humaine dans l'espace !

Sentir, dans son cœur vif, l'air, le feu et le sang
Tourbillonner ainsi que le vent sur la terre ;
— S'élever au réel et pencher au mystère,
Être le jour qui monte et l'ombre qui descend.

Comme du pourpre soir aux couleurs de cerise,
Laisser du cœur vermeil couler la flamme et l'eau,
Et comme l'aube claire appuyée au coteau
Avoir l'âme qui rêve, au bord du monde assise...

Anna de Noailles, *Le Cœur innombrable*, 1901 in Jeanine Moulin,
Poésie féminine, époque moderne, Paris, Seghers, 1963.

Pour mieux comprendre

Innombrable : infini, qui a beaucoup d'aspects, de formes.
Profond(e) : tout au fond, qui est très bas ; épais, intense, fort.
Ainsi que : de la même façon que, comme.
Étendre : élargir, augmenter ; l'arbre étend son feuillage.
Paisible : tranquille, calme.
Une sève : 1) liquide qui vient de la terre et qui circule dans le bois des arbres. 2) la vie, l'énergie vitale.
Affluer : qui coule beaucoup.

Ardent : brûlant.
Des embruns : de fines gouttes d'eau venant des vagues de la mer.
Une buée : une vapeur d'eau qui se dépose sur les fenêtres.
Tourbillonner : tourner sur soi-même, en spirale.
Un mystère : une chose cachée, un secret.
Pourpre : couleur rouge foncé, symbole de pouvoir ; vermeil.
Un coteau : une petite colline.
Une aube : le lever du soleil, l'aurore.

Découverte

1 Lisez le titre du texte. Dites ce qu'il évoque pour vous.

2 De quel recueil ce texte est-il extrait ? Comment comprenez-vous le titre ?

3 Observez le poème : comment est-il composé ? (strophes, vers, rimes…).

4 Soulignez le début de chaque vers. Que remarquez-vous ?

5 Lisez le premier et le dernier vers. Par quels mots débutent-ils ? Que pensez-vous de ce choix ?

Exploration

1 Lisez le poème. Peut-on savoir exactement qui parle ? Justifiez votre réponse.

....

....

2 Dans le vers 1, à quoi la poétesse se compare-t-elle ? Que signifie cette comparaison ?
Comment est-elle développée dans les strophes 1-2 ?

....

....

3 Quels verbes à l'infinitif concernent à la fois l'humain et l'arbre ? Et lequel ne concerne
que l'être humain ? Pourquoi ? Quelles images sont ainsi créées ?

....

....

4 Strophes 3 et 4 : trouvez les deux noms qui renvoient au corps et à l'esprit (l'un est répété).
Que symbolisent-ils ?

....

5 Relevez les mots qui évoquent une couleur. De quelle couleur s'agit-il ? Que symbolise-t-elle ?

....

6 Les vers 11-12 sont des alexandrins (12 syllabes) ; trouvez des parallélismes et des oppositions.
Qu'est-ce que la poétesse cherche à nous communiquer ?

....

7 Vers 15-16 : sur quel moment se termine le poème ? Que symbolise ce moment ? Expliquez
les métaphores. Quel effet est créé dans la deuxième partie du vers 16 et que désignent
les points de suspension ?

....

8 Pensez-vous que ces quatre strophes illustrent bien le titre du poème ? Justifiez votre réponse.
Quelle est votre définition de « la vie profonde » ?

....

À la recherche
du temps perdu

Marcel Proust

(Auteuil, 1871 – Paris, 1922)
Il est né dans une famille très cultivée de la grande bourgeoisie. Après de brillantes études en droit et en littérature, il fréquente les salons de l'aristocratie et observe les comportements de cette société fermée. Lecteur passionné de Balzac, Baudelaire, des moralistes du XVIIe siècle, il rêve d'une synthèse de tous les arts : peinture, musique, architecture, littérature.
À partir 1909, il élabore un immense projet : faire revivre le temps passé, les souvenirs d'une époque, des sensations dans une seule œuvre : *À la recherche du temps perdu* (7 tomes, dont le premier s'intitule *Du Côté de chez Swann* et le dernier, *Le Temps retrouvé*). Pour Proust, écrire c'est se souvenir grâce à la « mémoire involontaire ». Toute sa vie est alors consacrée à l'écriture : il travaille la nuit, dort le jour, enfermé dans une chambre tapissée de liège.
Il reçoit le prix Goncourt pour *À l'ombre des jeunes filles en fleurs* en 1919. Malade depuis l'enfance, il meurt épuisé avant d'avoir complètement terminé la *Recherche*, référence majeure de la littérature française.

PREMIÈRE PARTIE

COMBRAY

I

LONGTEMPS, je me suis couché de bonne heure. Parfois, à peine ma bougie éteinte, mes yeux se fermaient si vite que je n'avais pas le temps de me dire : « je m'endors. » Et, une demi-heure après, la pensée qu'il était temps de chercher le sommeil m'éveillait ; je voulais poser le volume que je croyais avoir encore dans les mains et souffler ma lumière ; je n'avais pas cessé en dormant de faire des réflexions sur ce que je venais de lire, mais ces réflexions avaient pris un tour un peu particulier ; il me semblait que j'étais moi-même ce dont parlait l'ouvrage : une église, un quatuor, la rivalité de François Ier et de Charles Quint. Cette croyance survivait pendant quelques secondes à mon réveil ; elle ne choquait pas ma raison, mais pesait comme des écailles sur mes yeux et les empêchait de se rendre compte que le bougeoir n'était plus allumé. Puis elle commençait à me devenir inintelligible, comme après la métempsycose les pensées d'une existence antérieure ; le sujet du livre se détachait de moi, j'étais libre de m'y appliquer ou non ; aussitôt je recouvrais la vue et j'étais bien étonné de trouver autour de moi une obscurité, douce et reposante pour mes yeux, mais peut-être plus encore pour mon esprit, à qui elle apparaissait comme une chose sans cause, incompréhensible, comme une chose vraiment obscure. [...]

Marcel Proust, *À la recherche du temps perdu*, I *Du côté de chez Swann*, 1913.

Pour mieux comprendre

Combray : le village d'enfance du narrateur (c'est la ville d'Illiers, en Eure-et-Loire).

Éveiller : réveiller.

Un volume : un livre.

Un quatuor : une œuvre de musique écrite pour quatre instruments.

Une rivalité : ici, la lutte entre **François Ier**, roi de France (1515-1547) et **Charles Quint**, empereur germanique (1519-1556) pour l'obtention du Saint Empire.

Des écailles : ce sont des plaques qui recouvrent la peau des poissons, des serpents.

Un bougeoir : un objet qui permet de faire tenir debout des bougies.

La métempsycose : le déplacement d'une âme vers d'autres corps.

Une existence antérieure : une vie avant la vie présente.

Se détacher : quitter peu à peu.

Recouvrer : retrouver, reprendre.

Découverte

1 Quel est le titre général de l'œuvre d'où ce passage est extrait ? Quel est le projet de Proust ?

2 Lisez la biographie : de combien de livres la *Recherche* est-elle composée ? À quoi est consacré le dernier livre ?

3 Quel est le titre de l'œuvre d'où est extrait ce passage ? Quelle partie vous est proposée ? Quel est le thème de cette partie ? (Aidez-vous de « Pour mieux comprendre »).

4 Lisez la première phrase. Soulignez le mot en majuscule. Quelle est sa catégorie grammaticale ? Quel effet produisent les majuscules ? Qu'exprime-t-il ?

Exploration

1 Lisez le texte. « Parfois (…) ma lumière » : par quel mot grammatical commence cette phrase ? Quel est son sens ? Quel moment est évoqué ? Que se passe-t-il quand la « bougie » est « éteinte » ? Quel événement se produit alors peu de temps après ? Quels gestes le narrateur veut-il faire ? Qu'est-ce qui vous semble étrange ?

2 « Je n'avais pas (…) Quint. » : le narrateur est grand lecteur. Que lui arrive-t-il « en dormant » ? Qu'est-ce qu'il croit qu'il « est » ? Soulignez les exemples donnés et dites à quels domaines ils font référence. Quel rôle joue la lecture pour le narrateur ?

3 « Cette croyance (…) pas allumé. » : que se passe-t-il au réveil ? Quelles sensations le narrateur éprouve-t-il ? Quelles images sont évoquées par le mot « écailles » ? (Regardez « Pour mieux comprendre »). Dans quel état de conscience le narrateur se trouve-t-il ?

4 « Puis (…) ou non » : le narrateur dit que sa croyance commence à lui devenir « inintelligible ». Juste avant, « elle ne choquait pas » sa raison. Comment explique-t-il ce changement ? (Appuyez-vous sur la comparaison avec la métempsycose). Que devient ce qu'il a lu ?

5 « aussitôt… » : le narrateur est-il encore dans la sensation/perception ? Que retrouve-t-il et que découvre-t-il ? Quelles sensations lui procure cette découverte ? Que devient cette découverte pour son esprit ? Dans quel état de conscience est-il de nouveau ?

6 Quel est le temps dominant dans ce passage ? Quelles sont ses valeurs ici ? Relisez le texte et retrouvez les différentes temporalités présentes dans la narration.

7 Partez, vous aussi, à la « recherche du temps perdu » et racontez un souvenir marquant à la manière de Proust.

Automne
malade

Guillaume Apollinaire

(Rome, 1880 – Paris, 1918)
Il occupe une grande place dans la poésie moderne.
Sa mère est balte ; son père, un officier italien, ne le reconnaîtra jamais. Cette souffrance se retrouve dans sa poésie. Il voyage en Belgique, en Allemagne et en Europe centrale, où il écrira ses premiers poèmes : *Rhénanes*.
Il est mobilisé pendant la guerre de 1914-1918 et rentre, blessé à la tête. Ses amours malheureuses lui inspirent ses plus grands poèmes :
La Chanson du Mal Aimé (1904), composée après sa rencontre en Allemagne avec Annie Playden, *Poèmes à Lou*, dédiés à Louise de Coligny-Châtillon, une amante passionnée, qui le quitte aussi. *Alcools* paraît en 1913, *Le poète assassiné* en 1916 et *Calligrammes* en 1918. Il est à la fois critique d'art, critique littéraire et dramaturge. Ami de Picasso, il soutient le mouvement cubiste en peinture. Il est pour la liberté des formes ;
sa conférence sur *L'Esprit nouveau et les poètes* (1918) sert de référence à sa génération.

AUTOMNE malade et adoré
Tu mourras quand l'ouragan soufflera dans les roseraies
Quand il aura neigé
Dans les vergers

Pauvre automne
Meurs en blancheur et en richesse
De neige et de fruits mûrs
Au fond du ciel
Des éperviers planent
Sur les nixes nicettes aux cheveux verts et naines
Qui n'ont jamais aimé

Aux lisières lointaines
Les cerfs ont bramé

Et que j'aime ô saison que j'aime tes rumeurs
Les fruits tombant sans qu'on les cueille
Le vent et la forêt qui pleurent
Toutes leurs larmes en automne feuille à feuille
      Les feuilles
      Qu'on foule
      Un train
      Qui roule
      La vie
      S'écoule

Guillaume Apollinaire, *Alcools*, 1913, Paris, © Gallimard, La Pléiade, 1965.

Pour mieux comprendre

Un ouragan : un vent extrêmement violent ; une tempête, un tourbillon.
Une roseraie : un endroit (un jardin) planté de rosiers.
Un verger : un jardin où il y a des arbres fruitiers.
Un épervier : un oiseau rapace, de taille moyenne.
Planer : rester dans les airs, sans bouger ; voler.
Les nixes nicettes : dans les légendes germaniques, ce sont des nymphes (jeunes filles au corps gracieux) qui vivent dans l'eau ; elles sont de petite taille (**naines**).
Une lisière : c'est le bord d'un terrain, le côté, l'extrémité.
Un cerf : un animal vivant dans la forêt, qui a des cornes en bois ; quand il crie, on dit qu'il **brame**.
Une rumeur : un bruit produit par plusieurs voix.
Fouler : 1) marcher sur, piétiner ; 2) mépriser.

Découverte

1 Regardez le texte comme s'il était une image : comment est-il composé ? Quel choix le poète fait-il pour la ponctuation ? Quelle est la particularité graphique du premier vers ? À votre avis, que signifie-t-elle ?

2 Quel est le titre du recueil ? Qu'évoque-t-il pour vous ?

3 Comment s'intitule ce texte ? Fait-il référence au même domaine que le titre du recueil ? Qu'est-ce qui peut sembler « étrange » ?

4 Lisez les vers 1 et 5 : comment est qualifié l'automne ? Habituellement, pour qui ces adjectifs sont-ils employés ? Quel effet recherche le poète ?

5 Lisez le poème. Qui parle à qui ? Que ressentez-vous ?

Exploration

1 Strophe 1 : de quelle manière le poète s'adresse-t-il à la saison ? Que signifient les deux adjectifs ? Que veut transmettre Apollinaire ? Quels sont les temps employés et leur valeur ? Quelle saison est annoncée ?

....

....

2 Strophe 2 : soulignez le verbe repris de la strophe 1. À quel mode est-il ? Que signifie ce changement ? Quels mots de la première strophe sont repris en écho ici ?

....

....

3 La nature évoquée aux vers 8-13 est-elle la même que celle évoquée précédemment ? Justifiez votre réponse en vous appuyant sur le texte. Comment qualifieriez-vous chacune d'elles ? Quelle particularité possède la seconde ?

....

4 Strophe 4 : qui apparaît au vers 14 ? À qui s'adresse-t-il et que dit-il ? Qu'est-ce qui fait la musicalité de ce vers (structure, sonorité…) ?

....

5 Soulignez le mot « rumeurs ». À quoi renvoie-t-il dans la strophe ? Avec quel autre mot rime-t-il ? Sur quels sens des mots joue le poète ? Quel univers crée-t-il ? (Lisez aussi le vers 17).

....

6 Vers 16-17 : analysez la métaphore filée. Quelles images sont ainsi créées ? Que ressentez-vous à la lecture de la strophe qui contient ces vers ? Que symbolise l'automne pour le poète ?

....

7 Apollinaire a supprimé toute ponctuation, car pour lui, « le rythme et la coupe des vers » sont suffisants. Qu'en pensez-vous ? Réécrivez le poème en le ponctuant.

....

Chant du ciel

Robert Desnos

(Paris, 1900 – camp
de concentration de Térézin,
Tchécoslovaquie, 1945)
Il est né le 4 juillet 1900
à Paris, ville qu'il a toujours
aimée et dont il disait qu'elle
l'avait fait poète. Dès 1919,
il participe au Dadaïsme,
mouvement de révolte radicale,
avant de partager, à partir
de 1922, l'aventure
du Surréalisme. Il est
particulièrement sensible aux
séances de sommeil hypnotique
et très doué pour l'écriture
automatique. André Breton lui
reconnaît « un rôle nécessaire,
inoubliable » dans le groupe
mais il en sera exclu en 1930.
Des récits en prose, *Deuil pour
deuil* (1924) et *La Liberté ou
l'amour* (1927) s'opposent à tout
ce qui limite la liberté. Un recueil
de poèmes, *Corps et biens*
(1930), témoigne de son
imagination et de sa créativité
poétiques. Pendant la Seconde
Guerre mondiale, il entre dans
la clandestinité, fait paraître
des écrits anti-allemands
et appelle à l'action contre
l'occupant et le nazisme.
Il publie *Le Veilleur du Pont-
au-Change* (1942), *État de veille*
(1943). Il est arrêté par
la Gestapo et emprisonné dans
le camp de concentration
de Térézin, en Tchécoslovaquie
où il meurt du typhus
le 8 juin 1945.

La fleur des Alpes disait au coquillage : « tu luis »
Le coquillage disait à la mer : « tu résonnes »
La mer disait au bateau : « tu trembles »
Le bateau disait au feu : « tu brilles »
Le feu me disait : « je brille moins que ses yeux »
Le bateau me disait : « je tremble moins que ton cœur quand elle
paraît »
La mer me disait : « je résonne moins que son nom en ton amour »
Le coquillage me disait : « je luis moins que le phosphore du désir
dans ton rêve creux »
La fleur des Alpes me disait : « elle est belle »
Je disais : « elle est belle, elle est belle, elle est émouvante ».

Robert Desnos, *Les Ténèbres*, 1927, in *Domaine public*, Paris, © Gallimard, 1953.

Pour mieux comprendre

Les ténèbres : 1) une obscurité profonde, absolue. 2) L'enfer. Dans la
Bible, elles s'opposent à « la lumière
de Dieu ».

Les Alpes : les plus grandes montagnes
d'Europe. La fleur des Alpes est peut-
être l'edelweiss, une fleur blanche en
forme d'étoile, appelée immortelle
des neiges ou étoile d'argent.

Résonner : produire du bruit ; s'emplir
de bruit, d'échos, de sons.

Luis (v. *luire*) : briller.

Le phosphore : une substance qui brille
dans la nuit.

Creux : 1) vide ; 2) sans consistance ;
3) qui présente une forme rentrante,
pouvant contenir quelque chose.

Découverte

1 Regardez le poème. Quels signes de ponctuation remarquez-vous à chaque vers ? Qu'est-ce que cela signifie ? Combien y a-t-il de vers ? Comment s'appelle ce genre de poème ?

2 Lisez le titre. Qu'évoque-t-il pour vous ?

3 Quel est le titre du recueil de 1927 dont ce poème est extrait ? Quelles relations établissez-vous avec le titre du texte proposé ?

4 Lisez le poème. Que ressentez-vous ? Quelles images voyez-vous ?

Exploration

1 Relevez les deux premiers mots de chaque début de vers et le premier mot du dernier vers. Que constatez-vous ? Relisez le poème et dites comment il est construit.

....

2 Quels éléments de la nature et quel objet apparaissent ? Qu'ont-ils de particulier ?

....

3 Vers 1 à 4 : repérez les verbes dans les parties entre guillemets. Que signifient-ils ? À quels domaines renvoient-ils ?

....

4 À partir du vers 5, soulignez les nouveaux pronoms personnels et les possessifs qui apparaissent. À qui et à quoi réfèrent-ils ? Comment les verbes des quatre premiers vers sont-ils repris dans la suite du poème ? Quels changements apparaissent ? (Structure des phrases…) Sur qui et sur quoi se focalisent les propos ? Quel rythme prend alors le poème ?

....

5 Au vers 6, le verbe « trembler » a-t-il le même sens qu'au vers 3 ? Expliquez votre réponse. Dans les vers 7 et 8, sur quels éléments les comparaisons sont-elles construites ? Qu'est-ce qui est suggéré de l'amour et du désir du poète ? Comment comprenez-vous « ton rêve creux » ? Sur quels sons repose la musicalité de ces fragments de vers ?

....

6 Analysez les deux derniers vers. Qu'apporte le dernier mot ? (À la fois du point de vue du sens et au niveau formel).

....

7 Sur quelles particularités repose la poésie du texte ? (Relevez les couleurs, les sons, les lumières évoqués par certains mots, les répétitions…). Quel rôle Desnos donne-t-il à la nature pour chanter son amour ? Connaissez-vous des poètes qui établissent des rapports similaires avec la nature ?

....

8 Mettez en scène ce poème avec un(e) camarade qui vous donnera la réplique.

....

Music-hall

Colette

est née en 1873 dans l'Yonne, où elle passe une enfance heureuse. En 1893, elle part pour Paris avec son mari Willy. Elle écrit la série des *Claudine* (1900-1903), romans autobiographiques à succès, tous signés Willy. En 1910, divorcée, elle embrasse la carrière de music-hall, expérience qu'elle raconte dans *La Vagabonde* (1910). Romancière, scénariste, modéliste, Colette continue d'écrire des romans : *Chéri* (1920), *Le Blé en herbe* (1923), *La naissance du jour* (1928), *Sido* (1929), *Douze dialogues de bêtes*, *La Chatte* (1933), qui célèbrent la nature, les animaux, les relations entre hommes et femmes, et sa mère qui lui a donné le goût de la liberté. Femme libre, spontanée, Colette est considérée comme le symbole de la libération des femmes du XXe siècle. Décorée de la Légion d'honneur, elle est élue à l'Académie Goncourt en 1949 et meurt comblée de gloire et de reconnaissance en 1954.

À la campagne, l'été. Elle somnole, sur une chaise longue de rotin. Ses deux amis, Toby-Chien le bull, Kiki-la-Doucette l'angora, jonchent le sable.

TOBY-CHIEN, *bâillant* : Aaah !… ah !…

KIKI-LA-DOUCETTE, *réveillé* : Quoi ?

TOBY-CHIEN : Rien. Je ne sais pas ce que j'ai. Je bâille.

KIKI-LA-DOUCETTE : Mal à l'estomac ?

TOBY-CHIEN : Non. Depuis une semaine que nous sommes ici, il me manque quelque chose. Je crois que je n'aime plus la campagne.

KIKI-LA-DOUCETTE : Tu n'as jamais aimé réellement la campagne. Asnières et Bois-Colombes bornent tes désirs ruraux. Tu es né banlieusard.

TOBY-CHIEN, *qui n'écoute pas* : L'oisiveté me pèse. Je voudrais travailler.

KIKI-LA-DOUCETTE, *continuant* : Banlieusard dis-je, et mégalomane. Travailler ! O Phtah ! tu l'entends, ce chien inutile. Travailler !

TOBY-CHIEN, *noble* : Tu peux rire. Pendant six semaines, j'ai gagné ma vie, moi, aux Folies-Élyséennes, avec Elle.

KIKI-LA-DOUCETTE : Elle…, c'est différent. Elle fait ce qui lui plaît. Elle est têtue, dispersée, extravagante… Mais toi ! Toi, le brouillon, l'indécis, toi, le happeur de vide, le…

TOBY-CHIEN, *théâtral* : Vous n'avez pas autre chose à me dire ?

KIKI-LA-DOUCETTE, *qui ignore Rostand* : Si, certainement !

Colette, *Douze dialogues de bêtes*, (1930), Paris, Robert Laffont, 1997.

Pour mieux comprendre

Le music-hall : (mot anglais) un établissement qui présente des spectacles de danses, de chansons…

Somnoler : dormir à moitié.

Rotin : une sorte de bois qui sert à faire des meubles.

Kiki-la-Doucette : un chat **angora**, une race aux poils longs et doux.

Joncher : couvrir une surface, répandre, éparpiller des choses sur le sol.

Bâiller : ouvrir grand la bouche quand on s'ennuie ou quand on a sommeil.

Asnières/Bois-Colombes : villes ouvrières de la banlieue nord-ouest de Paris ; l'habitant est un **banlieusard**.

Borner : limiter, réduire.

Rural : qui concerne la **campagne**.

L'oisiveté : l'inoccupation, le fait de ne rien faire.

Mégalomane : qui a une ambition démesurée (la folie des grandeurs).

Têtu(e) : qui s'attache à son idée, qui est difficile à faire changer d'avis.

Extravagant(e) : bizarre, fou (folle).

Un happeur : mot inventé et construit sur « happer », attraper vite, saisir brusquement dans la gueule.

Rostand, Edmond : (1868-1918) poète et auteur de théâtre, connu pour *Cyrano de Bergerac* (1897).

Découverte

1 À quel genre littéraire la présentation de ce texte vous fait-elle penser ? Comment s'appellent les « personnages » ? Comment ces noms sont-ils composés ?

2 Lisez le titre de l'œuvre. De quoi s'agit-il précisément ? Qu'est-ce qui peut sembler étrange ?

3 Quel est le titre de ce passage ? Que signifie-t-il ? (Regardez « Pour mieux comprendre »).

4 Lisez seulement ce qui est écrit avant le dialogue. Où et quand se passe l'histoire ? Qui peut être « Elle » ? Avec qui « Elle » se trouve-t-elle ? Que font-ils ? Comment imaginez-vous leur position respective ?

Exploration

1 Lisez le texte. Les 5 premières répliques : depuis combien de temps sont-ils à la campagne ? Que fait Toby-Chien ? Que provoque-t-il en faisant cela ? En général, pour quelles raisons *bâille*-t-on ?

2 Soulignez les deux questions du chat. Que veut-il savoir ? Finalement, quelles raisons le chien donne-t-il ? Quelle nuance la négation « ne... plus » apporte-t-elle par rapport à ce qu'il dit ?

3 Que veut dire Kiki par « jamais » dans la réplique suivante ? Quel nom le chat répète-t-il ? (Répliques 3-4 du chat). Que signifie ce mot ? De quelle banlieue est-il question ? Quel sens donnez-vous à la phrase « Asnières (...) tes désirs ruraux. » ?

4 Que *voudrait* faire le chien ? De quel « mal » se plaint-il ? Relevez la didascalie : quelle attitude révèle-t-elle de Toby-Chien ?

5 « Banlieusard dis-je (...) travailler ! » : par quels mots le chat qualifie-t-il le chien ? Qu'indiquent la répétition et l'exclamation ? Comment imaginez-vous ce chat ? (Apparence, attitude...).

6 Réplique 5 de Toby-Chien : quelle remarque fait-il à Kiki et sur quel ton ? (Regardez la didascalie). Qu'a-t-il fait avec « Elle » ? Qu'est-ce qui peut sembler drôle dans sa réponse ? Que veut-il faire comprendre indirectement au chat ?

7 Quel genre d'activité fait « Elle » ? « Elle..., (...) vide, le... ». Pour Kiki, qu'est-ce qui oppose « Elle » et Toby-Chien ? Que pensez-vous de son jugement ? À votre avis, Kiki a-t-il fini de parler ? Justifiez votre réponse. Que signifie la dernière réplique du chien ?

8 Sur quoi repose le comique de la dernière ligne ? Écrivez la suite de ce dialogue de bêtes, « pas si bêtes ! ».

Un Barbare
en Chine

Le peuple chinois est artisan-né.

Tout ce qu'on peut trouver en bricolant, le Chinois l'a trouvé.

La brouette, l'imprimerie, la gravure, la poudre à canon, la fusée, le cerf-volant, le taximètre, le moulin à eau, l'anthropométrie, l'acupuncture, la circulation du sang, peut-être la boussole et quantité d'autres choses.

L'écriture chinoise semble une langue d'entrepreneurs, un ensemble de signes d'atelier.

Le Chinois est artisan et artisan habile. Il a des doigts de violoniste.

Sans être habile, on ne peut être chinois, c'est impossible.

Même pour manger, comme il fait avec deux bâtonnets, il faut une certaine habileté. Et cette habileté, il l'a recherchée. Le Chinois pouvait inventer la fourchette, que cent peuples ont trouvée et s'en servir. Mais cet instrument, dont le maniement ne demande aucune adresse, lui répugne.

En Chine, l'*unskilled worker* n'existe pas.

Quoi de plus simple que d'être crieur de journaux ?

Un crieur de journaux européen est un gamin braillard et romantique, qui se démène et crie à tue-tête : « *Matin ! Intran !* 4ᵉ édition », et vient se jeter à vos pieds.

Un crieur de journaux chinois est un expert. Il examine la rue qu'il va parcourir, observe où se trouvent les gens et, en mettant la main en écran sur la bouche, chasse la voix, ici vers une fenêtre, là dans un groupe, plus loin à gauche, enfin, où il faut, calmement.

Henri Michaux, *Un Barbare en Chine*, Paris, © Gallimard, 1933.

Henri Michaux

(Namur, 1899 – Paris, 1984)
Son enfance est marquée par la maladie dont il fera le récit dans son journal *Ecuador* (1929). « Je suis né troué » écrit-il. Il grandit en Belgique et est scolarisé en français dans une école prestigieuse. Il est passionné par les insectes et l'écriture chinoise. En 1919, il entre à l'Université libre de Bruxelles, en médecine, mais ne termine pas son année. Il devient marin et voyage en Angleterre et en Amérique. En 1924, il s'installe à Paris, se lie d'amitié avec Paulhan et Supervielle. Poète aventurier, peintre, il partage sa vie entre des voyages réels (Équateur, Turquie, Chine, Inde) et imaginaires qu'il décrit à travers une écriture originale : *Un certain Plume* ; *Un Barbare en Asie* ; *Épreuves, exorcismes* ; *La Vie dans les plis*. L'usage de la drogue lui a permis l'expérience de l'infini, de la folie, de l'hallucination : *Connaissance par les gouffres* ; *Face à ce qui se dérobe*. Écrivain de l'espace du « dedans », il a une relation conflictuelle avec son œuvre. Sa poésie est jugée difficile, en marge de la littérature traditionnelle.

Pour mieux comprendre

Un artisan : une personne qui fait un métier manuel.

Bricoler : faire des travaux manuels, réparer, arranger des objets.

Une brouette : véhicule à une roue qui sert à transporter des matériaux.

Un taximètre : un taxi avec un compteur indiquant le prix en fonction du nombre de kilomètres parcourus.

L'anthropométrie : l'étude des proportions du corps humain (anatomie).

L'acupuncture : une partie de la médecine chinoise qui soigne avec des aiguilles.

La boussole : un instrument qui permet de se repérer sur mer et sur terre.

Habile : qui est adroit, qui fait les choses avec **habileté, adresse**.

Un maniement : le fait de manier, de se servir d'un objet avec ses mains.

Répugner : faire horreur, ressentir du dégoût pour quelque chose.

L'*unskilled worker* : le travailleur sans qualification.

Un braillard : une personne qui crie très fort (terme familier) ; crier **à tue-tête**.

Intran : journal « l'Intransigeant ».

Découverte

1 Lisez le titre. De quel pays s'agit-il ? Cherchez dans la biographie d'autres lieux ou continents que Michaux a visités.

2 Sans vraiment lire le texte, repérez tous les mots qui évoquent ce pays.

3 Que signifie le nom « barbare » ? Qui représente-t-il ici ? À votre avis, quel peut être le sujet du livre ?

4 Lisez la première phrase. De quel métier est-il question ? Quelle précision est apportée et quel sens lui donnez-vous ?

Exploration

1 Lisez tout le texte. Retrouvez deux phrases (paragraphes) qui ont un sens très proche de la première phrase. Quel mot renforce « artisan » ? Que signifie-t-il ?

....

2 Paragraphe 6 : qu'est-ce qui est « impossible » ? Réécrivez la phrase à la forme affirmative, en commençant par « Pour être..., il faut... ». Que pensez-vous de cette affirmation ? Développez votre réponse.

....

3 À quoi est consacré le troisième paragraphe ? Sous quelle forme se présente-t-il ? Quels sont les domaines (science, technique...) abordés ?

....

4 Paragraphe 7 : quelle autre activité montre l'« habileté » du Chinois ? Quel instrument aurait-il pu « inventer » ? Quelle est la particularité de cet objet ? Quelle attitude le Chinois a-t-il pour lui ? Indirectement, quel autre trait de caractère est suggéré ici ?

....

5 Soulignez l'expression en italique, en anglais. Que signifie-t-elle ? Sur quel exemple s'appuie l'affirmation de Michaux ? Le trouvez-vous convaincant, pertinent ? Argumentez votre réponse.

....

6 Faites le portrait des deux « crieurs » (âge, savoir-faire, attitude...). Comparez les termes et expressions choisis pour chacun d'eux. Quelle représentation Michaux donne-t-il des deux crieurs ?

....

7 Quel est le temps dominant dans ce passage ? Quels sont ses effets stylistiques ? Quel regard Michaux porte-t-il sur le peuple chinois ? Quel genre de voyageur est-il (revenez au titre) ?

....

8 Vous êtes un(e) écrivain(e) voyageur (euse) ; vous devenez « un(e) Barbare en... ». Faites la description du pays que vous visitez, des gens que vous rencontrez.

....

La guerre de Troie
n'aura pas lieu

Jean Giraudoux

(Bellac, 1882 – Paris, 1944)
Après des études brillantes au lycée de Châteauroux puis au lycée Lakanal, à Paris, il intègre l'École Normale Supérieure en 1903.
Il se découvre une vocation de germaniste, fait des séjours en Allemagne. En 1910, il entre au ministère des Affaires étrangères et devient diplomate. Ses nouvelles, *Simon le pathétique* (1918), *Adorable Clio* (1920) évoquent ses relations avec une mère distinguée et un père sévère. Après la victoire de 1918, Giraudoux abandonne son dandysme, son apolitisme. Il se marie et prend la direction du service de presse du Quai d'Orsay. Il publie des romans : *Suzanne et le Pacifique* (1921), *Siegfried et le Limousin* (1922), mais c'est le théâtre qui lui assure la célébrité. Ses pièces sont mises en scène par Jouvet : *Amphitryon 38* (1929), *Siegfried* (1928), *Intermezzo* (1933), *La Guerre de Troie n'aura pas lieu*, *Électre* (1937). Il s'inspire des anciens mythes pour parler de son temps, invitant le spectateur à s'interroger sur les problèmes de l'amour, de la guerre, de la condition humaine.

Andromaque demande à son mari Hector s'il se sent un dieu « à l'instant du combat ».

Acte I, scène 3

HECTOR. – Très souvent moins qu'un homme… Mais parfois, à certains matins, on se relève du sol allégé, étonné, mué. Le corps, les armes ont un autre poids, sont d'un autre alliage. On est invulnérable. Une tendresse vous envahit, vous submerge, la variété de tendresse des batailles : on est tendre parce qu'on est impitoyable ; ce doit être en effet la tendresse des dieux. On avance vers l'ennemi lentement, presque distraitement, mais tendrement. Et l'on évite aussi d'écraser le scarabée. Et l'on chasse le moustique sans l'abattre. Jamais l'homme n'a plus respecté la vie sur son passage…

ANDROMAQUE. – Puis l'adversaire arrive ?…

HECTOR. – Puis l'adversaire arrive, écumant, terrible. On a pitié de lui, on voit en lui, derrière sa bave et ses yeux blancs, toute l'impuissance et tout le dévouement du pauvre fonctionnaire humain qu'il est, du pauvre mari et gendre, du pauvre cousin germain, du pauvre amateur de raki et d'olives qu'il est. On a de l'amour pour lui. On aime sa verrue sur sa joue, sa taie dans son œil. On l'aime… Mais il insiste… Alors on le tue.

ANDROMAQUE. – Et l'on se penche en dieu sur ce pauvre corps ; mais on n'est pas dieu, on ne rend pas la vie.

HECTOR. – On ne se penche pas. D'autres vous attendent. D'autres avec leur écume et leurs regards de haine. D'autres pleins de famille, d'olives, de paix.

ANDROMAQUE. – Alors on les tue ?

HECTOR. – On les tue. C'est la guerre.

Jean Giraudoux, *La guerre de Troie n'aura pas lieu* (1935), Paris, © Grasset et Fasquelle, 1967.

Pour mieux comprendre

Mué (e) : transformé, changé en autre chose.
Un alliage : un mélange de deux métaux. Les armes sont faites de plusieurs alliages.
Invulnérable : qu'on ne peut ni blesser, ni détruire, ni atteindre moralement.
Envahir : remplir, submerger.
Impitoyable : qui n'éprouve pas de pitié, qui est cruel, féroce, dur.

Un scarabée : un petit insecte rampant.
Écumant : qui a de la mousse (**bave**) autour de la bouche.
Le raki : une boisson alcoolisée à base d'anis.
Une verrue : un bouton sur la peau.
Une taie : une tache.

Découverte

1 Observez le texte. De quel genre s'agit-il ? Qui sont les personnages présents ? Les connaissez-vous ?

2 Quel est le titre de l'œuvre ? À quel lieu (pays) et à quelle histoire fait-il référence ?

3 De quelle œuvre d'un grand poète de la Grèce antique Giraudoux s'est-il inspiré ? Quel est le thème commun des deux œuvres ?

4 C'est en 1935, quatre ans avant la Seconde Guerre mondiale, que Giraudoux publie sa pièce. À votre avis, qu'est-ce cela peut signifier ?

Exploration

1 Lisez le chapeau et le texte. Quelle est la réponse d'Hector à Andromaque ? Que signifie cette réponse ? (Appuyez-vous sur le comparatif d'infériorité « moins que… »).

....

....

2 Dans sa première réplique, Hector n'emploie pas le pronom de première personne. Quel pronom utilise-t-il le plus ? À quelle catégorie de pronom appartient-il ? Qui représente-t-il ?

....

3 « on se relève (…) alliage. » : comment « on » se sent-il « parfois » ? Quelle transformation ont subi « le corps » et « les armes » ? Juste avant le combat, Hector donne-t-il l'impression d'être encore dans la réalité ? Justifiez votre réponse.

....

4 Relevez les sentiments exprimés dans les segments de phrases « on + est + adj. ». Qu'est-ce qui semble à la fois beau et terrible ? Relisez les quatre dernières phrases. Comment se comporte « on » avant l'affrontement ? Que pensez-vous du discours d'Hector ? Par quels effets stylistiques (répétition, opposition, gradation…) Giraudoux traduit-il le point de vue du personnage ? (Relisez toute la réplique).

....

5 Dans sa première réplique, Andromaque ne pose pas vraiment une question. Sur quoi se concentre sa demande ? Où veut-elle amener son mari ? Quel est le rôle des points de suspension ?

....

6 Faites le portrait de « l'adversaire » selon Hector. Quel sentiment éprouve-t-il face à lui ? Quel mot est le plus répété ? Que signifie-t-il ici ? Repérez la dernière phrase. À quoi s'oppose-t-elle ? Y a-t-il une logique dans les propos d'Hector ? Argumentez votre réponse.

....

7 Qui Andromaque désigne-t-elle par « on » dans sa deuxième réplique ? Quel mot est répété ? De quelle manière souligne-t-elle l'absurdité des propos de son mari ? Quel est son point de vue sur la guerre ?

....

Michel Leiris

(Paris, 1901 – Saint-Hilaire, Essonne, 1990)

Il est élevé dans un milieu très bourgeois, fait des études classiques et fréquente les Surréalistes (1925-1926). Après une mission en Afrique (*L'Afrique fantôme*, 1934), il mène en parallèle une œuvre autobiographique et ethnologique.

Son mal d'être, ses obsessions de la mort et du suicide l'amènent à suivre une cure psychanalytique qui nourrira ses écrits. *L'Âge d'homme*, dont le texte liminaire, *La littérature considérée comme une tauromachie*, affirme le risque et l'engagement de l'acte d'écrire, métaphore de la mise à mort, et les poèmes de *Haut-Mal* (1943), sont des « confessions » psychanalytiques. Il élabore avec franchise un récit de lui-même à partir de ses fantasmes qui s'incarnent dans des figures mythiques (Lucrèce, Judith). Les quatre volumes de *La règle du jeu*, (*Biffures*, 1948, *Fourbis*, 1955, *Fibrilles*, 1966, *Frêle bruit*, 1976) approfondissent la quête de soi, comme une interminable psychanalyse et une recherche infinie sur le langage qui retrace la mémoire de l'existence individuelle. L'aventure autobiographique de M. Leiris renouvelle profondément ce genre littéraire.

Gorge coupée

Âgé de cinq ou six ans, je fus victime d'une agression. Je veux dire que je subis dans la gorge une opération qui consista à m'enlever des végétations ; l'intervention eut lieu d'une manière très brutale, sans que je fusse anesthésié. Mes parents avaient d'abord commis la faute de m'emmener chez le chirurgien sans me dire où ils me conduisaient. Si mes souvenirs sont justes, je m'imaginais que nous allions au cirque ; j'étais donc très loin de prévoir le tour sinistre que me réservaient le vieux médecin de la famille, qui assistait le chirurgien, et ce dernier lui-même. Cela se déroula, point pour point, ainsi qu'un coup monté et j'eus le sentiment qu'on m'avait attiré dans un abominable guet-apens. Voici comment les choses se passèrent : laissant mes parents dans le salon d'attente, le vieux médecin m'amena jusqu'au chirurgien, qui se tenait dans une autre pièce en grande barbe noire et blouse blanche (telle est, du moins, l'image d'ogre que j'en ai gardée) ; j'aperçus des instruments tranchants et, sans doute, eus-je l'air effrayé car, me prenant sur ses genoux, le vieux médecin dit pour me rassurer : « Viens, mon petit coco ! On va jouer à faire la cuisine. » À partir de ce moment je ne me souviens de rien, sinon de l'attaque soudaine du chirurgien qui plongea un outil dans ma gorge, de la douleur que je ressentis et du cri de bête qu'on éventre que je poussai. Ma mère, qui m'entendit d'à côté, fut effarée.

Dans le fiacre qui nous ramena je ne dis pas un mot ; le choc avait été si violent que pendant vingt-quatre heures il fut impossible de m'arracher une parole ; ma mère, complètement désorientée, se demandait si je n'étais pas devenu muet.

Michel Leiris, *L'Âge d'homme*, Paris, © Gallimard, 1939.

Pour mieux comprendre

La gorge : la partie du corps située en bas du cou et/ou au fond de la bouche.

Une victime : une personne à laquelle on fait du mal, qui subit une agression, un acte violent.

Une opération : l'action de couper, enlever une partie du corps (une **intervention**) faite par un chirurgien.

Les végétations : Les amygdales. Quelque chose qui pousse au fond de la gorge et qu'il faut enlever lorsque c'est trop gros.

Anesthésier : endormir quelqu'un pour qu'il ne ressente pas la douleur.

Un coup monté : une action mauvaise préparée pour faire du mal à quelqu'un : un **guet-apens** ; une **attaque**.

Un ogre : un personnage de contes de fées qui mange les enfants.

Éventrer : ouvrir, couper le ventre.

Un fiacre : une voiture tirée par un cheval.

Découverte

1 Quel est le titre de ce texte ? Qu'évoque-t-il pour vous ?

2 Quel est le titre de l'œuvre dont ce passage est extrait ? Que signifie-t-il ? Quel âge a M. Leiris quand ce livre est publié ?

3 Lisez la première phrase. Quel est l'âge du narrateur au moment de ce récit ? Quel est le pronom personnel employé ? Quel est le temps du verbe ? Quel genre de texte allez-vous lire ?

4 Qu'est-il arrivé au narrateur ? Faites des hypothèses sur ce qui a pu se passer.

5 Lisez tout le texte. Que comprenez-vous ? Repérez les personnages cités. Où se passe l'histoire ? Quel est le temps verbal le plus employé ? Quelle fonction a-t-il ?

Exploration

1 La deuxième phrase explique la première : que s'est-il passé pour le narrateur ? Que dit-il du fait ? Par quel superlatif le qualifie-t-il ? Des phrases 1 et 2, laquelle exprime le jugement, laquelle expose les faits ? Quel est le projet d'écriture de Leiris ?

....

2 « Mes parents (...) guets-apens. » : qu'ont fait les parents par rapport à l'enfant ? Où pensait-il aller et où se retrouve-t-il ? Comment juge-t-il leur attitude ? Et vous, qu'en pensez-vous ?

....

3 Soulignez : « Voici comment les choses se passèrent : ». Qu'est-ce que le lecteur pense lire après une telle affirmation ?

....

4 « Laissant (...) cuisine » : sous quelle image le chirurgien apparaît-il ? Par quels détails est-il décrit ? Quels objets effrayent l'enfant ? Habituellement, on écrit : « Un homme *à la* barbe noire. » Dans la description du chirurgien, quel écart par rapport à la norme grammaticale le narrateur fait-il ? Quel effet veut-il produire ?

....

5 Le passage que vous venez de travailler correspond-il à la réponse donnée à la question 3 ? Développez votre analyse.

....

6 Dans la dernière partie de ce paragraphe, quel acte précis relate le narrateur ? Analysez la manière dont il « met en scène » cet acte (noms, adjectifs, verbes, structure la phrase...). Que veut-il partager avec le lecteur ?

....

7 Relisez ce paragraphe et relevez les mots et expressions appartenant au champ lexical de la violence. Classez-les par catégories (adjectifs, noms, groupes verbaux). Que constatez-vous ? (Nombre de termes trouvés, connotations, effets de dramatisation...). Que devient l'anecdote qu'a vécue l'auteur ? Que permet l'écriture ?

....

Le savon

Francis Ponge

**(Montpellier, 1899 –
Bar-sur-Loup, 1988)**
Il est né dans une famille
de la bourgeoisie protestante
du Midi de la France. Après
des études de lettres et de droit,
il travaille aux éditions Gallimard.
En 1937, il adhère au Parti
communiste et pendant
la Seconde Guerre mondiale
entre dans la Résistance (1943).
Le public le découvre avec
Le parti pris des choses (1942).
Il est salué par Braque, Camus,
Sartre. Il donne des conférences
à Paris, Bruxelles, Florence,
Liège. Sa poésie en prose,
Proêmes, Le Peintre à l'étude
(1948), *La Rage de l'expression*
(1952), *La Fabrique du Pré*
(1971), est consacrée aux objets,
à leur description : le papillon,
l'orange, l'huître. Il veut
« revenir toujours à l'objet
lui-même, à ce qu'il a de brut,
de différent » par des analogies,
à travers la polysémie des mots ;
à mesure que le poème
se construit, l'objet apparaît ;
il devient « objeu ». Passionné
par les problèmes de l'expression,
Ponge mêle à son travail
sur le langage une réflexion
sur le processus de création :
Pour un Malherbe (1965),
est un véritable art poétique.

Roanne, avril 1942

Si je m'en frotte les mains, le savon écume, jubile…
Plus il les rend complaisantes, souples,
liantes, ductiles, plus il bave, plus
sa rage devient volumineuse et nacrée…
Pierre magique ! 5
Plus il forme avec l'air et l'eau
des grappes explosives de raisins
parfumés…
L'eau, l'air et le savon
se chevauchent, jouent 10
à saute-mouton, forment des
combinaisons moins chimiques que
physiques, gymnastiques, acrobatiques…
rhétoriques ?

Il y a beaucoup à dire à propos du savon. Exactement tout ce qu'il 15
raconte de lui-même jusqu'à disparition complète, épuisement du
sujet. Voilà l'objet même qui me convient.

Francis Ponge, *Le Savon*, Paris, © Gallimard, 1967.

Pour mieux comprendre

Écumer : faire de la mousse blanche.
Jubiler : se réjouir, être très content.
Complaisant(e) : 1) agréable ; 2) aimable,
  plaisant(e) ; 3) indulgent(e).
Liant(e) : 1) qui est sociable ; 2) qui est
  souple.
Ductile : 1) qui est malléable, qui peut
  être étiré, allongé ; 2) obéissant, docile.
Baver : 1) bavarder ; 2) le fait qu'un
  liquide blanc et mousseux sorte de la
  bouche ou de la gueule des animaux.

La rage : 1) une maladie transmise par
  un animal ; 2) la fureur, une grande
  colère.
Se chevaucher : être l'un sur l'autre.
Une combinaison : une disposition, un
  assemblage.
La rhétorique : l'art de bien parler, tous
  les moyens stylistiques utilisés pour
  persuader, convaincre.

Découverte

1 Quel est le titre du texte proposé ? À quelle réalité fait-il référence ?

2 Comment ce texte se présente-t-il ? (Ponctuation, disposition, rime…).

3 « Il y a beaucoup à dire à propos du savon » : habituellement, est-ce un objet auquel on accorde de l'importance ? Quel choix le poète fait-il ? Connaissez-vous des poètes qui s'intéressent à des objets ?

Exploration

1 Lisez le texte. À votre avis, se présente-t-il comme un mode d'emploi ? une définition ? une expérience « poétique » ? une description ? Justifiez votre réponse.

....

2 Vers 1 : quel usage de l'objet le poète évoque-t-il ? Que se passe-t-il alors ? Quels sont les verbes employés ? Ces verbes s'emploient-ils pour un objet ? Quel effet Ponge cherche-t-il à produire ?

....

3 « Plus il les rend (…) nacrée » : repérez les mots qui renvoient à « mains ». À quelle catégorie grammaticale appartiennent-ils ? Quels sont les différents sens de ces mots ? À quel jeu sur le langage le poète se livre-t-il ?

....

4 Comment comprenez-vous l'expression « plus il bave, plus sa rage devient volumineuse » ? À qui est comparé indirectement l'objet ? Quelles interprétations donnez-vous à « bave » et « rage » ? Quel autre titre de Ponge contient un des deux mots ? (Reportez-vous à la biographie). Qu'en déduisez-vous quant au travail poétique de Ponge ?

....

5 « Plus il forme (…) rhétoriques ? » : avec quels éléments l'objet est-il mélangé ? Que produit (forme) ce mélange ? Quelles sensations auditive (son), olfactive (sentir) et visuelle Ponge crée-t-il ?

....

6 À quelles sortes d'activités se livre l'objet mêlé aux autres éléments ? Qu'est-ce qui est drôle ? Qu'est-ce que les cinq derniers mots de la première partie ont en commun ? Comment comprenez-vous le sens de « rhétoriques », sa place dans le texte ainsi que la ponctuation ?

....

7 Dans la deuxième partie, comment comprenez-vous la deuxième phrase ? Si l'objet disparaît, qu'est-ce qui disparaît aussi ? Que devient donc le mot ?

....

8 Ce texte est-il poésie, prose, les deux ? Dans la biographie, retrouvez le titre d'une œuvre qui correspondrait à ce genre de texte.

....

9 À votre tour, composez un poème à la manière de Ponge, en choisissant un objet, en jouant sur les différents sens d'un même mot.

Les Mouches

Jean-Paul Sartre

(Paris 1905-1980)
Il a marqué le XXᵉ siècle
par ses idées philosophiques
et politiques. En 1926, il rencontre
Simone de Beauvoir,
la compagne de sa vie,
philosophe elle aussi, écrivaine
et féministe. Ses écrits
investissent différents genres
littéraires : théâtre, *Huis clos*
(1944), *Les mains sales* (1948) ;
roman, *La Nausée* (1938) ;
philosophie, *L'Être et le Néant*
(1943) ; essais, *Réflexions sur
la question juive* (1946) ; critique
littéraire, *Baudelaire (1947)* ;
autobiographie, *Les Mots* (1964).
Il fonde l'existentialisme athée,
*l'Existentialisme est un
humanisme* (1946) : l'homme
se définit par son libre choix
et son engagement. En 1964,
il refuse le prix Nobel
de littérature. Sartre a influencé
la jeunesse française par
ses positions politiques. Il voyage
à Cuba, en Chine, au Brésil,
en Israël, en Égypte… En 1973,
il participe à la création du
journal de gauche *Libération*.
Cinquante mille personnes
assistent à son enterrement.

SCÈNE VII

ÉLECTRE, seule

ÉLECTRE

Est-ce qu'elle va crier ? (*Un temps. Elle prête l'oreille.*) Il marche dans le couloir. Quand il aura ouvert la quatrième porte… Ah ! je l'ai voulu ! Je le veux, il *faut* que je le veuille encore. (*Elle regarde Égisthe.*) Celui-ci est mort. C'est donc *ça* que je voulais. Je ne m'en rendais pas compte. (*Elle s'approche de lui.*) Cent fois je l'ai vu en songe, étendu à cette même place, une épée dans le cœur. Ses yeux étaient clos, il avait l'air de dormir. Comme je le haïssais, comme j'étais joyeuse de le haïr. Il n'a pas l'air de dormir, et ses yeux sont ouverts, il me regarde. Il est mort — et ma haine est morte avec lui. Et je suis là ; et j'attends, et l'autre est vivante encore, au fond de sa chambre, et tout à l'heure elle va crier. Elle va crier comme une bête. Ah ! je ne peux plus supporter ce regard. (*Elle s'agenouille et jette un manteau sur le visage d'Égisthe.*) Qu'est-ce que je voulais donc ? (*Silence. Puis cris de Clytemnestre.*) Il l'a frappée. C'était notre mère, et il l'a frappée. (*Elle se relève.*) Voici : mes ennemis sont morts. Pendant des années, j'ai joui de cette mort par avance, et, à présent, mon cœur est serré dans un étau. Est-ce que je me suis menti pendant quinze ans ? Ça n'est pas vrai ! Ça n'est pas vrai ! Ça ne peut pas être vrai : je ne suis pas lâche ! Cette minute-ci, je l'ai voulue et je la veux encore. J'ai voulu voir ce porc immonde couché à mes pieds. (*Elle arrache le manteau.*) Que m'importe ton regard de poisson mort. Je l'ai voulu, ce regard, et j'en jouis. (*Cris plus faibles de Clytemnestre.*) Qu'elle crie ! Qu'elle crie ! Je veux ses cris d'horreur et je veux ses souffrances. (*Les cris cessent.*) Joie ! Joie ! Je pleure de joie : mes ennemis sont morts et mon père est vengé.

Oreste rentre, une épée sanglante à la main. Elle court à lui.

Jean-Paul Sartre, *Les Mouches*, acte 2, scène VII, Paris, © Gallimard, 1943.

Pour mieux comprendre

En songe : en rêve.

Clos : qui est fermé.

Haïssais, v. *haïr* : détester, avoir de la haine pour une personne.

S'agenouiller : se mettre à genoux.

Jouir : éprouver un grand plaisir.

Serré dans un étau : être tenu avec force, être oppressé.

Lâche : qui manque de courage, faible.

Immonde : répugnant, horrible ; qui provoque le dégoût.

Mon père : Agamemnon a été tué par sa femme Clytemnestre et Égisthe, l'amant de celle-ci.

Venger : réparer une action injuste en punissant la personne qui l'a commise.

Sanglant(e) : qui est plein de sang.

Découverte

1 Observez les indications au-dessus du texte. À quel genre littéraire renvoie-t-il ? De quelle œuvre est extrait ce passage ? Comment comprenez-vous le titre ?

2 Qui est le personnage ? Parle-t-il à quelqu'un ? Comment appelle-t-on ce moment ?

3 Le nom du frère d'Électre est indiqué à la fin du passage, dans la phrase en italique. Relevez-le. Que fait-il ? Imaginez ce qui s'est passé.

4 Lisez le texte et repérez les noms de deux autres personnages. Dans « Pour mieux comprendre », retrouvez le nom d'un autre personnage. Reconstituez leur lien.

5 Quel est le rôle des indications entre parenthèses ? Comment les appelle-t-on ?

Exploration

1 Qui Électre *regarde*-t-elle ? Qu'est-il arrivé à ce personnage ? Que reprend le démonstratif *ça* ? Pourquoi est-il en italique ? Relisez la phrase « Ah ! (…) que je le veuille encore. » De quoi Électre parle-t-elle ? Quels sont les temps des verbes ? À quelles temporalités renvoient-ils ?

....

....

2 « Cent fois (…) avec lui » : où Électre a-t-elle vu Égisthe ? Dans quelle position était-il ? Relevez deux phrases contradictoires. À quels temps sont-elles ? Justifiez cet emploi. Quels sentiments Électre éprouve-t-elle ? Que ressent-elle maintenant ?

....

....

3 Soulignez les six didascalies concernant Électre. Quels sentiments successifs expriment ses mouvements ?

....

4 Électre nomme Clytemnestre « notre mère », une fois morte. Par quel autre terme la désigne-t-elle lorsqu'elle est encore « vivante » ? Comment expliquez-vous ce changement ?

....

5 « Voici : » quel est le constat d'Électre ? À quelle autre phrase fait-elle écho ? Qu'est-ce qui a été accompli ?

....

6 « Je l'ai voulu, ce regard (…) vengé. » : Électre assume son choix. Quels sont les moyens stylistiques utilisés pour montrer qu'elle assume ce choix ? Que traduisent-ils du personnage ?

....

7 À votre avis, le choix d'Électre a-t-il été fait en toute conscience, librement ? (Pensez au destin qui a frappé sa famille.) Argumentez votre réponse.

....

Gouverneurs
de la rosée

Manuel revient en Haïti : la misère l'avait poussé à partir travailler à Cuba pendant 15 ans. Son ami Laurélien lui demande de parler de ce pays.

C'
– est un pays, cinq fois, non dix, non vingt fois peut-être plus grand qu'Haïti. Mais tu sais, moi je suis fait avec ça, moi-même.

Il touchait le sol, il en caressait le grain :

– Je suis ça : cette terre-là, et je l'ai dans le sang. Regarde ma couleur : on dirait que la terre a déteint sur moi et sur toi aussi. Ce pays est le partage des hommes noirs et toutes les fois qu'on a essayé de nous l'enlever, nous avons sarclé l'injustice à coup de machette.

– Oui, mais à Cuba, il y a plus de richesse, on vit plus à l'aise. Icitte, il faut se gourmer dur avec l'existence et à quoi ça sert ? On n'a même pas de quoi remplir son ventre et on est sans droit contre la malfaisance des autorités. Le juge de paix, la police rurale, les arpenteurs, les spéculateurs en denrées, ils vivent sur nous comme des puces. J'ai passé un mois de prison, avec toute la bande des voleurs et des assassins, parce que j'étais descendu en ville sans souliers. Et où est-ce que j'aurais pris l'argent, je te demande, mon compère ? Alors qu'est-ce que nous sommes, nous autres, les habitants, les nègres-pieds-à-terre, méprisés et maltraités ?

– Ce que nous sommes ? Si c'est une question, je vais te répondre : eh bien, nous sommes ce pays et il n'est rien sans nous, rien du tout. Qui est-ce qui plante, qui est-ce qui arrose, qui est-ce qui récolte ? Le café, le coton, le riz, la canne, le cacao, le maïs, les bananes, les vivres et tous les fruits, si ce n'est pas nous, qui les fera pousser ? Et avec ça nous sommes pauvres, c'est vrai, nous sommes malheureux, c'est vrai, nous sommes misérables, c'est vrai. Mais sais-tu pourquoi, frère ? À cause de notre ignorance : nous ne savons pas encore que nous sommes une force, une seule force : tous les habitants, tous les nègres des plaines et des mornes réunis. Un jour, quand nous aurons compris cette vérité, nous nous lèverons d'un point à l'autre du pays et nous ferons l'assemblée générale des gouverneurs de la rosée, le grand coumbite des travailleurs de la terre pour défricher la misère et planter la vie nouvelle.

Jacques Roumain, *Gouverneurs de la rosée*, 1944, Pantin, Le Temps des Cerises éditeurs, 2000.

Jacques Roumain

(Port-au-Prince, Haïti, 1907-1944)
Il est né dans une famille de la haute bourgeoisie haïtienne, avec laquelle il rompt très vite pour défendre la cause des paysans. Il achève ses études en Suisse, voyage en Europe, est étudiant dans les années 1925 à Paris. Revenu en Haïti en 1927, il crée la *Revue Indigène*, lutte contre l'occupation américaine de son pays (1915-1935), ce qui lui vaut son premier séjour en prison. Il accède à de hautes fonctions au gouvernement dont il démissionne et écrit deux romans : *La Montagne ensorcelée* et *Les Fantoches*. En 1934, il fonde le Parti communiste haïtien, publie *Analyse schématique*. Forcé à l'exil, il choisit la France. De retour en Haïti, il fonde le Bureau d'ethnologie de Port-au-Prince. Son intelligence et son immense générosité se retrouvent dans *Gouverneurs de la rosée*, livre d'engagement, de poésie et d'amour pour le peuple haïtien et pour tous les opprimés.

Pour mieux comprendre

Déteindre : prendre la couleur de la terre.
Sarcler : enlever les mauvaises herbes avec un grand couteau : **une machette**.
Icitte : ici, en créole haïtien.
Se gourmer : se battre, lutter.
Un(e) arpenteur (teuse) : une personne qui mesure la surface des terres.

Un(e) compère : un(e) ami(e).
Un morne : mot créole. Une petite montagne arrondie au milieu d'une plaine.
Un coumbite : une association de paysans qui s'entraident.
La rosée : des gouttes d'eau qui se déposent, le matin, dans la nature.

Découverte

1 Lisez le chapeau. De quels pays est-il question ? Situez-les sur une carte et faites une recherche historique.

2 Toujours dans le chapeau : qu'apprenez-vous au sujet de Manuel ? Que lui demande Laurélien ?

3 Lisez le texte jusqu'à « grain : ». Manuel répond-il vraiment à la question de Laurélien ? Que semble-t-il vouloir dire à son ami ? Comment le narrateur traduit-il ce qu'il ressent ?

4 Lisez la seconde réplique de Manuel : comment se développe l'idée émise dans sa réponse précédente ? Comment comprenez-vous « Ce pays (…) machette » ? (Analysez le choix des mots).

Exploration

1 Lisez le reste du texte. Dites ce que vous comprenez. Que représente Cuba pour Laurélien ?

....

2 Pour Laurélien, quels sont les résultats de la lutte (« se gourmer dur ») pour « l'existence » ? Quelles sont ses conditions de vie ?

....

3 « … ils vivent sur nous comme des puces » : quelles parties de la société représentent les « puces » ? Analysez cette image. Quel est l'état d'esprit de Laurélien ? Quel jugement portez-vous sur le fonctionnement de cette société ?

....

4 Qu'est-il arrivé à Laurélien qui illustre le fonctionnement de cette société ? Par quels moyens stylistiques l'auteur traduit-il l'incompréhension de Laurélien ? Qu'est-ce que le narrateur veut faire comprendre/ressentir au lecteur ?

....

5 Repérez les phrases interrogatives dans la dernière réplique de Manuel : laquelle reprend le propos précédent ? Sur quelles réalités insistent les questions 2 et 3 ? Sur quels procédés stylistiques sont-elles construites ?

....

6 Commentez la réponse de Manuel à la première question. Quel est son constat après les questions 2 et 3 ? Quels effets produisent les répétitions, la gradation des mots ?

....

7 Pour Manuel, quelle est la cause des conditions de vie des paysans haïtiens ? Sur quels arguments et de quelle manière développe-t-il son point de vue ?

....

8 Que se passera-t-il quand les paysans « auront compris cette vérité » ? Pour Manuel, quel est l'objectif final ? Comment est-il exprimé (figure de style, lexique…) ? Retrouvez l'expression qui reprend le titre de l'œuvre. Comment la comprenez-vous ?

....

Le chat et l'oiseau

Jacques Prévert

(Neuilly-sur-Seine, 1900 –
Omon-la-Petite, 1977)
Il est, avec La Fontaine,
l'un des poètes les plus connus
des Français. Tous les écoliers
de France apprennent
Le cancre, poème extrait
de son recueil le plus célèbre,
Paroles (1946). La même année
paraît un deuxième recueil
de poésie, *Histoires,* qui
rencontre un grand succès.

Sa poésie est influencée
par les surréalistes qu'il
a fréquentés dans sa jeunesse.
Proche du Parti communiste,
il dénonce l'oppression sociale,
la guerre, la pollution,
et chante l'enfance, la liberté,
la justice, l'amour de la femme
mais aussi de l'être humain.
Il est également le scénariste
des plus grands films français
du répertoire classique :
Les Visiteurs du soir (1942),
Les Enfants du paradis (1945)
de Marcel Carné. Il est aussi
l'auteur de célèbres chansons
comme *Les Feuilles mortes,*
et d'autres encore interprétées
par Yves Montand, chanteur
et acteur, compagnon d'Édith
Piaf dans les années 1950.

Un village écoute désolé
Le chant d'un oiseau blessé
C'est le seul oiseau du village
Et c'est le seul chat du village
Qui l'a à moitié dévoré
Et l'oiseau cesse de chanter
Le chat cesse de ronronner
Et de se lécher le museau
Et le village fait à l'oiseau
De merveilleuses funérailles
Et le chat qui est invité
Marche derrière le petit cercueil de paille
Où l'oiseau mort est allongé
Porté par une petite fille
Qui n'arrête pas de pleurer
Si j'avais su que cela te fasse tant de peine
Lui dit le chat
Je l'aurais mangé tout entier
Et puis je t'aurais raconté
Que je l'avais vu s'envoler
S'envoler jusqu'au bout du monde
Là-bas où c'est tellement loin
Que jamais on n'en revient
Tu aurais eu moins de chagrin
Simplement de la tristesse et des regrets

Il ne faut jamais faire les choses à moitié.

Jacques Prévert, *Histoires*, 1946, Paris, © Gallimard, 1963.

Pour mieux comprendre

Désolé(e) : triste.
Ronronner : le fait, pour un chat,
d'émettre un certain bruit quand il
est content.
Se lécher : passer la langue sur une partie
du visage (le museau pour les animaux).

Des funérailles : une cérémonie organi-
sée pour une personne morte. Le
corps est mis dans un **cercueil**.
Un regret : une nostalgie, une tristesse.

Découverte

1 Lisez le titre du poème. Pour vous, que symbolisent les deux animaux ? Lequel préférez-vous ?

2 De quel recueil ce poème est-il extrait ? À quel genre d'écrits fait-il référence ?

3 Lisez le poème. De combien de parties est-il composé ? Que raconte chacune d'elles ? À quel genre poétique vous fait penser ce texte ?

4 Repérez les rimes, la ponctuation : que constatez-vous ?

5 Où se passe l'histoire ? Quel personnage apparaît ? Qu'est-ce qui peut sembler étrange ?

Exploration

1 Vers 1-5 : soulignez l'adjectif qui qualifie le village. Que signifie ce mot ? Pour quelle raison le village est-il dans cet état ? Quel acte a été commis et par qui ?

....

....

2 Quelle est la particularité de ces deux animaux ? Est-ce réaliste ?

....

3 Qu'est-ce que les deux animaux ne font plus ? Est-ce pour les mêmes raisons ? Comment sont construits les vers 6-7 ?

....

4 Quelle initiative est prise ensuite ? Habituellement, pour qui fait-on cela ? Que pensez-vous de cette situation ? Comment sont les « funérailles » ? Commentez les vers 10 et 12.

....

5 Relisez le poème jusqu'au vers 11 : quel mot de liaison revient presque systématiquement ? Comment s'appelle-t-il ? Que recherche le poète en utilisant ce mot ?

....

6 Dans les vers 11, 12 et 13, quel vocabulaire le poète emploie-t-il concernant les animaux ? Quel univers est ainsi créé ? Que ressentez-vous à la lecture de ces vers ?

....

7 À partir du vers 16, qui parle ? Soulignez l'hypothèse émise. Quel est le raisonnement présenté ? Qu'en pensez-vous ? Trouvez des adjectifs pour qualifier cette attitude. Qu'aurait alors fait le chat et qu'aurait ressenti la petite fille ? Sur quelles nuances de sentiments joue l'animal ?

....

8 Que pensez-vous de la morale ? Prévert a-t-il raconté seulement une « histoire simple » ? Justifiez votre réponse.

....

Pourquoi n'allez-vous pas à Paris ?

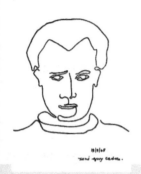

René-Guy Cadou

(Sainte-Reine-de Bretagne, 1920 – Louisfert, 1951)
Sa courte vie fut consacrée à son métier d'instituteur en Bretagne et à la poésie.

Sa rencontre avec Max Jacob et Pierre Reverdy ne le rapproche pas des cercles littéraires parisiens dont il restera toujours éloigné. Il publie son premier recueil de poèmes à 17 ans, *Les Brancardiers de l'aube*, dont l'écriture est marquée par le Surréalisme, influence qu'il abandonne rapidement. À partir de 1938, il publie *Années lumière*, *Morte saison*, *Bruits du cœur*... Sa poésie, qui se déploie dans l'intimité avec la nature, fervente et tendue vers l'amour de la vie, la liberté, traversée parfois par le pressentiment de sa mort prochaine, semble d'une grande simplicité. En 1943, il rencontre le grand amour de sa vie, la poétesse Hélène Laurent, qui deviendra sa femme et à laquelle il rend hommage dans *Hélène ou le Règne végétal* (1952). L'œuvre très personnelle de R.-G.Cadou est réunie sous le titre : *Poésie la vie entière*.

Pourquoi n'allez-vous pas à Paris ?
– Mais l'odeur des lys ! Mais l'odeur des lys !

– Les rives de la Seine ont aussi leurs fleuristes
– Mais pas assez tristes oh ! pas assez tristes !

Je suis malade du vert des feuilles et de chevaux
De servantes bousculées dans les remises du château

– Mais les rues de Paris ont aussi leurs servantes
– Que le diable tente ! que le diable tente !

Mais moi seul dans la grande nuit mouillée
L'odeur des lys et la campagne agenouillée

Cette amère montée du sol qui m'environne
Le désespoir et le bonheur de ne plaire à personne !

– Tu périras d'oubli et dévoré d'orgueil
– Oui mais l'odeur des lys la liberté des feuilles !

René-Guy Cadou, *Le diable et son train*, 1947-1948
in *Poésie la vie entière*, Paris, Seghers 1978.

Pour mieux comprendre

Un lys : une grande fleur blanche, qui sent bon, symbole de pureté.
Malade : dans le texte : amoureux.
Bousculé(e) : les jeunes filles employées comme domestiques (**servantes**) sont renversées, parfois couchées sur le sol par les garçons.
Tenter : donner le désir, l'envie ; séduire.
Une remise : un endroit où l'on met des voitures, où l'on range des outils...

Agenouillé(e) : être à genoux, les jambes pliées derrière soi, pour prier ou montrer une attitude d'obéissance face à une autorité.
Amer(ère) : le contraire de doux et sucré ; triste ; dur.
Périras, v. *périr* (au futur) : mourir.
Dévoré d'orgueil : être mangé par l'orgueil ; tourmenté, angoissé jusqu'à être détruit par un sentiment de supériorité, de trop grande fierté.

Découverte

1 Lisez le titre. Si cette question s'adressait à vous, que répondriez-vous ? Pour vous, que représente Paris ?

2 Regardez le texte comme s'il était une image. Que remarquez-vous (nombre de strophes et nombre de vers par strophe, ponctuation…) ? Sous quelle forme se présente le poème (narration, dialogue, description…) ?

3 Quel est le titre de l'œuvre dont ce texte est extrait ? Comment l'interprétez-vous ?

4 Lisez le texte. À votre avis, qui parle à qui ? Repérez les vers où apparaît le locuteur. Selon vous, qui peut être l'interlocuteur (un ami, une connaissance, l'autre voix du narrateur…) ?

Exploration

1 Quelle réponse est faite à la question du premier vers ? Comment la comprenez-vous ? Est-ce la réponse que l'on attendrait ? Expliquez pourquoi.

....

....

2 Combien de fois est répété « mais » ? Que signifie ce mot et pourquoi est-il répété ?

....

3 Analysez les vers 2 et 4 (structure, répétitions, ponctuation, idée…). Sur quoi le poète insiste-t-il ?

....

4 Relevez les mots et groupes de mots qui se rapportent à la ville et ceux qui se rapportent à la campagne. Que constatez-vous ? Quel mot est commun aux deux endroits ? Reportez-vous au vers 8. Qu'indique-t-il de l'attitude du poète ?

....

5 Dans les distiques (strophe de deux vers) 5 et 6, comment se présente le poète ? Par quel mot cette idée est-elle reprise ? Que ressent-il ? Comment expliquez-vous cet état psychologique ?

....

6 Qu'évoquent pour vous « la campagne agenouillée » et « Cette amère montée du sol » ? Avec quel mot rime « agenouillée » ? Quelle image de la nature est donnée ici ?

....

7 Relisez les vers 1 et 13. Quel changement de pronom remarquez-vous ? Comment l'expliquez-vous ? Quel destin attend le poète ? Quelle est la tonalité générale du poème (triste, pessimiste…) ? Justifiez votre réponse.

....

8 Écrivez un poème composé de distiques qui répondra à la question : « Pourquoi n'allez-vous pas à… ? ». Choisissez Paris ou une autre ville.

....

Carnets de notes
des « Mémoires d'Hadrien »

à G. F.

Marguerite Yourcenar

(Bruxelles, 1903 –
Île des Monts-Déserts, USA, 1987)
Elle est née dans une famille aristocratique. Sa mère meurt après sa naissance. Elle est élevée par un père anticonformiste qui lui fait découvrir l'Europe. La Grèce devient l'une de ses patries spirituelles. Son premier livre, *Le Jardin des Chimères*, paraît en 1921, puis *Alexis ou le traité du vain combat,* en 1929. La Seconde Guerre mondiale la force à l'exil aux USA, où elle s'installe définitivement dans l'île des Monts-Déserts. Elle connaît le succès avec *Mémoires d'Hadrien* (1951), fausse autobiographie de l'empereur romain helléniste du IIᵉ siècle, se présentant sous forme d'une longue lettre adressée à Marc Aurèle, alors qu'Hadrien est à la fin de sa vie. *L'Œuvre au Noir* est l'histoire « d'un homme intelligent et persécuté » au XVIᵉ siècle. Elle choisit la distance de l'Histoire pour mieux parler de l'être humain, à travers une écriture classique et épurée. Elle est la première femme élue à l'Académie française, en 1980.

C e livre a été conçu, puis écrit, en tout ou en partie, sous diverses formes, entre 1924 et 1926, entre la vingtième et la vingt-troisième année. Tous ces manuscrits ont été détruits, et méritaient de l'être.

*

Retrouvé dans un volume de la correspondance de Flaubert, fort lu et fort souligné par moi vers 1927, la phrase inoubliable : « Les dieux n'étant plus, et le Christ n'étant pas encore, il y a eu, de Cicéron à Marc Aurèle, un moment unique où l'homme seul a été. » Une grande partie de ma vie allait se passer à essayer de définir, puis à peindre, cet homme seul et d'ailleurs relié à tout.

*

Travaux recommencés en 1934 ; longues recherches ; une quinzaine de pages écrites et crues définitives ; projet repris et abandonné plusieurs fois entre 1934 et 1937.

*

J'imaginai longtemps l'ouvrage sous forme d'une série de dialogues, où toutes les voix du temps se fussent fait entendre. Mais, quoique je fisse, le détail primait l'ensemble ; les parties compromettaient l'équilibre du tout ; la voix d'Hadrien se perdait sous tous ces cris. Je ne parvenais pas à organiser ce monde vu et entendu par un homme.

*

La seule phrase qui subsiste de la rédaction de 1934 : « Je commence à apercevoir le profil de ma mort. » Comme un peintre établi devant un horizon, et qui sans cesse déplace son chevalet à droite puis à gauche, j'avais enfin trouvé le point de vue du livre.

*

Marguerite Yourcenar, *Mémoires d'Hadrien*,
Paris, Librairie Plon, 1951, © Gallimard, 1974.

Pour mieux comprendre

G.F. : Grace Frick, l'amie américaine de M. Yourcenar, qui l'a aidée dans ses recherches historiques sur Hadrien, soutenue dans la période d'écriture. C'est la traductrice de ses œuvres en anglais.

Cicéron : (106-43 avant Jésus-Christ) homme politique et orateur de la Rome antique.

Marc Aurèle : (121-180) empereur et philosophe romain qui succède à Antonin. Ils avaient tous les deux été désignés par Hadrien (76-138) pour gouverner l'Empire.

Se fussent fait : forme passive du verbe « se faire » au subjonctif imparfait.

Fisse : v. *faire*, imparfait du subjonctif.

Primer : être le plus important.

Compromettre : détruire.

Un profil : 1) l'aspect du visage ou du corps vu d'un côté ; 2) la représentation d'un fait à partir d'éléments connus : Hadrien devinait quelle serait sa mort.

Un chevalet : un objet en bois sur lequel le peintre pose sa toile.

Découverte

1 Regardez le document proposé. Comment se présente-il ?

2 D'où est extrait ce passage et quelle est sa particularité ?

3 Dans la biographie, recherchez le passage qui concerne cette œuvre : quel est son genre littéraire ? Qui en est le héros ? Qu'y a-t-il de singulier dans cette entreprise d'écriture ?

4 Lisez le document : repérez les dates. Quel âge a l'auteure à ces différentes dates ? Quel âge a-t-elle lorsque le roman est publié ? Yourcenar disait : « Il est des livres qu'on ne doit pas oser avant d'avoir dépassé quarante ans. » Qu'en déduisez-vous ?

Exploration

1 Premier fragment : que s'est-il passé pour les premiers manuscrits du livre ? Comment l'auteure juge-t-elle cet acte ? Selon vous, quel rapport entretient-elle avec sa propre écriture ?

....

2 Deuxième fragment : quel écrivain est cité ? Que connaissez-vous de lui ? Analysez la citation : quelle période est concernée ? Quelle était la situation de l'Homme à ce moment-là ?

....

3 Qu'ajoute Yourcenar à la citation de Flaubert ? Commentez cet ajout. Pour elle, qui symbolisait ce type d'homme ?

....

4 Comparez les styles des fragments 3 et 4 (temps des verbes, construction des phrases...). Selon vous, quel est celui de Yourcenar dans ses romans ? (Reportez-vous aussi à la biographie).

....

5 Fragment 4 : comment l'écrivaine imaginait-elle l'ouvrage ? Pourquoi a-t-elle renoncé à ce projet ? Finalement, quel choix a-t-elle fait ? (Revenez à la biographie).

....

6 Soulignez la dernière phrase de ce fragment et commentez-la.

....

7 Dernier fragment : à qui est comparé l'écrivain ? Comment se développe la comparaison ? Quelle phrase illustre : « j'avais enfin... (...) du livre ? » Comment la comprenez-vous ?

....

8 Dans les « Carnets », Yourcenar écrit : « Tout être qui a vécu l'aventure humaine est moi. » Analysez cette phrase. Quel rapport Yourcenar établit-elle avec l'empereur Hadrien ? Qu'en pensez-vous ? Quel est le projet d'écriture de l'écrivaine ?

....

Je t'aime

Paul Eluard

(Saint-Denis, 1895 – Paris, 1952)
Il est né en banlieue
parisienne. Dès l'âge de 18 ans,
il commence à écrire
des poèmes inspirés de Gala,
une jeune Russe qui deviendra
sa femme. Pendant la Première
Guerre, il est gazé. Il fait partie
du groupe des poètes
et peintres surréalistes (Tristan
Tzara, Aragon, Matisse,
Breton). Ses voyages à travers
le monde le laissent sans
espoir. Sa poésie dénonce
les horreurs de la guerre, mais
elle chante aussi l'amour,
la liberté : *Mourir de ne pas
mourir* (1924), *Capitale
de la douleur* (1926), *Les yeux
fertiles* (1936). En 1936, Eluard
lutte contre le fascisme
et se rapproche du Parti
communiste. Résistant pendant
la Deuxième Guerre mondiale,
il publie son célèbre poème
Liberté (*Poésie et vérité*, 1942)
ainsi que *La dernière nuit*
où il exprime sa révolte
de la mort et de l'injustice.
Le temps déborde (1947)
témoigne de sa douleur
et *Le Phénix* (1951) chante
la joie d'aimer. C'est une poésie
de la liberté des formes,
au lyrisme sincère.

J e t'aime pour toutes les femmes que je n'ai pas connues
Je t'aime pour tous les temps où je n'ai pas vécu
Pour l'odeur du grand large et l'odeur du pain chaud
Pour la neige qui fond pour les premières fleurs
Pour les animaux purs que l'homme n'effraie pas
Je t'aime pour aimer
Je t'aime pour toutes les femmes que je n'aime pas

Qui me reflète sinon toi-même je me vois si peu
Sans toi je ne vois rien qu'une étendue déserte
Entre autrefois et aujourd'hui
Il y a eu toutes ces morts que j'ai franchies sur de la paille
Je n'ai pas pu percer le mur de mon miroir
Il m'a fallu apprendre mot pour mot la vie
Comme on oublie

Je t'aime pour ta sagesse qui n'est pas la mienne
Pour la santé
Je t'aime contre tout ce qui n'est qu'illusion
Pour ce cœur immortel que je ne détiens pas
Tu crois être le doute et tu n'es que raison
Tu es le grand soleil qui me monte à la tête
Quand je suis sûr de moi.

Paul Eluard, *Le Phénix*, Paris, © Gallimard, 1951.

Pour mieux comprendre

Le grand large : la haute mer, très loin des côtes.
Un phénix : dans la mythologie égyptienne, c'est un oiseau qui brûle et renaît de ses cendres. Ici, c'est le symbole de la naissance d'un nouvel amour.
Pour : cette préposition peut exprimer : le but, la destination, la manière, la cause, le sentiment, le temps /la durée.
Effrayer : faire peur.
Refléter : le fait de renvoyer une image, comme un miroir.

Une étendue : une grande surface.
Franchir : passer par-dessus un obstacle ; triompher.
Sur la paille : pendant la guerre, les soldats blessés étaient couchés sur de la paille.
Percer : faire un trou dans un mur ; parvenir à découvrir.
Détenir : garder, posséder.

Découverte

1 Comment ce poème est-il composé (strophes, vers, rimes…) ? Que remarquez-vous par rapport à la ponctuation ?

2 Quel est le titre du recueil ? Que signifie-t-il ? (Regardez « Pour mieux comprendre »). Que peut-il représenter symboliquement pour le poète ?

3 Lisez le poème. Qui parle ? Quelles sont vos premières impressions ?

Exploration

1 Strophe 1 : de quelles femmes le poète parle-t-il ? Quelle différence faites-vous entre le vers 1 et le vers 7 ? Où place-t-il la femme aimée ?

2 Observez les vers qui contiennent la préposition « pour + complément ». Quels sont les sens de cette préposition pour chaque emploi ? (Un emploi peut avoir plusieurs sens). Quels sont tous les éléments évoqués ? À quels univers renvoient-ils ?

3 Strophe 2 : rétablissez la ponctuation aux vers 8-9. Quel rôle important est attribué à la femme ? Relevez les mots qui se rapportent à cette idée.

4 Le poète évoque deux temporalités : lesquelles ? Par quels moyens stylistiques (temps, opposition) sont-ils mis en valeur dans toute cette strophe ? À quelle réalité fait référence le vers 11 ? Qu'est-ce que le poète a dû faire ?

5 Strophe 3 : quelle image de la femme aimée est décrite ici ? Repérez les balancements et dites sur quoi ils reposent. Quel mot qualifie « cœur » ? À quoi le poète associe-t-il la femme ?

6 Vers 20-21 : à quoi est identifié l'être aimé ? Que symbolise ce mot ? Quel lien faites-vous entre ce nom et le titre du recueil ?

7 Éluard a fait partie du mouvement surréaliste qui considère l'image, l'imprévisible comme indispensables. En vous appuyant sur les images, les analogies, les répétitions, la ponctuation, dites si ce poème peut être qualifié de surréaliste. Justifiez votre réponse.

8 Composez une strophe qui commencerait par « Je t'aime pour… » en pensant à un être que vous aimez.

Mohamed Dib

(Tlemcen, Algérie, 1920 –
La Celle-Saint-Cloud, 2003)
C'est l'un des grands
écrivains algériens de langue
française, mais sa discrétion,
son élégance, l'ont tenu
éloigné de la scène littéraire
médiatique. Il a exercé
différents métiers : instituteur,
comptable, traducteur,
journaliste. En 1959,
les autorités coloniales
françaises l'expulsent d'Algérie
à cause de ses activités
militantes. Il s'installe alors
en France. Son œuvre aborde
tous les genres : roman (*Un été
africain*, 1959 ; *Comme un bruit
d'abeilles*, 2001), poésie
(*Omneros*, 1975, *L'Enfant-Jazz*
1998), théâtre, conte, nouvelle,
essai. La trilogie, *La Grande
maison*, *L'Incendie* (1954),
Le *Métier à tisser* (1957),
est consacrée à l'enfance
et l'adolescence d'Omar qui lutte
pour se nourrir, pour survivre,
et décrit la misère d'une partie
du peuple algérien, son
cheminement vers une prise
de conscience de l'injustice
de sa condition et ses tentatives
de fraternité. En 1967, M. Dib
reçoit le Prix de l'Union
des écrivains algériens, en 1994,
le Grand Prix de la Francophonie
décerné par L'Académie
Française, en 1995, le grand
prix du roman de la Ville
de Paris.

La Grande
maison

Dans les années 1930, dans une école d'une petite ville d'Algérie, le maître, algérien, demande ce que veut dire la « Patrie ». Un élève qui redouble, répond :

– La France est notre mère Patrie, ânonna Brahim.

Son ton nasillard était celui que prenait tout élève pendant la lecture. Entendant cela, tous firent claquer leurs doigts, tous voulaient parler maintenant. Sans permission, ils répétèrent à l'envi la même phrase.

Les lèvres serrées, Omar pétrissait une petite boule de pain dans sa bouche. La France, capitale Paris. Il savait ça. Les Français qu'on aperçoit en ville viennent de ce pays. Pour y aller ou en revenir, il faut traverser la mer, prendre le bateau... La mer : la mer Méditerranée. Jamais vu la mer, ni un bateau. Mais il sait : une très grande étendue d'eau salée et une sorte de planche flottante. La France, un dessin en plusieurs couleurs. Comment ce pays si lointain est-il sa mère ? Sa mère est à la maison, c'est Aïni ; il n'en a pas deux. Aïni n'est pas la France. Rien de commun. Omar venait de surprendre un mensonge. Patrie ou pas patrie, la France n'était pas sa mère. On apprenait des mensonges pour éviter la fameuse baguette d'olivier. C'était ça, les études. Les rédactions : décrivez une veillée au coin feu... Pour les mettre en train, M. Hassan leur faisait des lectures où il était question d'enfants qui se penchent studieusement sur leurs livres. La lampe projette sa clarté sur la table. Papa, enfoncé dans un fauteuil, lit son journal et maman fait de la broderie. Alors Omar était obligé de mentir. Il complétait : le feu qui flambe dans la cheminée, le tic-tac de la pendule, la douce atmosphère du foyer pendant qu'il pleut, vente et fait nuit dehors. Ah ! comme on se sent bien chez soi au coin du feu !

Mohammed Dib, *La Grande maison*, Paris, © Seuil, 1952, coll. *Points*, 1996.

Pour mieux comprendre

La patrie : la nation ; le pays d'où l'on est.

Ânonna, v. ânonner (passé simple) : lire, parler avec hésitation, difficulté.

Nasillard : une voix désagréable, qui vient du nez.

À L'envi : en essayant de parler plus fort que les autres.

Une planche flottante : un morceau de bois plat qui reste au-dessus de l'eau.

La baguette d'olivier : un bâton, mince et souple, fait du bois de l'arbre qui donne des olives, utilisé par le maître pour frapper les élèves.

La veillée : une réunion familiale, le soir, autour du feu.

Mettre en train : donner les éléments linguistiques et culturels pour préparer les élèves à faire l'exercice d'expression écrite, la rédaction.

La broderie : travail de couture pour décorer des tissus.

Découverte

1 De quel roman est extrait ce passage ? Pour vous, qu'évoque le titre de cette œuvre ?

2 Lisez le chapeau (ce qui est au-dessus du texte). À quelle époque sommes-nous ? Quels sont, à ce moment-là, les rapports entre la France et l'Algérie ?

3 Le maître enseigne en français. Quelle est sa langue maternelle, et celle de ses élèves ? Que pensez-vous de cette situation d'enseignement ?

4 Lisez le texte et dites ce que vous comprenez.

Exploration

1 Premier paragraphe : soulignez la réponse de Brahim. Quel adjectif possessif et quel nom exprimant un lien familial relient les deux mots qui portent une majuscule ? Analysez cette réponse en la replaçant dans le contexte historique.

....

....

2 Deuxième paragraphe : « La France (...) sa mère. ». Suivez les étapes du raisonnement d'Omar. Comment procède-t-il ? Que connaît-il de la France, des Français, de la mer ? Quelle question se pose-t-il et quelle réponse apporte-t-il ? Que pensez-vous de sa conclusion ?

....

....

3 Comparez la réponse de Brahim à celle d'Omar. Qu'est-ce qui est drôle dans cette dernière ? Quelle est l'attitude d'Omar par rapport à ce qu'on lui enseigne ?

....

....

4 Que vient-il de découvrir (« surprendre ») et à quel constat parvient-il ? Quel exemple de travail scolaire illustre sa découverte ?

....

5 « Décrivez une veillée au coin du feu » est un sujet d'expression écrite donné à la même époque aux élèves, en France. Pourquoi le maître doit-il faire des lectures pour « mettre en train » ses élèves ?

....

6 Quel monde est décrit à travers les lectures du maître et les phrases avec lesquelles Omar « complétait » pour faire les rédactions ? Qu'est-il obligé de faire ? Du point de vue de l'auteur, que soulignent les points d'exclamation ?

....

7 Vous êtes journaliste. Vous avez rencontré le jeune Omar, vu ses conditions de vie et l'avez suivi à l'école. Faites un article pour votre journal en donnant vos impressions personnelles.

....

Les mains
d'Elsa

Louis Aragon

(Paris 1897-1982)
Il est le fils naturel de Marguerite Toucas et d'un homme politique de 30 ans son aîné. La mère fait passer l'enfant pour son frère. Il participe à la création du Dadaïsme, puis du Surréalisme, avec Breton et Éluard. En 1926, paraît *Le Paysan de Paris,* prose surréaliste, qui connaît un grand succès. Il s'inscrit au Parti Communiste en 1927. L'année suivante, il rencontre une jeune écrivaine russe, Elsa Triolet qui deviendra sa muse, son épouse. Pendant la guerre civile espagnole, il combat auprès des Républicains, s'engage dans la Résistance lors de la Seconde Guerre mondiale. *Le Crève-Cœur* (1941), *Cantique à Elsa* (1942), *Les Yeux d'Elsa* (1942), *La Diane française* (1946), exaltent l'amour, la révolte, l'espérance. Après la guerre, célèbre et puissant, il continue de militer au Parti communiste, reçoit le prix Lénine de la paix (1957) et poursuit son œuvre créatrice : *Le Fou d'Elsa* (1963), *Élégies à Pablo Neruda* (1966), *Henri Matisse, roman* (1971).

Donne-moi tes mains pour l'inquiétude
Donne-moi tes mains dont j'ai tant rêvé
Dont j'ai tant rêvé dans ma solitude
Donne-moi tes mains que je sois sauvé

Lorsque je les prends à mon pauvre piège
De paume et de peur de hâte et d'émoi
Lorsque je les prends comme une eau de neige
Qui fuit de partout dans mes mains à moi

Sauras-tu jamais ce qui me traverse
Qui me bouleverse et qui m'envahit
Sauras-tu jamais ce qui me transperce
Ce que j'ai trahi quand j'ai tressailli

Ce que dit ainsi le profond langage
Ce parler muet des sens animaux
Sans bouche et sans yeux miroir sans image
Ce frémir d'aimer qui n'a pas de mots

Sauras-tu jamais ce que les doigts pensent
D'une proie entre eux un instant tenue
Sauras-tu jamais ce que leur silence
Un éclair aura connu d'inconnu

Donne-moi tes mains que mon cœur s'y forme
S'y taise le monde au moins un moment
Donne-moi tes mains que mon âme y dorme
Que mon âme y dorme éternellement

Louis Aragon, *Le fou d'Elsa*, Paris, © Gallimard, 1963.

Pour mieux comprendre

Elsa Triolet (1896-1970) : romancière française, d'origine russe. Elle a rencontré Aragon à Paris en 1928 et est devenue sa compagne et son inspiratrice.
Un piège : un danger (caché), une difficulté.
Une paume : l'intérieur de la main.
La hâte : la rapidité.
Un émoi : une grande émotion.
Envahir : occuper, déborder.
Transpercer : passer à travers quelque chose.

Trahir : laisser voir, montrer, ne pas cacher.
Tressaillir/Frémir : être agité de grands tremblements causés par une émotion.
Une proie : ce que l'on prend, ce que l'on attrape, que l'on vole.
Un éclair : une lumière très forte et très rapide pendant un orage ; juste un moment, un instant très court.
Taise, v. *se taire* (au subjonctif présent) : ne rien dire.

Découverte

1 Quel est le genre de ce texte ? Comment est-il composé (strophes, rimes…) ? Que remarquez-vous ?

2 Lisez le titre. De qui et de quoi va-t-il être question ?

3 Quelle information supplémentaire apporte le titre du recueil ? Quel est le sens de cette expression ? Comment exprime-t-on cette idée dans votre langue ?

4 Repérez les verbes les plus répétés en début de vers. À quels temps (modes) sont-ils employés ? Qu'expriment-ils ?

Exploration

1 Lisez le poème. Qui parle et à qui ? Quels indices vous permettent de répondre ?

2 Strophe 1 : soulignez le mot à la rime aux vers 1 et 3. Quel est l'état du poète ? Que demande-t-il ? Pour quelles raisons ?

3 Quel geste fait le poète à la strophe 2 ? À quoi identifie-t-il ce geste ? Comment l'image est-elle développée au vers suivant ? Retrouvez et expliquez la comparaison. Quelle idée évoque cette strophe ?

4 Strophe 3 : que demande le poète ? Quels verbes (dans la construction : *me* + *v.*) choisit-il pour parler de lui ? Que veut-il dire de lui ?

5 Quelle est l'autre demande du poète (strophe 5) ? Qu'est-ce qui peut sembler étrange au vers 17 ? Quel mot remplace « leur » ? Avec quel mot rime « silence » ? De quel langage s'agit-il ?

6 Strophe 4 : Soulignez « *le profond langage* » et donnez-en le sens. Retrouvez dans la suite les expressions qui définissent ce langage. Relevez les paradoxes qu'elles contiennent.

7 Observez les trois derniers mots des vers 13-15-16 et reconstituez l'idée contenue. De quel sentiment « profond langage » est-il la métaphore ? Retrouvez l'expression qui évoque ce sentiment. Comment la comprenez-vous ? Que ressentez-vous ?

8 À la manière d'Aragon, composez deux ou plusieurs strophes en faisant l'éloge d'une partie du corps d'une personne que vous aimez.

La Force des choses

Simone de Beauvoir

(Paris 1908-1986)
Philosophe, romancière, essayiste, dramaturge, mémorialiste, S. de Beauvoir est l'une des grandes figures de l'intellectuelle engagée du XXᵉ siècle. En 1929, elle est reçue deuxième à l'agrégation de philosophie. Elle enseignera cette discipline jusqu'en 1943.

À partir de la parution de son premier roman, *L'invitée* (1943), elle ne cessera d'écrire : des romans, *Le Sang des autres* (1945), *Les Mandarins* (1954), qui obtient le prix Goncourt ; des essais, *Pour une morale de l'ambiguïté* (1947), *Le Deuxième sexe* (1949), *La Vieillesse* (1970) ; ses mémoires : *Mémoires d'une jeune fille rangée* (1958), *La Force de l'âge* (1960), *La Force des choses* (1963), *Tout compte fait* (1972), *La Cérémonie des adieux* (1981). Son itinéraire, inséparable de celui de Sartre et de la pensée existentialiste, n'y est cependant pas subordonné. Son œuvre, singulière et subversive, témoigne de la vie et des combats d'une femme présente au monde, sans concession. Dans les années soixante-dix, elle devient militante des mouvements féministes. À ses obsèques, Élisabeth Badinter prononce cette phrase : « *Femmes, vous lui devez tout !* »

La seule chose à la fois neuve et importante qui puisse m'arriver, c'est le malheur. Ou je verrai Sartre mort, ou je mourrai avant lui. C'est affreux de ne pas être là pour consoler quelqu'un de la peine qu'on lui fait en le quittant ; c'est affreux qu'il vous abandonne et se taise. À moins de la plus improbable des chances, un de ces lots sera le mien. Parfois je souhaite en finir vite afin d'abréger cette angoisse.

Pourtant je déteste autant qu'autrefois m'anéantir. Je pense avec mélancolie à tous les livres lus, aux endroits visités, au savoir amassé et qui ne sera plus. Toute la musique, toute la peinture, toute la culture, tant de lieux : soudain plus rien. Ce n'est pas un miel, personne ne s'en nourrira. Au mieux, si on me lit, le lecteur pensera : elle en avait vu des choses ! Mais cet ensemble unique, mon expérience à moi, avec son ordre et ses hasards — l'Opéra de Pékin, les arènes d'Huelva, le candomblé de Bahia, les dunes d'El-Oued, Wabansia avenue, les aubes de Provence, Tirynthe, Castro parlant à cinq cent mille Cubains, un ciel de soufre au-dessus d'une mer de nuages, le hêtre pourpre, les nuits blanches de Leningrad, les cloches de la libération, une lune orange au-dessus du Pirée, un soleil rouge montant au-dessus du désert, Torcello, Rome, toutes ces choses dont j'ai parlé, d'autres dont je n'ai rien dit — nulle part cela ne ressuscitera. Si du moins elle avait enrichi la terre ; si elle avait engendré… quoi ? une colline ? une fusée ? Mais non. Rien n'aura eu lieu. Je revois la haie de noisetiers que le vent bousculait et les promesses dont j'affolais mon cœur quand je contemplais cette mine d'or à mes pieds, toute une vie à vivre. Elles ont été tenues. Cependant, tournant un regard incrédule vers cette crédule adolescente, je mesure avec stupeur à quel point j'ai été flouée.

Juin 60-mars 63.

Simone de Beauvoir, *La Force des choses*, Paris, © Gallimard, 1963.

Pour mieux comprendre

Abréger : diminuer la durée ; rendre plus court.

S'anéantir : se détruire, disparaître. N'être plus rien ; mourir.

Le candomblé : au Brésil, c'est une religion d'origine africaine.

Le hêtre pourpre : un arbre de grande taille au tronc lisse et gris et au feuillage rouge.

Les cloches de la libération : en août 1944, Paris est libéré et les cloches sonnent.

Engendrer : donner naissance.

Ressusciter : renaître.

Affoler : rendre comme fou, faire perdre la tête ; ressentir une émotion violente.

Incrédule : qui ne croit pas à quelque chose ; contraire de crédule.

Une stupeur : un très grand étonnement.

Être floué(e) : être trompé(e), dupé(e).

Découverte

1 De quelle œuvre est extrait ce passage ? Dans la biographie, retrouvez une œuvre dont le titre commence par les mêmes mots. Ce titre signifie qu'une personne adulte est en pleine possession des moyens intellectuels et physiques. À votre avis, que signifie le titre de l'œuvre proposée ?

2 Le passage choisi est la fin de ce tome des « Mémoires ». Relevez les dates juste au-dessous du texte. Quel est l'âge de S. de Beauvoir lorsqu'elle écrit cet ouvrage ?

3 Dans les deux premières phrases, repérer les pronoms personnels les plus utilisés. Qui parle ? Quel type de texte découvrez-vous ?

4 Lisez tout le texte. De quoi est-il question ?

Exploration

1 Premier paragraphe : de quelle personne parle-t-on ? Quel évènement projette Simone de Beauvoir ? Quelle est sa position par rapport à cet événement et comment l'exprime-t-elle ? Quelle est la vôtre ?

....

....

2 Comment comprenez-vous la dernière phrase de ce paragraphe ? Partagez-vous parfois ce souhait ?

....

3 Dans tout le texte, retrouvez les expressions qui expriment l'anéantissement, le vide.

....

4 Suivez S. de Beauvoir dans ses voyages : quelles parties du monde a-t-elle visitées ? Lorsqu'elle écrit : « Au mieux, si on me lit, le lecteur pensera : elle en avait vu des choses ! », peut-on ne penser que cela à son sujet ? Justifiez votre réponse.

....

5 Soulignez « mon expérience à moi » et retrouvez la fin de la phrase qui contient cette expression. Quelle vision de l'existence la narratrice a-t-elle ?

....

6 Dans les passages : « Ce n'est pas (…) nourrira. » et « Si du moins (…) lieu », par quels moyens stylistiques (types de phrase, temps, images…) cette vision est-elle développée ?

....

7 Quelle était l'attitude de S. de Beauvoir adolescente ? Expliquez le choix du verbe « affoler ».

....

8 Comparez les deux dernières phrases. Quelles contradictions relevez-vous ? Comment expliquez-vous le bilan que S. de Beauvoir dresse de sa vie ?

....

Le Roi
se meurt

Eugène Ionesco

(Slatina, Roumanie, 1912 –
Paris, 1994)

Il est né d'un père roumain
et d'une mère française.
Il s'installe définitivement
en France en 1938. Ses premières
pièces, *La Cantatrice chauve*,
(1950) et *La Leçon* (1951), sont
jouées depuis trente ans dans
un petit théâtre au Quartier
latin, à Paris. *Les Chaises*
(1952), *Rhinocéros* (1958)
(1960) *Le Roi se meurt* font
scandale car elles s'attaquent
aux formes traditionnelles
du genre dramatique
et expriment le malaise
des êtres humains.

Dans ses écrits critiques,
Notes et Contre-Notes (1962),
il refuse la psychologie
du personnage pour s'intéresser
à l'angoisse, au vide menaçant
du langage. Son goût pour
la caricature, l'excès, le comique
et l'humour créent des situations
tragi-comiques qui dénoncent
l'absurdité des conventions
sociales. Qualifiant son théâtre
d'« anti-théâtre », sa recherche
s'articule autour de la peur
de la solitude, du bien et du mal,
de la hantise de la mort,
thèmes que l'on retrouve
dans le *Journal en miettes*
(1967-1968). Il est élu
à l'Académie française en 1970.

La scène se passe dans la salle du trône. Le Roi ne veut pas mourir. Marguerite est sa première femme, Marie sa deuxième épouse. Juliette est la servante.

LE ROI

J'ordonne que des arbres poussent du plancher. (*Pause.*) J'ordonne que le toit disparaisse. (*Pause.*) Quoi ? Rien ? J'ordonne qu'il y ait la pluie. (*Pause. Toujours rien ne se passe.*) J'ordonne qu'il y ait la foudre et que je la tienne dans ma main. (*Pause.*) J'ordonne que les feuilles repoussent. (*Il va à la fenêtre.*) Quoi ! Rien ? J'ordonne que Juliette entre par la grande porte. (*Juliette entre par la petite porte au fond à droite.*) Pas par celle-là, par celle-ci. Sors par cette porte. (*Il montre la grande porte. Elle sort par la petite porte, à droite, en face. À Juliette.*) J'ordonne que tu restes. (*Juliette sort.*) J'ordonne qu'on entende les clairons. J'ordonne que les cloches sonnent. J'ordonne que cent vingt et un coups de canon se fassent entendre en mon honneur. (*Il prête l'oreille.*) Rien !... Ah si ! J'entends quelque chose.

LE MÉDECIN

Ce n'est que le bourdonnement de vos oreilles, Majesté.

MARGUERITE, *au Roi.*

N'essaye plus. Tu te rends ridicule.

MARIE, *au Roi.*

Tu te fatigues trop mon petit Roi. Ne désespère pas. Tu es plein de sueur. Repose-toi un peu. Nous allons recommencer tout à l'heure. Nous réussirons dans une heure.

MARGUERITE, *au Roi.*

Tu vas mourir dans une heure vingt-cinq minutes.

LE MÉDECIN

Oui, Sire. Dans une heure vingt-quatre minutes cinquante secondes.

LE ROI, *à Marie.*

Marie !

Eugène Ionesco, *Le Roi se meurt*, Paris, © Gallimard, 1963.

Pour mieux comprendre

Un plancher : le sol d'une maison, d'un appartement.

La foudre : un éclair, une décharge électrique qui se produit dans le ciel pendant l'orage.

Un clairon : un instrument de musique au son clair et puissant.

Un bourdonnement : un bruit sourd que font certains insectes (abeille) ; sensation perçue par l'oreille (provoquée par des troubles).

Désespérer : ne plus avoir d'espoir ; se décourager.

Découverte

1 Observez le texte sans le lire. À quel genre littéraire appartient-il ? Relevez les noms des personnages et faites des hypothèses sur leur relation.

2 De quel personnage est-il question dans le titre ? Que lui arrive-t-il ?

3 Le chapeau vous permet d'identifier quelques personnages : présentez-les brièvement.

4 Lisez le texte. Quelle est votre réaction ? Quels signes de ponctuation et quelle typographie marquent la première réplique du roi ?

Exploration

1 Dans sa première réplique, quel mot le roi emploie-t-il le plus ? À quelle réalité renvoie-t-il ? Soulignez les cinq premiers « J'ordonne que » : sur quels genres d'objets portent ces ordres ? Qu'en pensez-vous ?

....

2 Implicitement, à qui le roi se compare-t-il ? Qu'est-ce que ces ordres révèlent de lui ? Qu'indiquent « Quoi ? Rien ? » : une question ou un constat ? Ici, à quoi sert le langage ?

....

3 « J'ordonne que Juliette (...) *(Juliette sort)* » : que s'est-il passé pour les ordres déjà donnés ? Quelle différence faites-vous entre les nouveaux ordres et ceux qui précèdent ? Analysez les réactions de Juliette en fonction de ce qu'on lui dit.

....

4 Qu'est-ce qui ne fonctionne pas entre ce que dit le roi et sa servante ? Qu'est-ce qui vous fait rire ? Soulignez les trois derniers « ordres ». Sur quoi portent-il ? Pourquoi la didascalie (« *Pause* ») n'apparaît-elle plus ? Ces ordres sont-ils plus réalistes ? Développez votre réponse.

....

5 Quelle est la première réaction du médecin ? Quel mot emploie-t-il pour s'adresser au roi ? (Retrouvez-en un autre de même sens dans sa deuxième réplique). Que reprend le mot « bourdonnement » ? Qu'est-ce qui est sous-entendu de l'état du roi ?

....

6 Comparez la première réplique de Marguerite et celle de Marie. Laquelle des deux semble plus douce avec le roi ? (Appuyez-vous sur leur façon de répondre). Quel adjectif résume ce qu'est le roi ? Et vous, comment le jugez-vous ?

....

7 Soulignez les deux dernières phrases de Marie. Que vont-ils « recommencer » ? Au théâtre, le temps est compté ; à votre avis, qu'annonce la seconde réplique de Marguerite et du médecin ? Que pensez-vous de cette situation : grotesque ? tragique ? comique ?

....

8 Dans cet extrait, que dénonce Ionesco ? Quelles caractéristiques le rattachent au théâtre de l'absurde ?

....

Départ

Léopold Sedar Senghor

(Sénégal, 1906 – France, 2001)
Il est né à Joal, ville côtière du Sénégal, dans une famille très aisée. Il intègre l'École Normale Supérieure. Premier Africain à obtenir l'agrégation de grammaire (1933), il deviendra professeur de lettres. Pendant ses études à Paris, il rencontre d'autres étudiants africains et antillais (A. Césaire) et avec eux, il fondera le concept de négritude. Durant la Seconde Guerre mondiale, il est fait prisonnier (1940-1942) puis entre dans la Résistance. Son premier recueil de poésies, *Chants d'ombre*, est publié en 1945, suivi de *Hosties noires* et *Anthologie de la nouvelle poésie nègre et malgache de langue française* (1948), avec une préface de Sartre : *L'Orphée noir*. Premier Président de la République du Sénégal (1960-1980), il continuera à publier poésies et essais. En 1983, il est élu à l'Académie française. Son œuvre se confond avec l'Afrique, dont il chante l'histoire et la civilisation.

J e suis parti
Par les chemins bordés de rosée
Où piaillait le soleil.

Je suis parti
Loin des jours croupissants
Et des carcans,
Vomissant des laideurs
À pleine gueule.

Je suis parti
Pour d'étranges voyages,
Léger et nu,
Sans bâton ni besace,
Sans but.

Je suis parti
Pour toujours
Sans pensée de retour.
Vendez tous mes troupeaux,
Mais pas les bergers avec.

Je suis parti
Vers des pays bleus,
Vers des pays larges,
Vers des pays de passions tourmentés de tornades,
Vers des pays gras et juteux.

Je suis parti pour toujours,
Sans pensées de retour.
Vendez tous mes bijoux.

Léopold Sédar Senghor, *Poèmes perdus* in *Œuvre poétique*,
Paris, © Seuil, 1964, 1973, 1979, 1984 et 1990.

Pour mieux comprendre

La rosée : de petites gouttes d'eau qui se déposent le matin sur l'herbe.
Piailler : pousser de petits cris aigus, pour les oiseaux.
Croupissant : qui croupit, qui reste dans le même état misérable.
Un carcan : un collier de fer fixé à un poteau pour y attacher le cou d'un condamné ; tout ce qui empêche d'être libre.

Vomissant, v. *vomir* : au sens propre, rejeter par la bouche ; au sens figuré, dire des injures.
Un troupeau : un groupe d'animaux gardés par un **berger**.
Une tornade : un vent violent et tourbillonnant.
Juteux (se) : qui a beaucoup de jus (un fruit).

Découverte

1 Qui est l'auteur de ce poème ? Lisez sa biographie. Faites des recherches sur le concept de « négritude ».

2 De combien de strophes se compose le poème ? Ont-elles toutes le même nombre de vers ? Quelle est la particularité de la première et de la deuxième strophe ?

4 Lisez le poème. Qui parle ? Que comprenez-vous ? Que ressentez-vous ?

5 Repérez le titre et les vers qui expriment la même idée. Où sont-ils placés ? Quel est l'effet produit par leur répétition ? Quel élément nouveau apporte le dernier vers trouvé ? Comment l'interprétez-vous ?

Exploration

1 Première strophe : dans quel endroit et à quel moment de la journée sommes-nous ? Quelles images fait naître la métaphore au troisième vers ? (Regardez « Pour mieux comprendre »).

....

....

2 Deuxième strophe : reformulez ce que quitte le poète. Quels sons se répètent ? Qu'évoquent-ils pour vous (la légèreté, la lourdeur…) ? Par quels mots est décrite la vie que rejette le poète ? À quels domaines d'idées renvoient-ils ?

....

....

3 Dans les strophes 3, 4 et 6, analysez comment se développe l'idée de dénuement (pauvreté). Comment appréciez-vous le vers 5 de la strophe 4 ?

....

....

4 Qu'évoque pour vous l'expression « d'étranges voyages » ? À quelle strophe cette expression fait-elle écho ?

....

5 Comment se compose la strophe 5 ? Quelles sont les caractéristiques de ces pays ? Qu'est-ce que le poète va y chercher ? Analysez les images qui évoquent sa quête. Quels effets de style et de sens produit la composition de cette strophe (répétition, longueur des vers…) ?

....

6 Quelles sont les particularités de la dernière strophe ?

....

7 L'image du poète pauvre, partant seul loin de tout, est-elle une figure originale de la création poétique ? Connaissez-vous des poètes, francophones ou qui écrivent dans votre langue, qui utilisent ce motif ?

....

Belle du Seigneur

Albert Cohen

(Corfou, Grèce, 1895 – Genève, Suisse, 1981)

Il est né à Céphalonie, dans une famille de commerçants juifs qui s'installe à Marseille où le jeune Albert fait ses études. Il termine une licence de droit à Genève et acquiert la nationalité suisse. En 1925, il est délégué du mouvement sioniste à la Société des Nations. Au début de la Seconde Guerre mondiale, il part à Londres où il s'engage auprès du Général De Gaulle. En 1947, il est conseiller juridique de l'Organisation Internationale des Réfugiés puis fait carrière dans la diplomatie et la littérature.

Solal paraît en 1930, premier roman d'une longue suite qui raconte les aventures de la famille des Solal : *Mangeclous* (1938), *Belle du Seigneur*, l'un des plus beaux romans d'amour de la littérature de langue française du XXe siècle, *Les Valeureux* (1969). À la fois tragique et drôle, l'œuvre d'Albert Cohen met en scène des personnages qui connaissent la richesse et la misère, l'amour fou et le désespoir le plus sombre. *Le livre de ma mère* (1954) est un hommage bouleversant à sa mère, morte à Marseille en 1943.

Dans le milieu des années 1930, Solal, jeune et brillant haut fonctionnaire de la Société des Nations, à Genève, a rencontré Ariane lors d'une réception dans un hôtel de luxe, le Ritz. Il ne lui a pas parlé. « Aujourd'hui, en ce premier jour de mai » (…), il s'adresse à elle :

« Et maintenant, écoutez la merveille. Lasse d'être mêlée aux ignobles, elle a fui la salle jacassante des chercheurs de relations, et elle est allée, volontaire bannie, dans le petit salon désert, à côté. Elle, c'est vous. Volontaire bannie comme moi, et elle ne savait pas que derrière les rideaux je la regardais. Alors, écoutez, elle s'est approchée de la glace du petit salon, car elle a la manie des glaces comme moi, manie des tristes et des solitaires, et alors, seule et ne se sachant pas vue, elle s'est approchée de la glace et elle a baisé ses lèvres sur la glace. Notre premier baiser, mon amour. Ô ma sœur folle, aussitôt aimée, aussitôt mon aimée par ce baiser à elle-même donné. Ô l'élancée, ô ses longs cils recourbés dans la glace, et mon âme s'est accrochée à ses longs cils recourbés. Un battement de paupières, le temps d'un baiser sur une glace, et c'était elle, elle à jamais. Dites-moi fou, mais croyez-moi. Voilà, et lorsqu'elle est retournée dans la grande salle, je ne me suis pas approché d'elle, je ne lui ai pas parlé, je n'ai pas voulu la traiter comme les autres. (…)

Albert Cohen, Belle du Seigneur, Paris, © Gallimard, 1968.

Pour mieux comprendre

Ariane : Dans la mythologie grecque, c'est la fille de Minos, roi de Cnossos (Crète), et de Pasiphaé, et la sœur de Phèdre. Elle aide Thésée à sortir du Labyrinthe, après son combat contre le Minautore, en lui donnant une pelote de fil. Ils fuient ensemble, mais Thésée abandonne la jeune fille.

Une merveille : un phénomène extraordinaire, un miracle ; une personne ou un événement qui produit une très grande admiration, qui est magnifique.

Lasse (las) : fatigué(e) physiquement et psychologiquement.

Ignoble (adjectif) : moralement bas et laid ; répugnant.

A fui, v. *fuir* (passé composé) : partir rapidement pour échapper à, éviter quelque chose qui ne plaît pas.

Jacassante : mot formé à partir de jacasser, qui parle beaucoup, à haute voix, pour dire des choses sans importance.

Banni(e) : qui est chassé(e) d'un endroit, exclu(e), exilé(e).

Une manie : une habitude obsessionnelle.

Une glace : un miroir.

Élancé(e) (adjectif) : mince et svelte.

Un seigneur : 1) au Moyen Âge et sous l'Ancien régime, une personne noble, qui possède des terres et a autorité sur d'autres personnes ; 2) un prince ; 3) Dieu.

Découverte

1 Lisez le chapeau : dans quel milieu social se passe l'histoire ? Que s'est-il passé au Ritz ?

2 À quel mot fait penser le prénom de l'homme (lisez la première syllabe) ; à quel mythe renvoie le prénom de la femme ? (Lisez « Pour mieux comprendre »). Selon vous, quels symboles y a-t-il dans le choix de ces prénoms ?

3 À quel moment Solal s'adresse-t-il à Ariane ? Ce qui est entre guillemets se trouve à la première page du roman. À votre avis, pourquoi l'auteur a-t-il choisi ce moment ?

4 Lisez le texte. Que comprenez-vous ?

Exploration

1 Quels mots et expressions désignent l'interlocuteur ? Lorsque Solal « raconte », quel pronom utilise-t-il ? Qui désigne-t-il ? Quels effets le narrateur veut-il produire ?

2 La première phrase : quel est le mode (temps) du verbe ? Quelle est sa valeur ? À quel domaine renvoie le dernier mot ? (Regardez « Pour mieux comprendre ») À quoi vous attendez-vous après avoir lu une telle phrase ?

3 Retrouver les deux comparaisons : quelles ressemblances Solal établit-il avec Ariane ? Qu'est-ce qui caractérise leur ressemblance ? (Lisez aussi la reprise juste après la deuxième comparaison).

4 Dans la seconde phrase, repérez les mots et expressions qui se rapportent à la femme : quelle image Solal construit-il de cette femme ?

5 Dans cette même phrase, soulignez les expressions qui se rapportent aux personnes qui assistent à la réception : que signifient-elles ? Quel jugement Solal porte-t-il sur ces gens ? Ariane et lui appartiennent-ils totalement à ce monde ? Justifiez votre réponse.

6 Combien de fois le mot « glace » est-il répété ? Que soulignent ces répétitions ? Quels sont le rôle et la valeur symbolique de cet objet dans le texte ?

7 « Notre premier (...) à jamais. » : quels mots d'amour Solal emploie-t-il ? Lesquels vous semblent étranges et pourquoi ? Quelle autre ressemblance est établie entre l'homme et la femme ? (Lisez la phrase suivante). Comment interprétez-vous ce nouveau point commun ?

8 Comment est construite la dernière phrase ? Quelle est l'attitude de Solal par rapport à Ariane ? De quelle sorte d'amour est-il question dans cet extrait ? Après avoir étudié ce texte, quels sens donnez-vous au titre de l'œuvre ?

L'agneau et le loup

Raymond Queneau

(Le Havre, 1903 – Paris, 1976)
Licencié de philosophie, il se passionne aussi pour les mathématiques et le jeu d'échecs. En 1924, il adhère au mouvement surréaliste, mais rompt avec A. Breton en 1929. Son premier roman, *Le Chiendent* (1933), est une tentative d'écrire « comme on parle ».

Cet homme au savoir encyclopédique, membre du Comité de lecture des éditions Gallimard, et de l'Académie Goncourt, contribue à faire connaître la littérature américaine contemporaine. En 1936-1937, il publie trois romans autobiographiques, dont l'un, *Chêne et chien*, est en vers. Son œuvre romanesque et poétique, qui mêle humour et dérision, est considérable : *Zazie dans le métro*, *Les Fleurs bleues* (romans), *Les Ziaux*, *Petite cosmogonie portative*, *Si tu t'imagines* (poésies). Il poursuit ses recherches dans *Exercices de style* (1947 et 1963), et *Cent mille milliards de poèmes* (1961). Il a fait partie de l'OuLiPo (ouvroir de littérature potentielle).

Dans le buisson broute un loup
un loup de la belle espèce
il boit aussi l'eau claire
du ru pur

un agneau vient à passer
un agneau de la belle espèce
pourquoi, dit-il, troubler
mon ru pur ?

le loup voudrait bien s'en aller
la queue entre les jambes
mais l'agneau se met à cogner
près du ru pur

il coule un peu de sang sur l'herbe
le loup s'enfuit l'agneau triomphe
pisse alors dans l'H_2O
du ru pur

j'ai composé cette fable
au fond d'une forêt profonde
en trempant mes pieds dans l'onde
d'un ru pur

Raymond Queneau, *Battre la campagne*, Paris, © Gallimard, 1968.

Pour mieux comprendre

Battre la campagne : Marcher dans la nature (sens propre). Ne pas être là, ne pas écouter ; rêver ; être un peu fou (sens figurés).

Brouter : manger de l'herbe.

Un ru : un petit ruisseau, une toute petite rivière.

La queue entre les jambes : se sentir honteux, pitoyable, humilié.

Cogner : donner des coups.

Pisser : (très familier) uriner, faire pipi.

H_2O : formule chimique de l'eau.

L'onde : (terme littéraire et poétique) l'eau.

Découverte

1 Lisez le titre du poème. Que symbolisent pour vous ces deux animaux ? Faites des hypothèses au sujet de leur association dans le titre.

2 En 1668, La Fontaine a écrit la fable : « Le loup et l'agneau ». Comparez les deux titres. À votre avis, quelle est l'intention de R. Queneau ?

3 Lisez le poème. Que comprenez-vous ? Que constatez-vous au niveau des rimes ? Quels sont les mots systématiquement répétés et où se trouvent-ils ? Quel est l'effet produit ?

4 La Fontaine parlait d'« une onde pure ». Quelles différences faites-vous entre les deux expressions (sonorités, niveau de langue, genre des mots…) ?

Exploration

1 Relevez les termes qui se rapportent à l'eau (noms, adjectifs…). À quels registres de langue appartiennent-ils ? À quel jeu se livre l'auteur ?

....

2 Dans la première strophe, que fait le loup ? Laquelle de ses actions n'est pas réaliste ? Quelle caractéristique inattendue R. Queneau donne-t-il à cet animal ?

....

3 Quel est le point commun entre le loup et l'agneau ? (Strophes 1 et 2). Selon vous, que signifie cette précision de l'auteur ?

....

4 Strophe 2 : quelle question l'agneau pose-t-il au loup ? Chez La Fontaine, c'est le loup qui interroge : [« Qui te rend si hardi de troubler mon breuvage ? »]. Comparez les deux versions.

....

5 Strophes 3 et 4 : quelle est l'attitude du loup et quelles sont les actions de ces animaux ? Cette situation est-elle « logique » ? Justifiez votre réponse. Comment s'organise cette partie de l'anecdote ? Sur quels procédés repose l'humour ?

....

6 Quel « personnage » apparaît dans la dernière strophe ? Où est-il ? Qu'a-t-il fait et comment ? Quelle image donne-t-il du poète ? Est-ce la même que celle des Romantiques et des Surréalistes ? Argumentez votre réponse.

....

7 À la fin de sa fable, La Fontaine écrit : « Là-dessus, au fond des forêts / Le loup l'emporte, et puis le mange, / Sans autre forme de procès. » Qu'est-ce que Queneau garde du texte de La Fontaine ? Qu'est-ce qu'il change radicalement ? (Relisez les citations déjà données).

....

8 Finalement, R. Queneau a-t-il composé une fable ? (Retrouvez la définition de « fable » dans le lexique et recherchez le texte de La Fontaine). À votre avis, quel est son projet d'écriture ?

....

Les armoires vides

Pensant qu'elle aurait une meilleure éducation, les parents de la narratrice l'ont inscrite dans une école payante, tenue par des religieuses, où sont scolarisées les filles de la bourgeoisie de la ville.

Annie Ernaux

est née le 1ᵉʳ septembre 1940 à Villebonne, en Seine-Maritime. Elle passe son enfance et son adolescence à Yvetot, en Normandie, où ses parents tiennent un café-épicerie. Elle est professeure agrégée de Lettres modernes et vit à Cergy, dans une ville nouvelle, près de Paris. Ses romans explorent l'histoire de sa famille, de ses rapports avec ses parents (*Les armoires vides*, 1974, *La place*, 1984, Prix Renaudot, *La honte*, 1997), la passion amoureuse (*Une passion simple*, 1992). Son œuvre se situe entre la littérature, l'histoire et la sociologie et son écriture, aux phrases simples, brèves, souvent dures, est volontairement dépouillée.

En 2001, elle a publié *Se perdre*, fragments de son journal intime et *L'occupation*, en 2002. Un livre d'entretien avec F.Y. Jeannet, *L'écriture comme un couteau*, est paru en 2003 et *L'usage de la photo*, écrit avec Marc Marie, en 2005.

Je suis souvent en retard, cinq, dix minutes. Ma mère oublie de me réveiller, le déjeuner n'est pas prêt, j'ai une chaussette trouée qu'il faut raccommoder, un bouton à recoudre sur moi « tu peux pas partir comme ça ! » Mon père file sur son vélo, mais ça y est, la classe est rentrée. Je frappe, je vais au bureau de la maîtresse en faisant un plongeon. « Denise Lesur, sortez ! » Je ressors, sans inquiétude. Retour, replongeon. Elle devient sifflante. « Ressortez, on n'entre pas ainsi ! » Re-sortie, cette fois, je ne fais plus de plongeon. Les filles rient. Je ne sais plus combien de fois elle m'a fait entrer et sortir. Et je passais devant elle, sans rien comprendre. À la fin, elle s'est levée de sa chaise en serrant la bouche. Elle a dit « ce n'est pas un moulin ici ! On s'excuse auprès de la personne la plus importante, quand on est en retard ! Vous l'êtes toujours, d'ailleurs ». La classe pouffe. J'étouffe de colère, tout ce cirque pour ça, pour rien, et, en plus, j'en savais rien ! « Je ne savais pas, Mademoiselle ! – Vous devriez le savoir ! » Et comment ? Personne, jamais, ne me l'a dit, chez moi. On entre quand on en a envie, personne n'est jamais en retard au café. C'est sûrement un moulin, chez moi. Quelque chose me serre le cœur, je n'y comprends rien, l'école, le jeu léger, irréel se complique. Les pupitres durcissent, le poêle sent fort la suie, tout devient présent, bordé d'un trait épais. Elle s'est rassise, elle pointe son doigt sur moi en souriant « ma petite, vous êtes une orgueilleuse, vous ne VOULIEZ pas, non, vous ne VOULIEZ pas me dire bonjour ! » Elle devient folle, je ne peux rien lui dire, elle parle tout à côté, elle invente. Après je lui disais à chaque fois pourquoi j'étais en retard, le bouton, le déjeuner pas fait, une livraison matinale, et je la saluais. (…)

Annie Ernaux, *Les armoires vides*, Paris, © Gallimard, 1974.

Pour mieux comprendre

Un plongeon : au sens propre, action de se jeter à l'eau. Ici, au sens figuré : le fait de se pencher très bas et avec force pour saluer la maîtresse.

Un moulin : l'expression « entrer dans une maison comme dans un moulin » signifie que l'on entre comme on veut.

Pouffer : éclater de rire.

Étouffer : ne plus pouvoir respirer.

Tout ce cirque : locution figée ; ici, une attitude, des paroles exagérées.

Serrer : oppresser, comme si des mains prenaient violemment le cœur ; faire mal.

Durcir : devenir dur ; la table des élèves, le **pupitre**, n'est plus le symbole de réussite de la narratrice ; elle redevient un objet : elle est faite de bois dur.

Un poêle : un appareil de chauffage au charbon, au bois, qui dégage une fumée noire : **la suie**.

Un trait : une ligne qui délimite, borde un espace.

Orgueilleux(se) : qui pense être au-dessus des autres ; fier, arrogant, insolent.

Découverte

1 Lisez le chapeau : dans quelle école est scolarisée la narratrice ? Pourquoi ses parents l'ont-ils inscrite dans une telle école ? Qui la fréquente ?

2 Lisez la biographie et devinez à quelle époque se passe le récit. Quel est le métier des parents d'A. Ernaux ? À quel milieu social appartiennent-ils ? Comparez-le avec celui des élèves de l'école.

3 Lisez le texte jusqu'à « rentrée ». Qui parle ? Quel genre de texte vous est proposé ? Relevez les raisons du retard de la narratrice. Qui prononce la phrase entre guillemets ? Quelle est la particularité de cette phrase ?

Exploration

1 Lisez jusqu'à « comprendre. ». Que fait la narratrice lorsqu'elle entre dans la classe ? (première phrase). Quelle est la réaction de la maîtresse et quelles en sont les conséquences successives ? Comprenez-vous ce qui se passe ou êtes-vous comme la narratrice, qui ne comprend rien ?

....

....

2 Lisez tout le texte. Qu'attendait la maîtresse ? Analysez la manière dont elle s'adresse à l'élève (l'expression qui contient « moulin » ; la valeur de « on » ; le superlatif). Sur quel ton parle-t-elle ? Implicitement, que veut-elle souligner ?

....

3 Quand la narratrice comprend vraiment ce qu'attendait la maîtresse, quelle locution figée traduit sa stupéfaction ? Quel constat fait-elle ? Que rétorque la maîtresse ? Qu'est-ce qui est suggéré par rapport aux différences sociales ?

....

4 Relevez la dernière intervention de la maîtresse. De quoi accuse-t-elle l'élève ? Que veut montrer l'auteure par les mots mis en majuscules ? Que peut ressentir l'élève ?

....

5 « On entre (…) chez moi. » : quel est le comportement des gens dans l'environnement de la narratrice ? Laquelle de ces phrases reprend une réplique de la maîtresse ? Comment la narratrice exprime-t-elle la distance ironique ?

....

6 Soulignez « Quelque chose me serre le cœur ». La narratrice est une bonne élève. Pour elle, l'école est « un jeu léger ». Dans l'anecdote racontée, qu'est-ce qui s'est brisé ? Comment l'élève passe-t-elle de l'« irréel » au réel ? À quel « réel » est-elle confrontée ?

....

7 Que se passe-t-il « Après » ? Comment interprétez-vous le changement de temps ? Quel est le rôle de l'école ici ? Analysez le style du texte (le temps principal, la manière dont sont introduites les paroles rapportées, les mots créés, les parallélismes, la présence du discours oral…).

....

La Grève des Bàttu

Aminata Sow Fall

est née à Saint-Louis, au Sénégal, en 1941. Elle est connue du public dès 1976 avec la parution de son premier roman : *Le Revenant*. Après des études dans son pays, elle se rend en France pour préparer une licence de lettres modernes à la Sorbonne. De retour au Sénégal, elle devient professeure, puis s'occupe de la Commission nationale de Réforme de l'Enseignement du Français ; de 1979 à 1988, elle est directrice des Lettres et de la Propriété intellectuelle au ministère de la Culture et elle dirige le Centre d'Études et de Civilisations. Femme active, engagée, elle s'inspire de la réalité sociale pour écrire ses romans : *La Grève des Bàttu* dénonce le système qui marginalise les pauvres, les exclut de la ville. Suivront *L'Appel des arènes* (1982), *L'Ex-Père de la nation* (1987), *Le Jujubier du Patriarche* (1993), *Douceurs du bercail* (1998), *Un grain de vie et d'espérance* (2002). L'auteure fait une critique sévère de la société sénégalaise, partagée entre la nostalgie du passé et le modèle occidental.

Kéba Dabo, un fonctionnaire, est chargé de débarrasser la ville des mendiants. Il parle avec sa secrétaire. Il est sûr de réussir. Elle lui répond :

– Tu sais, Kéba, tu perds ton temps avec les mendiants. Ils sont là depuis nos arrière-arrière-grands-parents. Tu les as trouvés au monde, tu les y laisseras. Tu ne peux rien contre eux. Quelle idée d'ailleurs de vouloir les chasser ? Que t'ont-ils fait ?

– Tu ne peux pas comprendre cela, Sagar… Ne ressens-tu rien lorsqu'ils t'abordent… non, ils ne t'abordent pas, ils t'envahissent, ils t'attaquent, ils te sautent dessus ! Voilà, ils te sautent dessus ! N'éprouves-tu rien lorsqu'ils te sautent dessus ?

Sagar sourit, lisse sa noire chevelure frisée avec ses deux mains, arrange son décolleté.

– Que veux-tu que j'éprouve ? Si j'ai de quoi leur donner, je le leur donne, sinon je continue mon chemin. C'est tout. Et puis, la religion recommande bien que l'on assiste les pauvres ; comment vivraient-ils autrement ?

– La religion prescrit l'aide aux pauvres, mais elle ne leur dit pas de priver leur prochain de tout repos. Tu entends, tu comprends cela ? C'est toi et des gens comme toi qui encouragez ce fléau. La religion a-t-elle jamais béni l'homme qui se dépouille de toute vergogne ?

Sagar éclate de rire en faisant claquer ses deux mains à plusieurs reprises. C'est plus fort qu'elle. Elle ne peut pas concevoir que quelqu'un soit si passionné pour une banale histoire de mendiants. Elle trouve Kéba de plus en plus extravagant.

– Mais dis-moi, Kéba, je ne te demande qu'une chose : comment vivraient-ils s'ils ne mendiaient pas ? Ah ! dis-moi encore ceci : à qui les gens donneraient-ils la charité, car il faut bien qu'on la donne, cette charité qui est un précepte de la religion ?

Kéba ne répond pas ; (...)

Aminata Sow Fall, *La Grève des Bàttu*, Dakar, Abidjan, Lomé, Les Nouvelles Éditions Africaines, 1979.

Pour mieux comprendre

Le bàttu : un récipient que les pauvres (**mendiants**, les **Bàttu**) tendent pour recevoir l'aumône, la **charité**, une **aide**.

Aborder : s'approcher d'une personne.

Éprouver : ressentir.

Prescrire : **recommander**, ce qui est imposé par la **religion**.

Un fléau : une catastrophe ; une personne qui cause des problèmes.

Se dépouiller de toute vergogne : se débarrasser de tout sentiment de honte.

Concevoir : imaginer.

Extravagant(e) : bizarre.

Découverte

1 Lisez le titre de l'œuvre et dites ce qu'il évoque pour vous. Prononcez à voix haute le mot « Bàttu » : quels sens pourriez-vous donner à ce mot ?

2 Reportez-vous à « Pour mieux comprendre » et donnez la définition exacte de « Bàttu ». Que pensez-vous de cette situation ?

3 Lisez le chapeau. Qui sont les personnages ? Quelle fonction occupent-ils ? De quoi parlent-ils ?

4 Lisez le texte. Sous quelle forme se présente-t-il ? Mettez le nom des personnages devant chaque réplique. Quel est le sujet de ce passage ?

Exploration

1 Dans sa réaction (les trois premières phrases), comment réagit Sagar ? Quelle réalité rappelle-t-elle à Kéba ? À votre avis, pour quelles raisons *chasse*-t-on les mendiants ?

....

2 Dans les deux premières phrases de Kéba, laquelle est une affirmation, l'autre une question ? Qu'indiquent les points de suspension ? Repérez une autre question semblable : à quels sentiments peut-il faire allusion ? Quelle différence faites-vous entre les deux questions ?

....

3 Que marque la négation « non » ? Par quels procédés de style (répétition, gradation, exclamation…) Kéba montre-t-il son exaspération (énervement) ? Qui représente « t'/te » ?

....

4 Comment réagit la femme ? Quelle est sa façon de voir les choses ? « Et puis, (…) les pauvres » : quel argument utilise-t-elle pour défendre son point de vue ?

....

5 Sur quel argument Kéba revient-il ? (Seconde réplique). Que remplace le premier « leur » ? Pour le fonctionnaire, qu'est-ce que les mendiants ne doivent pas faire ? Que veut-il dire exactement ? Que reproche-t-il à Sagar ? (« C'est toi… »). Par quel mot « pauvres » est-il repris ?

....

6 Kéba demande à Sagar si la religion a déjà (*jamais*) protégé (*béni*) l'homme sans aucune honte. Pour lui, qu'est-ce que la religion ne fait pas ? Comparez sa conception avec celle de Sagar : « Comment vivraient-ils s'ils ne mendiaient pas ? ». Des deux opinions, laquelle vous convainc le plus ? Expliquez votre réponse.

....

7 « Dis-moi encore ceci : à qui (…) la religion ? » : quel devoir Sagar rappelle-t-elle à Kéba ? Reconstituez son raisonnement et dites face à quelle réalité elle met Kéba.

....

8 Comment interprétez-vous le silence de l'homme ? Le titre complet est *La Grève des Bàttu ou les déchets humains* : quel changement est apporté ? Quel est l'engagement d'A. Sow Fall ?

....

Enfance

Nathalie Sarraute

(Russie, 1900 – Paris, 1999)
Russe de naissance et française d'éducation, Nathalie Tcherniak vit à Paris dès l'âge de huit ans avec son père ingénieur, divorcé de sa mère écrivain. Après une licence d'anglais et de droit, elle épouse l'avocat R. Sarraute. En 1939, elle publie *Tropismes*, point de départ de son œuvre, que Sartre qualifie d'« anti-roman ». Son écriture s'intéresse à ce qui se cache sous l'apparence d'une conversation banale ; elle abandonne les conventions romanesques (les personnages deviennent des pronoms personnels, des voix) pour s'intéresser surtout au rôle de la parole dans notre existence. Dans son essai critique, *L'Ère du soupçon* (1956), elle remet en cause les personnages du roman moderne et parle de la méfiance du lecteur. Ses romans, *Le Planétarium* (1959), *Les Fruits d'or* (Prix International de Littérature, 1963), *Vous les entendez ?* (1972), *L'Usage de la parole* (1980), *Enfance* (1983), *Tu ne t'aimes pas* (1989), ses pièces, *C'est beau* (1975), *Pour un oui ou pour un non* (1982) montrent aussi ces instants où rien ne semble arriver, ces « sous-conversations » qui disent beaucoup sur nos pensées, nos états intérieurs.

Je suis assise près de maman dans une voiture fermée tirée par un cheval, nous cahotons sur une route poussiéreuse. Je tiens le plus près possible de la fenêtre un livre de la bibliothèque rose, j'essaie de lire malgré les secousses, malgré les objurgations de maman : « Arrête-toi maintenant, ça suffit, tu t'abîmes les yeux… »

La ville où nous nous rendons porte le nom de Kamenetz-Podolsk. Nous y passerons l'été chez mon oncle Gricha Chatounovski, celui des frères de maman qui est avocat.

Ce vers quoi nous allons, ce qui m'attend là-bas, possède toutes les qualités qui font de « beaux souvenirs d'enfance »… de ceux que leurs possesseurs exhibent d'ordinaire avec une certaine nuance de fierté. Et comment ne pas s'enorgueillir d'avoir eu des parents qui ont pris soin de fabriquer pour vous, de vous préparer de ces souvenirs en tout point conformes aux modèles les plus appréciés, les mieux cotés ? J'avoue que j'hésite un peu…

– Ça se comprend… une beauté si conforme aux modèles… Mais après tout, pour une fois que tu as cette chance de posséder, toi aussi, de ces souvenirs, laisse-toi aller un peu, tant pis, c'est si tentant…

– Mais ils n'étaient pas faits pour moi, ils m'étaient juste prêtés, je n'ai pu en goûter que des parcelles…

– C'est peut-être ce qui les a rendus plus intenses… Pas d'affadissement possible. Aucune accoutumance…

Nathalie Sarraute, *Enfance*, Paris, © Gallimard, 1983.

Pour mieux comprendre

Cahoter : le fait, pour une voiture, de faire des sauts, de subir des **secousses**, quand la route est pleine de trous.

La bibliothèque rose : une édition qui publie des livres de jeunesse.

Une objurgation : une parole sévère, un reproche adressé à une personne pour l'empêcher de faire quelque chose.

Exhiber : montrer, faire voir avec insistance.

Une nuance : un peu de.

S'enorgueillir : devenir orgueilleux, fier, se donner beaucoup d'importance.

Conforme à : semblable aux conventions sociales, pareil à la norme.

Coté : qui a une grande valeur.

Si tentant : tellement attirant, séduisant.

Une parcelle : un morceau, une partie.

Un affadissement : qui perd de sa saveur, de sa force ; fade.

Une accoutumance : le fait de s'habituer ; une habitude.

Découverte

1 Quel âge N. Sarraute a-t-elle quand son livre est publié ? Quel est le thème du titre de l'œuvre ?

2 Comment le texte est-il composé ? Qu'indiquent les tirets ?

3 Lisez le texte. Qui raconte ? Quel est le thème de ce passage ?

4 Paragraphe 1 : où et avec qui est la narratrice ? Que fait-elle ? À votre avis, quelle est l'époque évoquée ? (Aidez-vous des réponses à la question 1 de découverte). À quoi servent les deux points et les guillemets ? Quel reproche est adressé à l'enfant ?

Exploration

1 Paragraphe 2 : dans quelle ville va la narratrice ? Où se trouve ce lieu ? (Aidez-vous de la biographie). Chez qui se rend-elle ? Présentez cette personne.

....

....

2 Paragraphe 3 : que reprend « Ce vers quoi nous allons, ce qui m'attend là-bas » ? Quelle est la particularité ce lieu ? Soulignez le groupe de mots entre guillemets. Que signifient ces guillemets ? Sur quoi Sarraute attire-t-elle l'attention ?

....

....

3 Quel comportement ont les personnes qui « possèdent » ces souvenirs ? Quel regard Sarraute porte-t-elle sur ces personnes ? Observez le vocabulaire pour répondre.

....

4 « Et comment (…) un peu… » : qui est « vous » ? Qu'ont fait « les parents » ? Relevez tous les mots/groupes de mots qui se rapportent aux « souvenirs ». Sarraute pose une fausse question ; transformez-la en phrase affirmative. À votre avis, partage-t-elle ces propos ou prend-elle des distances ? Sur quoi hésite-t-elle ?

....

5 Lisez la première intervention et dites s'il y a des indices de prise de parole (verbe introducteur, pronom personnel…). Qui parle à qui ? Que reprend l'expression « ça se comprend » ? À quoi est encouragé « tu » ? Appuyez-vous sur ce qui est dit à la fin de cette réplique. Que possède « tu » ? Selon vous, qu'est-ce qui est *tentant* ?

....

6 Dernière réplique : qui parle ? Que reprend « les » ? Comment « les » sont-ils perçus et pourquoi à votre avis ?

....

7 Quel est le rôle des points de suspension ? Quelle est la valeur du temps principal utilisé dans ce texte ? Pour vous, la narratrice parle-t-elle à une personne ou à elle-même ? Justifiez votre réponse.

....

Vies minuscules

Pierre Michon

est né en 1945 de parents instituteurs. En 1984, il publie son chef-d'œuvre, *Vies minuscules*, qui lui a demandé « dix-huit ans » de travail et dans lequel il essaie de dépasser les souffrances d'une enfance malheureuse, sans père. Malgré la critique qui le reconnaît comme l'un des meilleurs écrivains contemporains, il reste discret, toujours mal connu du public.

Les portraits qu'il fait de ses personnages sont ceux de petites gens, racontés par sa grand-mère ou rencontrés dans ses lectures; il suit la trace du destin des âmes sans gloire, s'attache à la part d'obscurité de chacun: Van Gogh (*Vie de Joseph Roulin*, 1988), de Goya, Velázquez, Watteau (*Maîtres et serviteurs*, 1990). Il s'intéresse aux rapports entre père et fils (*Rimbaud le fils*, 1991). Son maître absolu reste Faulkner qui lui a permis « d'entrer dans la langue à coups de hache ». *Roi du bois* et *La Grande Beune* (1996), *Mythologies d'hiver* (1997) sont de terribles récits dans lesquels l'auteur raconte la violence animale des hommes. Son écriture classique s'attache à capter ce qui échappe, la part de mystère.

Le narrateur raconte que ses arrière-grands-parents avaient demandé à l'assistance publique de leur confier un orphelin pour les aider dans les travaux de la ferme. L'enfant est nourri et logé.

On leur envoya André Dufourneau. Je me plais à croire qu'il arriva un soir d'octobre ou de décembre, trempé de pluie ou les oreilles rougies dans le gel vif; pour la première fois ses pieds frappèrent ce chemin que plus jamais ils ne frapperont; il regarda l'arbre, l'étable, la façon dont l'horizon d'ici découpait le ciel, la porte; il regarda les visages nouveaux sous la lampe, surpris ou émus, souriants ou indifférents; il eut une pensée que nous ne connaîtrons pas. Il s'assit et mangea la soupe. Il resta dix ans.

Ma grand-mère, qui s'est mariée en 1910, était encore fille. Elle s'attacha à l'enfant, qu'elle entoura assurément de cette fine gentillesse que je lui ai connue, et dont elle tempéra la bonhomie brutale des hommes qu'il accompagnait aux champs. Il ne connaissait ni ne connut jamais l'école. Elle lui apprit à lire, à écrire. (J'imagine un soir d'hiver; une paysanne jeunette en robe noire fait grincer la porte du buffet, en sort un petit cahier perché tout en haut, « le cahier d'André », s'assied près de l'enfant qui s'est lavé les mains. Parmi les palabres patoises, une voix s'anoblit, se pose un ton plus haut, s'efforce en des sonorités plus riches d'épouser la langue aux plus riches mots. L'enfant écoute, répète craintivement d'abord, puis avec complaisance. Il ne sait pas encore qu'à ceux de sa classe ou de son espèce, nés plus près de la terre et plus prompts à y basculer derechef, la Belle Langue ne donne pas la grandeur, mais la nostalgie et le désir de la grandeur.

Pierre Michon, *Vies minuscules*, Paris, © Gallimard, 1984.

Pour mieux comprendre

Une étable: dans une ferme, un lieu où sont enfermés et nourris certains animaux: vaches, veaux…

Le gel vif: un froid glacial.

Frappèrent, v. *frapper* (au passé simple): marcher en faisant du bruit.

Eut: v. *avoir* (au passé simple).

S'attacher à: éprouver de l'affection pour quelqu'un.

Tempérer: adoucir, modérer.

La bonhomie brutale: la simplicité, la bonté brusque, maladroite.

Grincer: faire un bruit désagréable.

Les palabres patoises: des longues discussions dans la langue des paysans.

S'anoblir: devenir noble.

Craintivement: avec peur.

Avec complaisance: le fait d'être content de soi.

Plus prompts à y basculer: les gens de condition modeste peuvent retomber très vite dans leur condition de départ.

Derechef: encore une fois.

Découverte

1 Lisez le titre. Comment le comprenez-vous ? Quels sens peut avoir l'adjectif « minuscules » ?

2 Lisez la première phrase du texte. De qui s'agit-il ? Dans le chapeau, quelle information vous est donnée sur sa situation familiale ? À votre avis, à quelle époque se déroule l'histoire ? (Reportez-vous à la biographie de l'auteur).

3 Par qui et pour quelle raison ce personnage a-t-il été sollicité ? De quel milieu social s'agit-il ?

Exploration

1 Lisez le texte. Premier paragraphe : quand l'enfant arrive-t-il dans ce lieu ? Le narrateur utilise plusieurs temps : lesquels ? À quelles temporalités font-ils référence ?

2 André est-il vraiment décrit ? Quel choix le narrateur fait-il pour le présenter ? Observez la dernière phrase : quelle impression produit-elle ? Analysez le style de ce paragraphe (phrase, ponctuation, répétition, lexique) et dites quels effets recherche le narrateur.

3 Dans les deux premières phrases du deuxième paragraphe, le narrateur fait un retour en arrière. De quel personnage est-il question et qu'apprend-on de lui ? Quelle relation a-t-il eue avec l'enfant ?

4 Que fait-elle pour André ? Pour quelles raisons ? Dans la suite, qu'est-ce que le narrateur « imagine » à propos de sa grand-mère ? À quoi vous fait penser ce type de présentation ? (Tableau, film…)

5 À quelles personnes renvoient « les palabres patoises » ? Que signifie cette expression ? Que devient la voix de la grand-mère ? Dans quelle langue parle-t-elle ? Relevez toutes les expressions qui l'opposent à « palabres patoises ».

6 Comment se comporte l'enfant et quel changement se produit en lui ? Qu'est-il en train de découvrir ? À ce moment-là, qu'est-ce qu'il « ne sait pas encore » ? Que signifie « Belle Langue » ? À cette époque-là, quelle classe sociale parle la « Belle Langue » ?

7 Dans ce contexte, quel est le sens de « grandeur » ? (Pensez aux différences sociales). Selon vous, à quelle catégorie de personnes la « Belle Langue » donne-t-elle « la grandeur » ? Que se passe-t-il alors pour les autres ? Quelle différence faites-vous entre donner « la grandeur » et donner « la nostalgie et le désir *de la* grandeur » ?

8 Pensez-vous que ce récit de « vie minuscule » correspond au titre de l'œuvre ? Développez votre analyse en vous appuyant sur le texte (style, personnages, thème).

Marie Redonnet

est née en 1948. Après
une agrégation de Lettres
modernes, elle a soutenu
une thèse sur Genêt, publiée
en 2000 sous le titre *Jean
Genêt, le poète travesti.* Elle
est professeure à l'université
de la Sorbonne-Nouvelle.
Depuis la parution de la trilogie,
Splendid Hôtel, Forever Valley
(1986), *Rose Mélie Rose* (1987),
elle construit une œuvre
d'exception dans le paysage
littéraire français. Elle a publié
des pièces de théâtre, *Tir et Lir*
(1988), *Mobie-Diq* (1989),
Seaside (1992), *Le Cirque
Pandor* (1994), des recueils
de poésies, *Candy Story* (1992),
Nevermore (1994), des contes,
Silsie (1990), un essai
sur l'œuvre de Matisse, *Villa
Rosa* (1996), un autre roman
en 2000, *L'Accord de paix.*
Ses écrits au style dépouillé,
marqués par une grande
simplicité narrative, créent
un univers étrange où
les personnages, souvent
hantés par des obsessions,
poursuivent obstinément leurs
quêtes. Pour M. Redonnet,
l'écriture est revendiquée
comme un acte de résistance,
visant à transmettre
« un imaginaire singulier
et irréductible, une vision
et une pensée du monde
perturbant-contestant celle
qui existe. »

Splendid
Hôtel

Une femme, dont on ne connaît ni le nom ni l'âge, sauf qu'elle n'est « plus toute jeune », raconte sa lutte pour entretenir un hôtel construit près d'un marais, que lui a laissé sa grand-mère. Elle y vit avec ses sœurs, Ada, toujours malade, et Adel, actrice ratée, qui ne l'aident pas.

Toutes les chambres du Splendid se ressemblent. Il n'y a aucun moyen de les distinguer. C'est grand-mère qui l'a voulu ainsi pour qu'il n'y ait pas de différence entre les clients. Les deux seules chambres qui ne se ressemblent pas étaient la sienne et celle d'Ada et d'Adel. Mais les clients préféreraient qu'il y ait de la variété pour pouvoir choisir en fonction de leur goût. C'est un inconvénient supplémentaire du Splendid. Ça fait longtemps que j'ai le projet de peindre chaque chambre d'une couleur différente. Maintenant il est trop tard pour refaire la peinture des chambres. Ça ferait ressortir le mauvais état des meubles et des sanitaires. Déjà j'ai eu tort de refaire les boiseries. Les tuyaux sont de plus en plus rouillés. Je me salis dès que j'y mets les mains, ça m'arrive souvent vu leur mauvais état. Le plombier avait raison. Il y a régulièrement des fuites. Pour l'instant, j'arrive toujours à temps pour arrêter la fuite avant qu'elle n'ait fait trop de dégâts. Chaque jour j'inspecte les tuyauteries. Je finis par m'y connaître en plomberie. C'est capital dans un hôtel comme le Splendid de savoir réparer les tuyaux. Ce serait la ruine si je devais appeler le plombier à chaque fois qu'il y a une fuite.

Marie Redonnet, *Splendid Hôtel*, Paris, © Les Éditions de Minuit, 1986.

Pour mieux comprendre

Un marais : une étendue d'eau stagnante,
  qui ne bouge pas, envahie de plantes.
Ressortir : rendre encore plus visible.
Les sanitaires : les toilettes et les lavabos.
Rouillé : lorsque les tuyaux d'écoulement d'eau sont vieux et abîmés, ils
  se couvrent de rouille et peuvent laisser passer l'eau (**une fuite**).

Avoir tort : se tromper.
Les boiseries : éléments en bois posés
  sur les murs, constituant les fenêtres
  et les portes.
Le plombier : un ouvrier qui répare les
  tuyaux d'écoulement d'eau.
La ruine : ne plus avoir d'argent, la
  faillite.

Découverte

1 Lisez le chapeau : de quels « personnages » est-il question ? Quelles sont leurs caractéristiques ? À quel courant littéraire renvoie un « personnage » n'ayant ni nom ni âge précis ?

2 Toujours dans le chapeau : où est construit l'hôtel ? Cette situation vous semble-t-elle agréable ?

3 De quelle œuvre est extrait ce passage ? Imaginez l'hôtel qui porte ce nom.

4 Lisez le texte : qui parle ? Quelles sont vos impressions de lecture ?

Exploration

1 Si vous présentiez cet hôtel à un ami, que diriez-vous ? Est-il comme vous l'aviez imaginé ? Cet hôtel vous plairait-il ? Dites pourquoi.

....

2 À quel type de phrase appartiennent les deux premières phrases du passage ? Y a-t-il une progression de l'une à l'autre ? Y a-t-il un narrateur ? Quel effet est ainsi produit ?

....

3 Que pensez-vous de la décision de « grand-mère » ? La « narratrice » émet-elle un jugement ? Dans la phrase qui commence par « Mais les clients... », la différence de point de vue est-elle exprimée directement ou indirectement ? Quelle sorte d'écriture est créée ?

....

4 À partir de « Ça fait » jusqu'à la fin du texte, soulignez les douze indicateurs temporels. Par rapport à ce que dit la narratrice, comment interprétez-vous ce nombre important d'indices temporels ?

....

5 Quel est le projet de la narratrice ? Quel constat fait-elle ? Quels arguments avance-t-elle pour que son projet ne se réalise pas ? (Lisez jusqu'à « boiseries »). À votre avis, comment se sent-elle face à cette réalité ?

....

6 À partir de « Les tuyaux sont... » jusqu'à « tuyaux. » : de quel problème technique est-il question ? Est-il vraiment décrit ? Analyser la manière dont la narratrice parle de ce problème (type de phrases et leur enchaînement, vocabulaire...).

....

7 Quel doit être l'état financier de la propriétaire ? Quel est l'état de l'hôtel ? Comment imaginez-vous la vie de ces trois femmes dans un tel lieu ? (Pensez aussi à l'endroit où l'établissement est construit).

....

8 Quel est le temps principal de ce passage ? Quelle est sa fonction ici ? À partir de vos réponses précédentes, dégagez les caractéristiques de ce type d'écriture. Y êtes-vous sensible ? Pourquoi ?

....

Samarcande

Dans la ville de Samarcande, Omar Khayyam, 24 ans, assiste, choqué, au milieu d'une foule agitée, à l'agression violente d'un vieil homme, disciple d'Avicenne. Le chef des agresseurs s'adresse à Omar.

– Par Dieu, comment ai-je pu ne pas reconnaître Omar, fils d'Ibrahim Khayyam de Nichapour ? Omar, l'étoile du Khorassan, le génie de la Perse et des deux Iraks, le prince des philosophes !

Il mime une profonde courbette, fait voltiger ses doigts des deux côtés de son turban, s'attirant immanquablement les gros rires des badauds.

– Comment ai-je pu ne pas reconnaître celui qui a composé ce *robaï* si plein de piété et de dévotion :

> Tu viens de briser ma cruche de vin, Seigneur.
> Tu m'as barré la route du plaisir, Seigneur.
> Sur le sol Tu as répandu mon vin grenat.
> Dieu me pardonne, serais-Tu ivre, Seigneur ?

Khayyam écoute, indigné, inquiet. Une telle provocation est un appel au meurtre, sur-le-champ. Sans perdre une seconde, il lance sa réponse à voix haute et claire, afin qu'aucune personne dans la foule ne se laisse abuser :

– Ce quatrain, je l'entends de ta bouche pour la première fois, inconnu. Mais voici un *robaï* que j'ai réellement composé :

> Rien, ils ne savent rien, ne veulent rien savoir.
> Vois-tu ces ignorants, ils dominent le monde.
> Si tu n'es pas des leurs, ils t'appellent incroyant.
> Néglige-les, Khayyam, suis ton propre chemin.

Amin Maalouf, *Samarcande*, Paris, © Éditions. J-C Lattès, 1988.

Amin Maalouf

est né à Beyrouth le 25 février 1949. Après une scolarité au collège des jésuites, il poursuit des études d'économie politique et de sociologie. Il devient journaliste au grand quotidien libanais « Al Nahar ». En 1976, il quitte le Liban en guerre et s'installe à Paris. Excepté deux essais : *Les Croisades vues par les Arabes* (1983), *Les Identités meurtrières* (1998), dans lequel il refuse la fatalité qui conduirait les hommes à s'entre-tuer au nom de l'identité, son travail littéraire investit essentiellement le roman. Ses œuvres ont pour cadre les pays méditerranéens du XVIᵉ siècle (*Léon l'Africain*, 1986), la Perse du XIᵉ siècle (*Samarcande*), du IIIᵉ siècle (*Les Jardins de lumière*, 1991), un Orient éloigné des images exotiques. *Le Rocher de Tanios*, dont l'histoire se situe dans le Liban du début du XIXᵉ siècle, reçoit le Prix Goncourt en 1993. Dans un style clair et souvent poétique, les personnages de Maalouf essayent de comprendre le monde, luttent contre l'obscurantisme et « les identités étroites ».

Pour mieux comprendre

Avicenne (Abou-Ali Ibn-Sina) : grand savant musulman, commentateur d'Aristote, né en Perse (Iran) en 980.

Omar Khayyam : grand savant et poète, disciple d'Avicenne, né à Nichapour, en Perse, vers 1050. Sa poésie, écrite en strophes de quatre vers (**robaï**) chante sa foi et son émerveillement face au monde.

Khorassan : une région de la Perse.

Mimer : imiter.

Une courbette : le fait de se pencher très bas pour saluer une personne socialement plus élevée. Le mot est péjoratif.

Voltiger : agiter les doigts dans l'espace, avec des mouvements compliqués.

Un turban : une coiffure d'homme faite d'un tissu qui entoure la tête.

Un badaud : personne qui s'arrête dans la rue pour regarder un spectacle.

Une piété : la foi, le fait de croire en Dieu.

Indigné : choqué ; qui éprouve un sentiment de colère face à une injustice.

Se laisser abuser : se laisser tromper, croire un mensonge.

Négliger : ignorer, ne pas tenir compte.

Découverte

1 De quelle œuvre est extrait ce passage ? Faites une recherche historique sur cette ville.

2 Regardez le texte. Comment est-il composé ? Que signifient les tirets ?

3 Lisez le chapeau. Où et à quelle date se déroule l'histoire ? Pour la France, comment s'appelle cette période ? (Regardez les panoramas des siècles). Que se passe-t-il dans votre pays à la même époque ?

4 Toujours dans le chapeau : repérez tous les personnages en présence. Que se passe-t-il ? Qui est Omar (reportez-vous à « Pour mieux comprendre ») ? Quelle ambiance y a-t-il dans la rue ? Décrivez-la.

Exploration

1 Lisez le texte. Délimitez les deux mouvements qui le composent en repérant le personnage principal de chacun d'eux. Que veut souligner l'auteur par cette composition symétrique ?

....

2 Par quelles expressions le chef des agresseurs nomme-t-il Omar ? Analysez la progression entre chacune d'elles. Quel effet produit cette gradation ? À votre avis, pourquoi termine-t-il par « …philosophes » ? Ses paroles sont-elles amicales ou menaçantes ? Justifiez votre réponse.

....

3 Mimez l'attitude de l'homme. Quelle réaction provoque-t-elle chez les badauds ? Quel mot signale que cette réaction est à la fois attendue et provoquée par le chef des agresseurs ? Quelle interrogation répète-t-il ? Quelles sont ses intentions en parlant ainsi ?

....

4 Analysez le premier robaï : à qui est-il adressé ? Quels reproches sont formulés ? Pour les musulmans, l'alcool est interdit. Imaginez la réaction de la foule, les mots, phrases et onomatopées qui sont prononcés.

....

5 Quel danger menace Khayyam après la déclamation du premier robaï ? Comment réagit-il ? Quel est son moyen de défense ?

....

6 Analysez le second robaï : de quelles personnes est-il question ? Choisissent-elles leur condition ? Quelle situation occupent-elles ? De quel danger parle Khayyam ? À votre avis, ce danger est-il spécifique à l'époque du poète ? Argumentez votre réponse.

....

7 Repérez le temps des deux passages narratifs. Quel effet l'auteur cherche-t-il en utilisant ce temps ?

....

8 Écrivez la suite immédiate de ce texte ou composez un robaï sur un thème de votre choix.

....

Roberto Zucco

Bernard-Marie Koltès

(Metz, 1948 – Paris, 1989)
C'est en voyant Maria Casarès jouer *Médée*, mis en scène par Lavelli, que Koltès découvre l'art dramatique et sa vocation. Écrivain, dramaturge, il est l'un des plus importants représentants du théâtre contemporain. Il intègre l'École du Théâtre national de Strasbourg et crée ses deux premières pièces, *Les Amertumes* et *La Marche*. *La Nuit juste avant les forêts* (1977), monologue, est salué par G. Sandier, critique de théâtre, comme « un texte d'un lyrisme sauvage ». Puis suivront *Combat de nègre et de chiens*, mis en scène en 1983 par P. Chéreau pour inaugurer le théâtre des Amandiers de Nanterre ; *Quai Ouest* (1986), *Dans la solitude des champs de coton* (1987), qui se présente comme un dialogue entre un dealer et un client, un échange qui est combat : on se parle, on se fuit, on se cherche, un dialogue philosophique sur la solitude, le désir, la peur. En 1988, paraît *Le Retour au désert* et, peu avant sa mort, Koltès a conçu *Roberto Zucco* « un sujet invraisemblable, un héros comme Samson ou Goliath ».

Zucco cogne contre la porte.

LA MÈRE. – Comment t'es-tu échappé ? Quelle espèce de prison est-ce là ?

ZUCCO. – On ne me gardera jamais plus de quelques heures en prison. Jamais. Ouvre donc ; tu ferais perdre patience à une limace. Ouvre, ou je démolis la baraque.

LA MÈRE. – Qu'es-tu venu faire ici ? D'où te vient ce besoin de revenir ? Moi, je ne veux plus te voir, je ne veux plus te voir. Tu n'es plus mon fils, c'est fini. Tu ne comptes pas davantage, pour moi, qu'une mouche à merde.

Zucco défonce la porte.

LA MÈRE. – Roberto, n'approche pas de moi.

ZUCCO. – Je suis venu chercher mon treillis.

LA MÈRE. – Ton quoi ?

ZUCCO. – Mon treillis : ma chemise kaki et mon pantalon de combat.

LA MÈRE. – Cette saloperie d'habit militaire. Qu'est-ce que tu as besoin de cette saloperie d'habit militaire ? Tu es fou, Roberto. On aurait dû comprendre cela quand tu étais au berceau et te foutre à la poubelle.

ZUCCO. – Bouge-toi, dépêche-toi, ramène-le moi tout de suite.

La mère. – Je te donne de l'argent. C'est de l'argent que tu veux. Tu t'achèteras tous les habits que tu veux.

ZUCCO. – Je ne veux pas d'argent. C'est mon treillis que je veux.

LA MÈRE. – Je ne veux pas, je ne veux pas. Je vais appeler les voisins.

ZUCCO. – Je veux mon treillis.

LA MÈRE. – Ne crie pas, Roberto, ne crie pas, tu me fais peur ; ne crie pas, tu vas réveiller les voisins. Je ne peux pas te le donner, c'est impossible : il est sale, il est dégueulasse, tu ne peux pas le porter comme cela. Laisse-moi le temps de le laver, de le faire sécher, de le repasser.

ZUCCO. – Je le laverai moi-même. J'irai à la laverie automatique.

Bernard-Marie Koltès, *Roberto Zucco*, Paris, © Éditions de Minuit, 1990.
(Cette pièce, achevée à l'automne 1988, a été créée à Berlin en avril 1990).

Pour mieux comprendre

Roberto Zucco : de son vrai nom, R. Succo. Il a appartenu à l'extrême gauche italienne ; il tue ses parents, est enfermé dans un hôpital psychiatrique dont il s'évade, vagabonde en France, tue des policiers. Pour Koltès, la violence de Zucco répond à celle de la société dans laquelle il a vécu.

Cogner : donner des coups.

Une limace : un petit mollusque, proche de l'escargot, sans carapace.

Démolir la baraque : détruire la maison.

Défoncer : enfoncer, ouvrir la porte en la brisant.

Une mouche : un petit insecte qui vole.

Un berceau : un lit pour bébé.

Foutre (familier) : jeter.

Découverte

1 Relevez les personnages présents. Quel genre de texte allez-vous lire ?

2 Quel est le titre de l'œuvre ? Quel est ce personnage ?

3 Lisez les deux indications en italique (didascalies). Que fait le personnage ? Où se trouve-t-il ? Quelle image a-t-on de lui ? Faites des hypothèses sur les raisons de ses gestes.

Exploration

1 Lisez la première réplique. Où Zucco était-il ? Qu'a-t-il fait ? Que sous-entend l'intervention de la mère ?

....

2 Les deux répliques suivantes : que répond immédiatement Zucco ? Soulignez le verbe répété. À quel mode est-il et qu'exprime-t-il ? Qu'est-ce que le personnage est prêt à faire ? Comment l'imaginez-vous ?

....

3 Repérez les deux questions posées par la mère. Que soulignent-elles ? « Moi, je ne veux (…) à merde. » : de quel type de phrases s'agit-il ? Quels sentiments éprouve cette femme ?

....

4 Que peut ressentir Zucco aux paroles de sa mère ? Quel acte a-t-il pu faire ?

....

5 Lisez le reste du texte. À présent, où se trouve Roberto ? Quelle est la réaction de la mère ? Qu'indique-t-elle ? Pour quelle raison Zucco est-il revenu ? (Réplique 5). Trouvez la définition de ce nom dans sa réplique suivante. Que symbolise ce vêtement ?

....

6 Réplique 8 : comment la mère nomme-t-elle ce que Roberto vient chercher ? Quel regard porte-t-elle sur ce vêtement ? Comment traite-t-elle Roberto ? Qu'est-ce qu'« on aurait dû comprendre » et quelle décision aurait dû être prise ? Que ressent cette mère face à son fils ?

....

7 Analysez la réplique 4 de Zucco : de quelle manière s'adresse-t-il à sa mère ? Que lui répond-elle successivement ? (Lire jusqu'à « …appeler les voisins »). Finalement, qu'est-ce qui reste de la relation mère/fils ?

....

8 Dans sa dernière réplique, quel verbe la mère répète-t-elle ? Que souligne ce verbe ? Relevez le fragment de phrase qui dévoile son sentiment. Quelle raison donne-t-elle à son refus ? Que propose-t-elle ? Que pensez-vous de ses réponses ?

....

9 Qu'est-ce que Bernard-Marie Koltès a voulu exprimer à travers ce texte ? Imaginez une mise en scène et jouez cet extrait.

Marguerite Duras

(Gia-Dinh, Vietnam, 1914 –
Paris, 1996)
Écrivaine, dramaturge,
scénariste et cinéaste, M. Duras
est l'une des grandes figures
de la littérature française
de la seconde moitié du XXᵉ siècle.
Elle passe une partie de son
enfance en Indochine. En 1950,
elle publie *Un Barrage contre
le Pacifique*, où elle évoque
ses rapports douloureux avec
sa mère, institutrice au Vietnam.
Moderato Cantabile paraît
en 1958 et annonce une écriture
nouvelle où la répétition
devient musique et incantation
et le regard, plus important
que la narration. De 1943
à 1944, elle entre dans
la Résistance dans le même
réseau que François
Mitterrand, milite pour
l'indépendance de l'Algérie
(1962) et participe
au mouvement féministe (1969).
Elle écrit le scénario
d'*Hiroshima mon amour* (1959)
et réalise plusieurs films dont
India Song (1973) et *Le Camion*
avec Gérard Depardieu.
L'Amant (1984) obtient le Prix
Goncourt et est adapté au
cinéma par J.-J. Annaud (1992).
En réaction au film, elle écrit
L'Amant de la Chine du Nord,
texte toujours recommencé
sur une passion partagée avec
un Chinois, alors qu'elle avait
15 ans et demi.

L'Amant
de la Chine du Nord

C'est le fleuve.

C'est le bac sur le Mékong. Le bac des livres.
Du fleuve.

Dans le bac il y a le car pour indigènes, les longues Léon Bollée noires, les amants de la Chine du Nord qui regardent.

Le bac s'en va.

Après le départ l'enfant sort du car. Elle regarde le fleuve. Elle regarde aussi le Chinois élégant qui est à l'intérieur de la grande auto noire.

Elle, l'enfant, elle est fardée, habillée comme la jeune fille des livres : de la robe en soie indigène d'un blanc jauni, du chapeau d'homme d'« enfance et d'innocence », au bord plat, en feutre-souple-couleur-bois-de-rose-avec-large-ruban-noir, de ces souliers de bal, très usés, complètement éculés, en-lamé-noir-s'il-vous-plaît, avec motifs de strass.

De la limousine noire est sorti un autre homme que celui du livre, un autre Chinois de la Mandchourie. Il est un peu différent de celui du livre : il est un peu plus robuste que lui, il a moins peur que lui, plus d'audace. Il a plus de beauté, plus de santé. Il est plus « pour le cinéma » que celui du livre. Et aussi il a moins de timidité que lui face à l'enfant.

Elle, elle est restée celle du livre, petite, maigre, hardie, difficile à attraper le sens, difficile à dire qui c'est, moins belle qu'il n'en paraît, pauvre, fille de pauvres, ancêtres pauvres, fermiers, cordonniers, première en français tout le temps partout et détestant la France, inconsolable du pays natal et d'enfance, crachant la viande rouge des steaks occidentaux, amoureuse des hommes faibles, sexuelle comme pas rencontré encore. Folle de lire, de voir, insolente, libre.

Marguerite Duras, *L'Amant de la Chine du Nord*, Paris, © Gallimard, NRF, 1991.

Pour mieux comprendre

Un(e) indigène : une personne qui est née dans le pays dont on parle. Sous la colonisation, ce terme désigne les natifs du pays colonisé (péjoratif).
Une Léon Bollée : une voiture de luxe.
Fardé(e) : maquillé(e).
Éculé(e) : les chaussures sont vieilles et les talons sont usés, déformés.
Bois de rose : de couleur rosée.

Lamé : qui brille.
Strass : une matière synthétique brillante utilisée pour décorer des vêtements.
Une audace : un grand courage ; un mépris pour les conventions sociales.
Hardi(e) : qui n'a pas peur ; qui ne respecte pas certaines conventions sociales : insolent(e).

Découverte

1 De quelle œuvre ce passage est-il extrait ? Faites des hypothèses sur le contenu du roman.

2 Reportez-vous à la biographie de M. Duras. Quelle est la particularité du titre du roman dont est extrait le passage proposé ? Quelles peuvent être, selon vous, les motivations de l'écrivaine ?

3 Lisez le texte. Où se passe cette scène ? De quoi parle ce passage ? Quel titre lui donneriez-vous ?

Exploration

1 Relisez le texte jusqu'à : « Le bac s'en va. ». Quels types de phrases sont le plus fréquemment utilisés ? Qui décrit la scène ? Quel est l'effet produit par ces choix ?

....

....

2 Quel est le temps principal de cet extrait ? Quel est son rôle dans le récit ?

....

....

3 Relevez les passages où se trouvent les mots « livre(s) et « cinéma ». À quel(s) livre(s) et à quel film la narratrice fait-elle référence ? (Lisez la biographie.) À votre avis, pourquoi, fait-elle ces références ? Quel personnage reste le plus proche de celui qu'elle a imaginé ?

....

....

4 Repérez le segment de phrase : « l'enfant sort du car. ». Le roman se passe pendant la colonisation française en Indochine. Relisez la phrase de la quatrième ligne. D'après vous, que signifie cette situation ?

....

....

5 Les personnages n'ont pas de prénom. Par quels mots grammaticaux, substantifs ou parties de phrases sont-ils désignés ? Que recherche l'auteure avec ce choix d'écriture ?

....

....

6 En vous appuyant sur les deux paragraphes qui commencent par « Elle », faites le portrait de « elle » (social, physique, vestimentaire, psychologique). Quels paradoxes relevez-vous ? À votre avis, que signifient la mise entre guillemets d'une expression ainsi que les traits d'union dans deux autres ?

....

7 Relisez le texte. Soulignez les répétitions, les reprises d'un même mot sous d'autres formes, les parallélismes de construction. Quel style d'écriture est ainsi créé ? Le paragraphe suivant commence par : « Lui, c'est un Chinois. » Écrivez la suite immédiate du texte.

....

Étoile errante

Jean-Marie Gustave Le Clézio

C'est actuellement l'un des plus importants écrivains français. Il est né à Nice en 1940 d'un père anglais et d'une mère française. Bilingue, il choisit le français, langue de ses ancêtres bretons émigrés à l'île Maurice. À 23 ans, il obtient le prix Renaudot, pour son premier roman, *Le Procès-verbal*. En 1980, l'Académie française lui décerne le Grand Prix Paul Morand pour *Désert*. Fasciné par la mythologie indienne, il partage sa vie entre la France et le Mexique. Il publie des romans : *Le Chercheur d'or* (1985), *Voyage à Rodrigues* (1986), *Onitsha* (1991), des nouvelles : *Mondo et autres histoires* (1978), *Printemps et autres saisons* (1989), *Hasard*, suivi de *Angoli Mala* (1999), des traductions de mythologies indiennes : *Les Prophéties du Chilam Balam* (1977). Il est élu le plus grand auteur vivant de langue française en 1994. Écrivain du voyage, de l'enfance, il dénonce la société industrielle et la perte de ses mythes.

1948. Dans le désert, un convoi de camions qui emmène la jeune Hélène-Esther et une centaine de personnes vers Jérusalem croise un groupe de gens qui arrive à pied, en sens inverse.

Les camions étaient arrêtés et les réfugiés passaient lentement, avec leurs visages détournés au regard absent. Il y avait un silence pesant, un silence mortel sur ces visages pareils à des masques de poussière et de pierre. Seuls les enfants regardaient, avec la peur dans leurs yeux.

Esther est descendue, elle s'est approchée, elle cherchait à comprendre. Les femmes se détournaient, certaines lui criaient des mots durs dans leur langue. Soudain, de la troupe se détacha une très jeune fille. Elle marcha vers Esther. Son visage était pâle et fatigué, sa robe pleine de poussière, elle portait un grand foulard sur ses cheveux. Esther vit que les lanières de ses sandales étaient cassées. La jeune fille s'approcha d'elle jusqu'à la toucher. Ses yeux brillaient d'une lueur étrange, mais elle ne parlait pas, elle ne demandait rien. Un long moment, elle resta immobile avec sa main posée sur le bras d'Esther, comme si elle allait dire quelque chose. Puis, de la poche de sa veste elle sortit un cahier vierge, à la couverture de carton noir, et sur la première page, en haut à droite, elle écrivit son nom, comme ceci, en lettres majuscules : N E J M A. Elle tendit le cahier et le crayon à Esther, pour qu'elle marque aussi son nom. Elle resta un instant encore, le cahier noir serré contre sa poitrine, comme si c'était la chose la plus importante du monde. Enfin, sans dire un mot, elle retourna vers le groupe des réfugiés qui s'éloignait. Esther fit un pas vers elle, pour l'appeler, pour la retenir, mais c'était trop tard. Elle dut remonter dans le camion. Le convoi se remit à rouler au milieu du nuage de poussière. Mais Esther ne parvenait pas à effacer de son esprit le visage de Nejma, son regard, sa main posée sur son bras, la lenteur solennelle de ses gestes tandis qu'elle tendait le cahier où elle avait marqué son nom…

J.-M.G. Le Clézio, *Étoile errante*, Paris, © Gallimard, 1992.

Pour mieux comprendre

Errant(e) : qui se déplace toujours, qui ne sait où aller, qui n'a pas de lieu fixe.

Un(e) réfugié(e) : une personne qui doit quitter, fuir son pays.

Pesant : lourd, difficile à supporter.

(Se) détourner : tourner le visage pour ne pas voir ou ne pas être vu.

Pâle : très blanc, à cause de la fatigue, de la maladie ou d'une souffrance.

Une lanière : une longue bande de tissu qui sert à attacher des chaussures ouvertes (**sandales**).

Vierge : qui n'a jamais servi, neuf.

Solennelle : grave, importante.

Découverte

1 De quelle œuvre est extrait ce passage ? Comment comprenez-vous le titre ?

2 Lisez le chapeau. Repérez la date. Quel pays a été créé cette année-là ? De quoi est-il question ?

3 Regardez le texte et soulignez le seul mot écrit entièrement en majuscules. Quel effet produit ce changement de typographie ? En arabe, il signifie « étoile ». Quel lien faites-vous avec le titre ?

Exploration

1 Lisez le premier paragraphe. À votre avis, qui sont « les réfugiés » ? Comment sont-ils décrits ? (Relevez les passages qui se rapportent à leurs démarches, leurs visages…) Dans la seconde phrase, analysez l'effet produit par les figures de style (répétitions, gradation, comparaison) : que veut transmettre l'auteur par rapport à ces réfugiés ?

....

....

2 Lisez le second paragraphe. Soulignez le premier mot et les mots de liaison en début de phrases pour délimiter les mouvements du passage : « Soudain ; Puis ; Enfin ; Mais ». Pour chaque mouvement du texte, notez les personnages et ce qui se passe.

....

3 Dans le premier mouvement, que fait Esther ? Selon vous, que cherche-t-elle à comprendre ?

....

4 Second mouvement : dans la première phrase, analysez comment l'auteur introduit le second personnage (l'adverbe, le premier groupe de mots, la place du sujet par rapport au verbe). Quel est ce personnage ? Par quels détails est-il décrit par la suite ? Que fait-il et que ne fait-il pas ?

....

5 Troisième mouvement : soulignez tous les verbes qui se rapportent à « elle », Nedjma. Que fait-elle ? Que demande-t-elle à Esther ? Pourquoi, à votre avis ? Dans ce contexte, cette situation vous semble-t-elle vraisemblable (réaliste) ? Justifiez votre réponse.

....

6 Quatrième mouvement : comment l'auteur traduit-il le chemin opposé des deux jeunes héroïnes ? (Relevez les verbes, les expressions qui expriment les destinations, les mouvements). Que fait Esther par rapport à Nedjma ? Pourquoi, selon vous ?

....

7 Cinquième mouvement : quelles sont les conséquences de cette rencontre pour Esther ?

....

8 En hébreu, « Esther » signifie « étoile ». À votre avis, pourquoi le titre du roman n'est-il pas au pluriel ?

....

Le premier homme

Albert Camus

(Mondovi, Algérie, 1913 – Sens, France, 1960)

Albert Camus est, avec Jean-Paul Sartre, une figure emblématique de la philosophie française, mais il gardera une certaine distance avec l'existentialisme.

Orphelin de père très tôt, il est élevé en Algérie par sa mère, femme de ménage d'origine espagnole, à demi sourde et analphabète. Excellent élève, il fait des études de philosophie. Résistant pendant la Seconde Guerre mondiale, il devient rédacteur en chef du journal *Combat*. *L'étranger* (roman) et *Le mythe de Sisyphe* (essai) paraissent en 1942, *Caligula* et *Le malentendu* (théâtre) en 1944. Dans ces œuvres, il développe une conception philosophique de l'absurde et ses conséquences : la révolte, la liberté, la passion. Son humanisme lucide se retrouve dans *La peste* (1947), *L'homme révolté* (1951), *La chute* (1956). Il vivra la guerre d'indépendance algérienne comme une déchirure. En 1957, il reçoit le prix Nobel de littérature. Au moment de sa mort, dans un accident de voiture, Camus travaillait sur le manuscrit du *Premier homme*.

Alger, années 1930. Catherine Cormery, une trentaine d'années, mère de Jacques (A. Camus), rentre chez elle, les cheveux coupés. À l'époque, cette mode est était très mal vue. La jeune femme voulait faire une « surprise » à sa famille.

C'était une surprise pour la grand-mère, en effet, qui, la toisant et contemplant l'irrémédiable désastre, s'était bornée à lui dire, devant son fils, que maintenant elle avait l'air d'une putain. Puis elle était retournée dans sa cuisine. Catherine Cormery avait cessé de sourire, et toute la misère et la lassitude du monde s'étaient peintes sur son visage. Puis elle avait rencontré le regard fixe de son fils, avait essayé de sourire encore, mais ses lèvres tremblaient et elle s'était précipitée en pleurant dans sa chambre, sur le lit qui restait le seul abri de son repos, de sa solitude et de ses chagrins. Jacques, interdit, s'était approché d'elle. Elle avait enfoui son visage dans l'oreiller, les boucles courtes qui découvraient la nuque et le dos maigre secoués de sanglots. « Maman, maman », avait dit Jacques en la touchant timidement de la main. « Tu es très belle comme ça. » Mais elle n'avait pas entendu et, de sa main, lui avait demandé de la laisser. Il avait reculé jusqu'au pas de la porte, et lui aussi, appuyé contre le chambranle, s'était mis à pleurer d'impuissance et d'amour.*

Pendant plusieurs jours de suite, la grand-mère n'adressa pas la parole à sa fille.

* des larmes de l'amour impuissant.

Albert Camus, *Le premier homme*, Paris, © Gallimard, 1994.

Pour mieux comprendre

Toiser : regarder avec mépris.

Irrémédiable : définitif, impossible à réparer.

Un désastre : une catastrophe.

Se borner à : se contenter de ; ici, ne dire qu'un seul mot.

Une putain : (mot très péjoratif) ; une prostituée, une femme qui vend son corps.

Fixe : qui ne bouge pas, qui regarde le même point.

Un abri : un lieu où l'on trouve refuge, où l'on se sent protégé, en sécurité.

Interdit : très étonné, au point de ne plus bouger ; stupéfait.

Enfouir : cacher.

La nuque : partie du corps qui se trouve derrière le cou.

Un sanglot : le fait de respirer de manière saccadée, irrégulière, en faisant du bruit ; le fait de pleurer.

Le chambranle : l'encadrement d'une porte.

L'impuissance : l'impossibilité, l'incapacité de faire quelque chose.

Découverte

1 Lisez la biographie et repérez la date de parution de l'œuvre en bas du texte. Quelle est la particularité de ce livre ?

2 Deux parties composent *Le premier homme* : « La recherche du père » et « Le fils ou le premier homme ». À votre avis, quels peuvent être les thèmes de cette œuvre ? À quel genre littéraire peut-elle appartenir ?

3 Dans le chapeau : de quel « événement » est-il question ? Comment est-il perçu par la société ? Selon vous, quel peut être l'état d'esprit de la jeune femme avant de retrouver sa famille ?

Exploration

1 Lisez les deux premières phrases. De quel personnage est-il question en premier ? Quelle est sa réaction en voyant la nouvelle coiffure de C. Cormery ? Le mot « surprise » a-t-il le même sens ici que dans le chapeau ? Argumentez votre réponse.

2 Soulignez et analysez les mots et les formes verbales qui développent la réaction de la grand-mère. Quel mot est rejeté à la fin de la première phrase ? Quel est l'effet produit par ce rejet ? Qui assiste à la scène ?

3 Comparez la longueur des deux phrases et dites quelle est l'intention de l'auteur ? (Chute, narration...) Lisez la dernière phrase du texte : quel comportement adopte la grand-mère ?

4 Lisez le texte. Quels personnages restent en présence ? Quelle est leur réaction commune ? Est-ce pour les mêmes raisons ? Justifiez votre réponse.

5 Soulignez « Catherine Cormery » ainsi que les pronoms personnels sujets qui se rapportent à ce personnage. Faites la même chose avec « Jacques ». Comment la narration s'organise-t-elle ?

6 Par quelle expression (phrase 4) et quel adjectif (phrase 6) l'auteur traduit-il l'attitude de Jacques ? Comment l'enfant exprime-t-il son amour ? (Retrouvez les gestes, les paroles et le mouvement qui montre l'obéissance et le respect). Quels sentiments éprouve-t-il ?

7 Pourquoi y a-t-il un astérisque (*) ? Comment expliquez-vous sa présence ? Quelles différences faites-vous entre les deux expressions ?

8 « (...) toute la misère et la lassitude du monde (...) peintes sur son visage. » Comment ces idées sont-elles reprises et développées dans la suite du texte ? Que représente le lit pour la jeune femme ? Quelles réflexions vous inspire cette réalité ? Comment imaginez-vous la vie de Catherine ?

Art

Yasmina Reza

Auteure de pièces de théâtre, de romans, de scénarios, actrice, elle est actuellement une créatrice très célèbre dont les œuvres sont traduites dans le monde entier.

Elle est née à Paris vers 1960 dans une famille aisée, artiste et ouverte sur les autres. Son père, mi-russe, mi-iranien, est homme d'affaires et sa mère, hongroise, est violoncelliste.

À 16 ans, Yasmina Reza est reçue au Baccalauréat puis fait des études de sociologie et de théâtre. En 1987, la pièce de théâtre *Conversations après un enterrement* est jouée à Paris puis « *Art* » en 1994 connaît un succès mondial. L'œuvre, traduite en 35 langues, reçoit le prix Molière du meilleur spectacle en France et le prestigieux *Tony Award* à New York. Elle écrit ensuite deux romans : *Une désolation* (1999) et *Adam Hadeberg* (2003), une pièce de théâtre : *L'homme du hasard* (1995), le scénario du film *Le pique-nique de Lulu Kreutz*, (2000).

Avec les mots du quotidien, Y. Reza parle de la solitude, de la fragilité et des contradictions des êtres humains.

Marc, Serge et Yvan sont des amis. Serge a acheté un tableau du peintre Antrios, pour environ trente mille euro, que Marc trouve tout blanc. Pour Serge, « l'Antrios n'est pas blanc. »

MARC. Tu trouves que ce tableau n'est pas blanc, Yvan ?

YVAN. Pas tout à fait, non…

MARC. Ah bon. Et tu vois quoi comme couleurs ?…

YVAN. Je vois des couleurs… Je vois du jaune, du gris, des lignes un peu ocre…

MARC. Et tu es ému par ces couleurs.

YVAN. Oui… je suis ému par ces couleurs.

MARC. Yvan, tu n'as pas de consistance. Tu es un être hybride et flasque.

SERGE. Pourquoi tu es agressif avec Yvan comme ça ?

MARC. Parce que c'est un petit courtisan, servile, bluffé par le fric, bluffé par ce qu'il croit être la culture, culture que je vomis définitivement d'ailleurs.

Un petit silence.

SERGE. …Qu'est-ce qui te prend ?

MARC (*à Yvan*) Comment peux-tu, Yvan ? … Devant moi. Devant moi, Yvan.

YVAN. Devant toi, quoi ?… Devant toi, quoi ?… Ces couleurs me touchent. Oui. Ne t'en déplaise. Et cesse de vouloir tout régenter.

MARC. Comment peux-tu dire, devant moi, que ces couleurs te touchent ?…

YVAN. Parce que c'est la vérité.

MARC. La vérité ? Ces couleurs te touchent ?

YVAN. Oui. Ces couleurs me touchent.

MARC. Ces couleurs te touchent, Yvan ? !

SERGE. Ces couleurs le touchent ! Il a le droit !

MARC. Non, il n'a pas le droit.

Yasmina Reza, « Art », (1994), Paris, © Albin Michel, 1998.

Pour mieux comprendre

Ocre: de la couleur de la terre (un peu jaune).

Une consistance: une épaisseur, de la force, un fondement.

Hybride: qui n'est pas pur; qui est issu de plusieurs mélanges.

Flasque: mou; qui n'est pas ferme, qui n'est pas dur.

Un courtisan: une personne qui cherche à plaire aux gens puissants en leur disant des paroles gentilles, flatteuses.

Servile: qui est soumis, bas.

Bluffé(e): être trompé, « se faire avoir ».

Vomir: 1) rejeter par la bouche ce qui a été mangé, avalé. 2) mépriser.

Ne t'en déplaise: même si cela ne te plaît pas.

Régenter: diriger avec autorité.

Découverte

1 À quel genre littéraire ce texte appartient-il ? Qui sont les personnages ?

2 Quel est le titre de l'œuvre et qu'évoque-t-il pour vous ? Que signifient les guillemets ?

3 Lisez le chapeau. Présentez les personnages. Qu'a fait l'un d'eux ? Combien a-t-il dépensé d'argent ? Que représente cette somme pour vous ?

Exploration

1 Lisez le texte. Dans sa première intervention, à qui s'adresse Marc ? Pourquoi pose-t-il cette question ?

2 Que répond Yvan ? (réplique 2/4). Quelle description donne-t-il du tableau par rapport à Marc ? Que signifient les points de suspension ?

3 Que ressent Yvan devant ce tableau ? Recherchez dans la suite du texte un verbe qui a le même sens.

4 Comment réagit Marc à l'affirmation d'Yvan ? (réplique 7). Relevez les mots qui qualifient Yvan et donnez leur sens. Comment expliquez-vous l'attitude Marc ? Quel mot Serge utilise-t-il pour caractériser Marc ? Êtes-vous d'accord avec lui ? Dites pourquoi.

5 Comment Marc justifie-t-il son attitude ? (réplique 9). Commentez le vocabulaire employé. De quel type de culture parle-t-il et qu'en pense-t-il ? (Pensez au tableau). En fait, qui veut-il atteindre ?

6 Qu'indique la didascalie ? Relisez la seconde partie. Qu'est-ce que Marc ne supporte pas chez Yvan ? Quel reproche Yvan lui fait-il ? Qu'est-ce que cela indique de leur relation ?

7 « Ces couleurs le touchent ! Il a le droit ! » : de qui Serge prend-il la défense ? À votre avis, pourquoi ? Dans la suite de la pièce, Marc dit à Yvan : « Il n'y a pas de couleurs. Tu ne les vois pas. ». Comment comprenez-vous alors la dernière réplique du passage ?

8 Que pensez-vous de ce dialogue ? Quelle est l'intention de Yasmina Reza ? Jouez cette scène (N'oubliez pas le tableau !).

Lady Sterne
au Grand Sud

Boris Gamaleya

Son œuvre poétique est l'une des plus importantes de la littérature francophone contemporaine.

Il est né à Saint-Louis de la Réunion en 1930, d'une mère réunionnaise et d'un père russe ayant fui la révolution bolchevique. Il devient professeur d'histoire. Dix ans d'exil en banlieue parisienne sanctionnent ses activités politiques. Il publie son premier recueil de poésie, *Vali pour une reine morte* en 1973 puis *Bardzour Maskarin*, contes populaires créoles (1974), *La mer et la mémoire – Les langues du magma* (1978). Militant pendant longtemps au Parti communiste, il s'en éloigne en 1980 et se consacre à l'écriture.

Sa poésie chante les beautés de La Réunion, le combat des hommes pour leur dignité, l'amour qui palpite, même au cœur du malheur, dans un français qui accueille la pluralité linguistique de l'île : *Le Volcan à l'envers* (1983), *Piton la nuit* (1992). Plus poème que roman, « roème », *L'Île du Tsarévitch* (1997) est un hymne à la mémoire du père, disparu en 1932. Sa dernière œuvre, *L'Arche du Comte Orphée,* paraît en 2004. La même année, un colloque international lui a été consacré par l'Université de Nice.

J
e ferai de l'oiseau une brèche du vent
mais à cause de toi
juste une aile des lettres de cette île
redouble
   et réveille la voie
trouble ma vue
   inverse

      *

Absence
   à tour de bras
ton image tourne ses tapapapages…

      *

Absence
de ta couche d'ylang – où te bordait le poète –
tes flancs se sont retirés…

Boris Gamaleya, *Lady Sterne au Grand Sud*, Azalées Éditions, Libertali Térature, Saint-Denis de La Réunion, 1995.

Pour mieux comprendre

Une sterne : un petit oiseau des mers, appelé *hirondelle des mers.*

Une brèche : 1) une ouverture ; 2) une coupure, une blessure ; 3) une perte.

La voie : 1) le chemin, la direction ; 2) le chemin de l'existence et/ou de la création poétique.

Troubler : 1) ne pas bien voir ; 2) émouvoir, bouleverser (quand on tombe amoureux) ; 3) inquiéter.

Inverse : 1) en sens contraire, à l'opposé ; 2) verbe *inverser :* renverser, changer totalement le sens, la position…

À tour de bras : 1) le bras tourne sur lui-même pour prendre de la vitesse, de la force ; 2) avec force, acharnement ; 3) de manière systématique.

Une couche : 1) une épaisseur ; 2) un lit.

Ylang : ylang-ylang : une plante qui donne un parfum sucré et très sensuel.

Border : 1) s'étendre le long de quelqu'un ; 2) replier le bord d'un lit pour que le sommeil soit doux et confortable (pour un enfant, la personne que l'on aime…).

Un flanc : un côté du corps.

Découverte

1 Lisez la biographie de B. Gamaleya. Où est-il né ? Cherchez où se trouve ce lieu.

2 De quelle œuvre ce poème est-il extrait ? De qui est-il question ? Pour B. Gamaleya, « le Sud est beauté-joie-blessure-amour et lumière. » Comment comprenez-vous ce titre ?

3 Regardez le poème sans le lire. Comment se présente-t-il ?

4 Repérez les mots qui portent une majuscule. Qui est présent dans le poème ? Quel est l'écho opposé (inverse) à cette présence ? À votre avis, quel peut être le thème de ce poème ?

5 Lisez le texte. Que comprenez-vous ? Que ressentez-vous ?

Exploration

1 Le premier vers : qui parle ? Repérez le verbe : quelle est la valeur du temps utilisé ? Quelle intention est énoncée ? (Quelle transformation aura lieu ?). Quel est le pouvoir du poète ?

....

2 Premier mot du vers 2 : que signifie-t-il ? Quel pronom apparaît ? À qui renvoie-t-il ?

....

3 Vers 3 : B. Gamaleya joue avec le sens des mots : l'oiseau a deux ailes, mais le mot peut aussi signifier le dessin d'une lettre. Les « lettres » peuvent être celles de l'alphabet et/ou désigner la création littéraire. À quoi le poète relie-t-il « toi » ? Soulignez et prononcez les sons et les lettres qui se répètent. Quelle est la musicalité de ce vers ?

....

4 Vers 4-7 : relevez les verbes : quel est leur sujet grammatical ? Quel est leur véritable sujet ? Que signifient-ils ? Quelles transformations apportent-ils ?

....

5 Strophes 2 et 3 : de quelle « absence » parle le poète ? Comment est-elle évoquée ?

....

6 Strophe 2 : de quelle manière se produit l'« absence » ? Retrouvez les mots que vous connaissez dans « tapapapages » créé par le poète. À quelles réalités renvoie ce mot ? Quels sons et lettres se répètent dans ce vers ? Quels bruits évoquent-ils ? Quelles images de « toi » sont ainsi créées ?

....

7 Strophe 3 : quelle rupture le mot « flancs » produit-il avec ce qui précède ? À qui fait-il référence ? Qu'est-ce qui peut sembler « étrange » dans l'emploi du verbe du dernier vers ?

....

8 Quel vers évoque la relation du poète avec cette femme ? Quelles images voyez-vous ? Quelles senteurs respirez-vous ?

....

9 Sait-on, à la fin du poème, qui est « toi » ? Comment le poète crée-t-il cette incertitude de sens ?

....

Cannibale

Didier Daeninckx

est né en 1949, à Saint-Denis, dans la région parisienne. Ses parents sont ouvriers et militent contre la politique coloniale française. À 16 ans, il est renvoyé du lycée et devient imprimeur, animateur culturel, journaliste pour une publication locale. Son premier roman policier, *Meurtres pour mémoire*, paraît en 1984, suivi d'une trentaine d'autres, traduits dans 20 langues. Son œuvre est multiforme : nouvelles, bandes dessinées, essais, œuvres pour la jeunesse, scénarios. Certaines de ses intrigues sont ancrées dans la réalité sociale contemporaine, du côté des marginaux, des exclus, d'autres s'appuient sur des événements cachés ou oubliés de l'histoire, *Le der des ders* (1984), *Les Figurants* (1995), *Retour d'Ataï* (2002) ou *Cannibale*, racontant comment 111 Kanaks furent exhibés dans un enclos portant l'indication : « Hommes anthropophages » lors de l'Exposition coloniale de 1931. Il a reçu de nombreux prix, dont le Goncourt du livre de jeunesse et le Prix Paul Féval de littérature populaire pour l'ensemble de son œuvre en 1994.

Le 1er mai 1931, veille de l'inauguration de l'Exposition coloniale par le Président de la République Gaston Doumergue et par le maréchal Lyautey l'adjoint Grimaut annonce une catastrophe au haut-commissaire.

– Morts ! Tous morts ! C'est une plaisanterie... Qu'est-ce qu'on leur a donné à manger ? De la choucroute, du cassoulet ? Vous vous rendez compte de la situation, Grimaut ? Il nous a fallu trois mois pour les faire venir des Caraïbes... Trois mois ! Qu'est-ce que je vais raconter au président et au maréchal, demain, devant le marigot désert ? Qu'on cultive des nénuphars ? Ils vont les chercher, leurs crocodiles, et il faudra bien trouver une solution... J'espère que vous avez commencé à y réfléchir...

L'adjoint a sorti un mouchoir de sa poche. Il se tamponne le front.

– Tout devrait rentrer dans l'ordre au cours des prochaines heures, monsieur le haut-commissaire... J'aurai une centaine de bêtes en remplacement, pour la cérémonie d'ouverture. Des crocodiles, des caïmans, des alligators... Ils arrivent à la gare de l'Est, par le train de nuit...

– Gare de l'Est ! Et ils viennent d'où ?

Grimaut esquisse un sourire.

– D'Allemagne...

– Des sauriens teutons ! On aura tout vu... Et vous les avez attrapés comment, vos crocodiles, Grimaut, si ça n'est pas indiscret ?

L'adjoint se balance d'un pied sur l'autre.

– Au téléphone, tout simplement. Ils viennent de la ménagerie du cirque Höffner, de Francfort-sur-le-Main. C'était leur attraction principale, depuis deux ans, mais les gens se sont lassés. Ils cherchaient à les remplacer pour renouveler l'intérêt du public, et ma proposition ne pouvait pas mieux tomber...

Albert Pontevigne fronce les sourcils.

– Une proposition ? J'ai bien entendu... J'espère que vous ne vous êtes pas trop engagé, Grimaut.

– Je ne pense pas... En échange, je leur ai promis de leur prêter une trentaine de Canaques. Ils nous les rendront en septembre, à la fin de leur tournée.

Didier Daeninckx, *Cannibale*, Paris, Verdier, 1998.

Pour mieux comprendre

La choucroute : un plat composé de choux et de charcuterie.

Le cassoulet : un plat composé de haricots blancs et de morceaux de viande.

Un marigot : un endroit où il y a de l'eau stagnante ; une mare.

Un nénuphar : une plante à feuilles rondes et à fleur qui pousse sur l'eau.

Le haut-commissaire : le représentant de l'État, qui dirige l'Exposition coloniale.

Les sauriens : les serpents, les crocodiles, les caïmans, les alligators...

Teuton : (péjoratif) Allemand.

S'engager : faire une promesse qu'il faudra respecter.

Les Canaques : les Kanaks, le peuple autochtone de la Nouvelle-Calédonie, île de l'Océan Pacifique rattachée à la France.

Cannibale : anthropophage. Sauvage.

Découverte

1 De quel livre ce passage est-il extrait ? Faites des hypothèses sur le contenu de l'œuvre.

2 Lisez le chapeau. Relevez la date, les personnages historiques, l'événement dont il est question. Comment imaginez-vous cet événement ? Faites une recherche historique sur l'Empire colonial français à cette époque.

3 Lisez le texte, *sauf le dernier paragraphe*. Quelle « catastrophe » Grimaut a-t-il annoncée ?

4 Repérez les personnages. Lequel est le « chef » ? Attribuez chaque réplique à chaque personnage.

Exploration

1 La première réplique : comment sont traduits l'étonnement, puis l'agacement et enfin l'inquiétude du haut-commissaire ? Qu'est-ce qui vous semble drôle dans ses paroles ? À votre avis, sur quel ton parle-t-il ?

....

2 Soulignez les passages narratifs qui concernent Grimaut. Que fait-il ? Qu'indique son comportement ? Dans tout le texte, comment s'expriment les différences hiérarchiques lorsque les deux hommes se nomment ?

....

3 Quelle solution Grimaut a-t-il trouvée pour que tout rentre « dans l'ordre » ? Dans sa première réplique, analysez comment les temps verbaux montrent qu'il passe de l'incertitude à la certitude. Lisez la suite jusqu'à « tout simplement ». Qu'est-ce qui devient « surréaliste » et comique à partir du moment où il est dans la certitude ?

....

4 « Des sauriens teutons ! » : que signifie cette expression ? Qu'est-ce qui est à la fois drôle et méprisant dans cette exclamation ?

....

5 Qu'est-ce qui a permis à Grimaut de trouver la solution ? Comment qualifiez-vous cette réalité ? À votre avis, qu'est-ce qui peut inquiéter le haut-commissaire dans les paroles de son adjoint ?

....

6 Lisez le dernier paragraphe. Quelle est *réellement* la solution trouvée par Grimaut ? Habituellement, que « prête »-t-on et que « rend »-on ? Ici, que « prête »-t-on et que « rend »-on ? Quelles sont vos réactions face à la solution trouvée, qui est un fait historique caché et oublié ?

....

7 Les Surréalistes se sont opposés à l'entreprise coloniale française. En mai 1931, ils distribuaient un tract : *Ne visitez pas l'Exposition coloniale*. À votre tour, rédigez un texte argumenté incitant les gens à ne pas visiter l'exposition.

....

L'éternité
n'est pas de trop

François Cheng

(Chine, province
de Shandong, 1929)
François Cheng est issu
d'une famille d'intellectuels :
ses parents ont fait partie
des premiers étudiants
boursiers envoyés aux États-
Unis. Son père participe,
dès 1948, à la fondation
de l'UNESCO, ce qui permet
à F. Cheng de venir en France.
Ses premières années dans
ce pays sont marquées par
la solitude et la souffrance.
En 1960, il obtient un poste
au Centre de linguistique
chinoise, à Paris. Il traduit
les grands poètes : *Henri
Michaux, sa vie, son œuvre*
(1984). À partir de 1969, il est
chargé de cours à l'université
de Paris VII et mène en parallèle
son travail de recherches
et sa création littéraire. Il est
naturalisé français en 1971 et
enseigne à l'Institut national
des langues et civilisations
orientales à partir de 1973.
Son œuvre de poète, philosophe,
calligraphe a été récompensée
par le Grand Prix de la
Francophonie de l'Académie
française : *L'écriture poétique
chinoise ; Vide et plein :
le langage pictural chinois ;
Sept poètes français ; Le Dit
de Tianyi* (Prix Femina, 1998),
Le Dialogue. Il est reçu
à l'Académie française
en juin 2003.

En Chine, au XVIIe siècle, Dao-sheng, médecin itinérant, revient après trente ans d'absence. Il revoit la femme qu'il a toujours aimée mais qu'il n'a jamais pu approcher. C'est la pleine lune, symbole du bonheur des retrouvailles.

Aussi étonnant que cela puisse leur paraître, les deux amants n'ont jamais pu se regarder, sinon furtivement, ou à distance. Vraiment regarder, sans hâte, sans crainte, sans retenue aucune, de près, de tout cœur, caresser longuement l'effluve de l'âme qui affleure par les yeux, caresser la plus grande énigme qu'est un visage. C'est bien par le visage qu'on reconnaît et aime l'autre, n'est-ce pas ? Ce visage dont on a rêvé durant une longue vie, enfin livré, rendu plus poignant, et comme épuré, par la clarté nocturne.

Épuré, le visage de Dao-sheng l'est. On n'y voit plus cet air un peu guindé, mélange de complaisance et de suffisance ; disparue aussi une certaine faconde que nécessitait son métier. Seul persiste, au travers des traits burinés, l'ardeur tendue vers la femme aimée, en toute sa vérité.

Le visage de Lan-ying, lui, allégé de mélancolie, n'est que simplicité lumineuse. Quelques rides apparues, assorties d'un soupçon de cheveux d'argent, loin de le déparer, soulignent, de manière bien plus émouvante, les signes d'un rêve intact. L'ensemble de traits distinctifs, les sourcils, les yeux, les lèvres, que couronne le galbe ovale, se transfigure d'un coup en un trésor unique, astre parmi les astres. Nullement lointain, perdu, mais à portée du corps, de l'âme. À un moment, le regard ébloui, on ne voit plus rien. L'instant magique, chez les humains, se traduit alors par deux perles suspendues qui brillent sur fond de satin bleu, un halo de mystère.

François Cheng, *L'éternité n'est pas de trop*, Paris, © Albin Michel, 2002.

Pour mieux comprendre

Furtivement : avec discrétion, en cachette.
Une hâte : la rapidité ; faire vite.
L'effluve : l'émanation, le souffle.
Poignant(e) : bouleversant.
Épuré(e) : qui est plus pur, qui a perdu ce qui n'était pas important.
Guindé(e) : qui n'est pas naturel ; qui s'efforce de plaire.
La complaisance : une action faite pour plaire à quelqu'un.

La suffisance : l'orgueil ; le fait d'être content de soi.
Une faconde : le fait de parler avec facilité.
Une ardeur : l'amour, la passion.
Les traits burinés : les lignes du visage sont très marquées.
Un soupçon de : très peu de.
Loin de : au contraire de.
Déparer : le visage est aussi beau qu'avant.
Le galbe ovale : le contour du visage, de forme arrondie.

Découverte

1 Lisez le chapeau (les informations avant le texte). Où et quand se déroule l'histoire racontée ? Faites une recherche sur cette période de l'histoire chinoise.

2 Repérez le nom d'un personnage : que sait-on de lui ? Faites des hypothèses sur ce qui a pu lui arriver pendant ces trente ans d'absence. Relevez ce que symbolise la lune. À votre avis, que va-t-il se passer ?

3 Lisez la première phrase des paragraphes 2 et 3 et retrouvez les noms des personnages. Quel mot indique leur relation dans la première phrase du paragraphe 1 ? Que signifie ce mot en général ? Quel sens particulier a-t-il dans le texte ?

4 Lisez le texte. De quoi s'agit-il ? À votre avis, en tenant compte du temps qui a passé, quel est l'âge approximatif des deux personnages ?

Exploration

1 Quel nom est répété dans le premier paragraphe ? Que symbolise-t-il ? Relevez les groupes de mots accompagnant ce mot. Quels différents sens le narrateur/personnage lui accorde-t-il ?

2 Les « amants » se connaissent-ils vraiment ? Qu'est-ce qui leur a été impossible de faire ? De quelle façon l'ont-ils fait ? Imaginez ce qui a pu se passer pour eux durant leur jeunesse.

3 Que signifie « vraiment » regarder un visage ? Quel verbe signifie plus que « regarder » ? Qu'est-ce que cet acte permet de saisir ? Sommes-nous encore dans le monde concret ?

4 À l'instant de la rencontre, le visage de Lan-ying est-il le même que celui dont Dao-sheng a rêvé ? À quel moment de la journée renvoie « la clarté nocturne » ? Cette figure de style s'appelle un oxymore. Comment est-elle constituée ? Que permet-elle d'exprimer ?

5 Paragraphe 2 : comment est le visage de Dao-sheng ? Comment était-il avant ? Quel sentiment demeure ? Qu'est-ce qui domine dans le visage de cet homme ?

6 « Le visage de Lan-ying (...) lumineuse » : qu'est-ce qui caractérise le visage de la femme ? Comment l'imaginez-vous ?

7 Dans la suite du texte relevez les éléments de la description du visage féminin. Quels choix stylistiques (métaphore, lexique...) l'auteur fait-il pour décrire ce visage ? Comparez-le avec celui de l'homme : quelles remarques faites-vous ?

8 À votre avis, par quoi le regard est-il « ébloui » ? Que se passe-t-il alors ? Partagez-vous cette affirmation ? Dites pourquoi. Comment comprenez-vous le titre général ?

La Reine
du silence

Marie Nimier dit qu'elle aurait pu écrire un livre sur les conditions de la mort de son père et que ce livre lui aurait sans doute assuré la célébrité.

[...] Il y a vingt ans, je n'ai pas écrit ce livre. Et je ne l'écrirai pas. Ou, si je l'écrivais, je le commencerais autrement.

Je dirais : je suis la fille d'un enfant triste. Ou, pour reprendre la traduction du titre anglais : d'un enfant des circonstances. Mon père était écrivain. Il est l'auteur du *Hussard bleu*, qui le rendit célèbre à 25 ans. Pour ceux qui n'ont jamais entendu parler de lui, je recopierais la présentation du livre de poche en l'assaisonnant à ma façon. La vie et l'œuvre de Roger Nimier (1925-1962) sont marquées par une prédestination à l'ellipse et au raccourci : d'origine bretonne, il naît et vit à Paris, fait de brillantes études, s'engage en 1944 dans le 2e régiment de hussards, entre en littérature et meurt dans un accident d'automobile. Et l'urgence de ce destin éclair semble avoir forcé l'un des écrivains les plus doués de sa génération à publier une série de romans frappés de ce même caractère insolent. Royaliste version d'Artagnan, d'une culture immense, il prend à rebours ce qu'il considère comme le prêt-à-penser de son époque, cette intelligentsia de gauche à laquelle s'opposeront ceux que l'on surnommera les Hussards, fiction réunissant autour de Roger Nimier des écrivains comme Antoine Blondin, Jacques Laurent ou Michel Déon. Le hussard étant, je cite, « un militaire du genre rêveur qui prend la vie par la douceur et les femmes par la violence ».

Ou encore : « Un garçon avec une voiture ».

Marie Nimier, *La Reine du silence*, Paris, © Gallimard, 2004.

Pour mieux comprendre

Roger Nimier : il fait partie d'un groupe d'écrivains des années 1950, les Hussards (avec **Blondin**, 1922-1991 ; **Laurent**, 1919-2000, **Déon**, né en 1919) hostile à la littérature engagée de gauche, contre l'existentialisme de Sartre. Nimier a écrit très jeune : *Les Épées, Les enfants tristes* (1951). Après sa mort, paraissent *D'Artagnan amoureux, Journées de lecture, L'Étrangère, L'Élève d'Arioste.*

Des circonstances : en fonction de la situation du moment ; par accident.

Assaisonner : arranger à sa manière.

Une prédestination : le destin.

Une ellipse, un raccourci : ne pas tout dire ; aller à l'essentiel (rapidité).

Un régiment : une troupe d'hommes.

Un hussard : 1) un cavalier de l'armée hongroise. 2) un soldat de la cavalerie légère (il est à cheval).

Insolent : orgueilleux, irrespectueux.

Un royaliste : un partisan du roi. D'Artagnan était un serviteur exemplaire des rois Louis XIII et Louis XIV. C'est le héros des *Trois Mousquetaires* d'Alexandre Dumas.

À rebours : en sens contraire (inverse).

Marie Nimier

est née à Paris en 1957. Son père meurt quand elle a 5 ans. Jeune étudiante militante gauchiste, elle voulait être comédienne. Elle chante, pour gagner sa vie, au sein des Jeunesses musicales de France. N'obtenant pas de succès, elle abandonne son rêve et se découvre une passion pour l'écriture. À 28 ans, elle publie *Sirène*, roman consacré au récit d'une jeune femme suicidaire. Dans *La Reine du silence* (Prix Médicis, 2004), l'auteure tente de se souvenir de ses rapports, souvent difficiles et douloureux, avec un père mort trop tôt et qu'elle a peu connu : Roger Nimier, qui appartenait au groupe des « Hussards », se revendiquait d'une pensée de droite. Elle a écrit de nombreux romans : *La Girafe, Anatomie d'un cœur, L'Hypnotisme à la portée de tous, La Caresse, Celui qui courait derrière l'oiseau, Domino, La Nouvelle pornographie.*

Découverte

1 Lisez le titre de l'œuvre en bas à droite. À quoi l'associez-vous ?

2 Retrouvez dans le texte un nom identique à celui de l'auteure de ce livre. À votre avis, qui est cette personne pour l'auteure ?

3 Lisez le chapeau et le premier paragraphe. Vérifiez vos hypothèses de la question 2. Qu'aurait pu faire la narratrice ? L'a-t-elle fait ? Quelle hypothèse envisage-t-elle ? Comment l'expliquez-vous ?

Exploration

1 Quels sont les deux mots qui débutent le second paragraphe ? Quel est le mode utilisé ? Qu'exprime-t-il ?

....

2 Lisez le texte. Soulignez les deux premières phrases du paragraphe 2. Comment Marie Nimier se définit-elle ? Quelle image retient-elle du père ? À quel roman renvoie cette image ?

....

3 Repérez le passage : « La vie et l'œuvre (...) automobile. » Établissez une fiche d'identité du père (activité, origine...) et complétez-la avec « Pour mieux comprendre ».

....

4 M. Nimier cite deux définitions du *hussard*. Retrouvez-les et comparez-les avec les définitions de « Pour mieux comprendre ». Que constatez-vous ? Quelles figures du père nous sont présentées par l'auteure ?

....

5 Quelle(s) démarche(s) M. Nimier entreprend-elle pour présenter le père ? Que signifie « une prédestination à l'ellipse et au raccourci » ? Retrouvez une autre expression qui a à peu près le même sens. Analysez le vocabulaire utilisé : sur quoi M. Nimier insiste-t-elle ?

....

6 « ...d'origine (...) automobile. » : analysez la façon dont cette phrase est construite (fréquence du pronom, ponctuation...). Quel est l'effet produit ?

....

7 « ... série de romans frappés de ce même caractère insolent » : quel genre de romans Roger Nimier a-t-il pu écrire ? À l'époque, à qui s'opposait-il et pourquoi ? (Regardez aussi « Pour mieux comprendre »). Comment imaginez-vous cet homme ?

....

8 M. Nimier écrit plus loin qu'elle était pour son père la « Reine du silence », « une reine à qui on va couper la tête » (Marie-Antoinette, reine de France, condamnée à mort en 1793). Comment cet homme considérait-il sa fille ? Selon vous, quel peut être le projet d'écriture de Marie Nimier ?

....

Le Marteau pique-cœur

Azouz Begag

est né en 1957 à Villeurbanne, dans la banlieue de Lyon. Fils d'immigrés algériens arrivés en France en 1947, il passe son enfance dans un bidonville. Après des études universitaires, il devient chercheur au CNRS (Centre National de Recherche Scientifique) et à la Maison des Sciences Sociales de Lyon. Également écrivain, il fonde les Clubs Convergences pour faire connaître les réussites des immigrés. Il se rend dans les écoles pour animer des ateliers d'écriture.

Les héros de ses livres sont des enfants issus de l'immigration qui vivent les difficultés de l'intégration à la société française : *Le gone du Chaâba* (Prix Sorcières en 1987), *Béni ou le paradis perdu*, *Les Voleurs d'écriture*, *La Force du berger* (Prix européen de la littérature enfantine en 1992), *L'Ilet-aux-Vents*, *Mona et le bateau-livre*. Dans ses romans, A. Begag parle avec tendresse et humour d'un milieu qui lui est familier et oblige le lecteur à abandonner ses stéréotypes. *Le Marteau pique-cœur* est un hommage au père, mort en France et inhumé en Algérie, ultime retour de beaucoup de travailleurs immigrés.

Le père d'Azouz Begag vient de mourir dans un hôpital de Lyon. Son fils, le narrateur, s'abandonne à quelques réflexions intérieures.

Je n'avais plus d'air à respirer dans cette foule compacte. C'était toujours le cas quand les smalas des divers douars se réunissaient pour un rendez-vous important. L'individu manquait d'air. D'ailleurs, dans la tribu, le mot « individu » n'existait pas, seule la *communauté* avait un sens, on ne disait pas « je » mais « nous ». *Nous* participait en nombre aux mariages, décès, naissances qui se produisaient dans le groupe. Par exemple, lorsque *Je* recevait un carton d'invitation nominatif à une fête célébrant un mariage, c'est *Nous* qui répondait présent et se pointait dans une Peugeot familiale bourrée à ras bord, déversant ses quatre, cinq, parfois dix personnes[1], posant du coup d'ingérables problèmes logistiques. D'autres cas encore plus éclatants survenaient : quand *Je*, par exemple, accouchait d'une petite fille à l'hôpital, c'est *Nous* qui, par grappes de six ou huit personnes, allait, les mains pleines de cadeaux, de makroutes, d'énormes bouquets de fleurs, rendre visite trois jours durant à l'heureuse maman, complètement épuisée dans la minuscule chambre mais contrainte de montrer sourire blanc, provoquant la colère de la voisine de chambre qui voudrait bien pouvoir respirer elle aussi si ça ne dérange personne, et celle de l'infirmière qui ne peut pas accéder au lit de la maman pour changer les draps et qui supplie les visiteurs d'espacer les visites. Hou là là, que n'a-t-elle pas dit, celle-là ! Mais de quoi se mêle-t-elle ? Ça te regarde pas si on est nombreux ou pas ! C'est pas toi qui as accouché, non ! Une des visiteuses, genre pétroleuse, retrousse ses manches et se rebiffe fièrement, traite la Blanche de raciste et l'affaire s'envenime.

1. Trois devant, trois derrière, trois sur les sièges pliants, plus un dans le coffre.

Azouz Begag, *Le Marteau pique-cœur*, Paris, © Seuil, 2004, coll. *Points*, 2005.

Pour mieux comprendre

Une smala : mot arabe. 1) l'ensemble des tentes qui abritent la famille et l'entourage d'un chef arabe ; 2) la famille et toutes les personnes qui vivent aux côtés de quelqu'un : une **tribu**.

Un douar : mot arabe. 1) sens de « smala ». 2) un découpage administratif de la campagne algérienne.

Se pointer : arriver (mot familier).

Une Peugeot : une automobile qu'achetaient beaucoup de travailleurs immigrés parce qu'elle était grande et pas chère.

Bourré(e) à ras bord : totalement rempli(e), qui déborde.

Ingérable : très difficile à maîtriser, à organiser.

Une grappe : un groupe de personnes qui sont serrées les unes contre les autres, agglutinées.

Les makroutes : gâteaux arabes.

Contraint(e) de : obligé(e) de.

Une pétroleuse : une femme qui manifeste violemment ses opinions.

Se rebiffer : se révolter.

S'envenimer : devenir plus grave, plus violent.

Découverte

1 Le père d'A. Begag était un ouvrier des Travaux publics. Il refaisait les routes et utilisait un instrument bruyant, lourd et dangereux pour creuser : un marteau-piqueur. Comment comprenez-vous le jeu de mots dans le titre du livre ?

2 Lisez le chapeau : quelle ville est citée ? Qui était cet homme ? (Reportez-vous à la biographie).

3 Lisez le passage. Qui parle ? Quel type de texte vous est proposé ? Dites ce que vous comprenez.

4 La première phrase : dans quelle situation se trouve le narrateur ? Par quel mot « foule » est-il caractérisé ? Trouvez quelques synonymes de ce mot.

Exploration

1 Lisez de : « C'était… » jusqu'à «…mais 'nous'. » Relevez les noms qui signifient « groupe ». Quelle est l'origine de certains d'entre eux ? Pourquoi l'un de ces mots est-il mis en italique ? Dans ce contexte, quelle est la situation de l'« individu » ?

....

2 Dans la suite du texte, repérez les mots en italique et les verbes qui les accompagnent. Habituellement, à quelle catégorie grammaticale appartiennent ces mots ? Dans l'écriture d'A. Begag, que deviennent-ils ? Qu'est-ce que l'auteur veut nous faire comprendre ?

....

3 Dans l'épisode du mariage, qui reçoit une invitation personnelle, qui répond et comment ? Qu'est-ce qui vous fait rire dans ce passage ? Sur quoi l'humour repose-t-il ? (N'oubliez pas la note de bas de texte). Comment analysez-vous la chute de l'anecdote ? Est-elle seulement drôle ?

....

4 Dans le passage de l'hôpital, comment le narrateur traduit-il le débordement d'affection provoqué par la naissance de la petite fille ? Dans quel état se trouve « l'heureuse maman » ? Qu'est-elle cependant obligée de faire ? Pourquoi, selon vous ?

....

5 Qui se met en colère face à la présence des « Nous » et pour quelles raisons ? Comment est présentée la réaction de la première personne ? Quel effet le narrateur cherche-t-il à produire ? Par quel verbe la seconde personne demande-t-elle aux « Nous » de changer de comportement ? Ce verbe exprime-t-il l'agressivité, la méchanceté ?

....

6 Quelle est la réaction des « Nous » ? Comment est-elle décrite ? Que veut montrer le narrateur ?

....

7 Dans votre famille, ou dans votre culture, êtes-vous plutôt « Je » ou plutôt « Nous » ? Construisez votre réponse autour d'anecdotes comme le fait A. Begag.

....

L'invitation

Agota Kristof

est née en 1935, à Csikvand, en Hongrie. C'est en 1956, année de l'occupation de son pays par les troupes soviétiques, qu'elle se rend en Suisse romande pour s'y installer définitivement. Elle commence par travailler dans une usine et apprend le français. Dans les années 1970, elle écrit d'abord pour le théâtre, *L'Heure grise*, mais sa véritable vocation est l'écriture romanesque. En 1986, paraît son premier roman *Le grand cahier* (Prix européen de Association des Écrivains de Langue française), premier volet d'une trilogie : *La preuve* (1988), *Le troisième mensonge* (1991, Prix du livre Inter) dont les thèmes essentiels sont l'enfance en temps de guerre, l'exil. *Hier* paraît en 1995. *L'analphabète* (2004) est son premier roman autobiographique. Les récits d'Agota Kristof se focalisent sur l'identité. Son itinéraire est lié à l'histoire de son pays : la violence politique, la guerre, l'errance, l'apprentissage d'une langue qu'elle n'a pas choisie. Style sobre, phrases courtes et simples, mots justes, humour noir se mêlent pour décrire le monde et ses misères.

Vendredi soir, le mari rentre du bureau l'humeur gaie.

– Demain, c'est ton anniversaire, chérie. On va faire une fête, on invite des copains. Ton petit cadeau, je te l'offrirai à la fin du mois, je suis un peu serré en ce moment. Qu'est-ce qui te ferait plaisir ? Une belle montre-bracelet ?

– J'ai déjà une montre, chéri. J'en suis très contente.

– Une robe alors ? Un petit ensemble genre « haute couture » ?

– « Genre » haute couture ! J'ai besoin de pantalons et d'une paire de sandales, c'est tout.

– Comme tu voudras. Je te donnerai l'argent et tu choisiras ce qui te plaît. Mais seulement à la fin du mois. Par contre, la fête, on peut la faire demain, avec un tas de copains.

– Tu sais, dit sa femme, ces fêtes avec un tas de copains, c'est plutôt fatigant pour moi. Je préférerais aller dîner dans un bon restaurant.

– Les restaurants, c'est le coup de fusil, et ce n'est pas sûr que ça sera bon. J'aimerais mieux t'offrir un bon dîner chez nous. Je m'occuperai de tout, des courses, du menu, des invitations. Toi, tu iras chez le coiffeur, tu te feras belle, et tout sera prêt à l'heure. Tu n'auras qu'à t'asseoir à table. Je ferai même le service, ça me fera plaisir, pour une fois.

Et monsieur se met à organiser la fête. Il adore ça. Samedi après-midi, il a congé. Il fait les courses. Vers 5 heures, il rentre, chargé, rayonnant.

– Ça va être formidable, dit-il à sa femme. Tu ferais bien de mettre la table, on gagnerait du temps.

Coiffée de frais, habillée d'une petite robe noire d'il y a une vingtaine d'années, elle prépare la table, parvient à la décorer très joliment.

Son mari surgit :

– Tu aurais dû mettre les flûtes à champagne. Je vais changer ça. En attendant, va faire du feu dans la cheminée, c'est là que je vais griller les côtelettes, une merveille ! Et si tu pouvais venir après pour éplucher les pommes de terre et faire la sauce de salade. Beuh, les salades sont pleines de petites bêtes, des limaces minuscules, ça me dégoûte ! Veux-tu bien les laver ? Tu en as l'habitude, toi.

Pour mieux comprendre

C'est égal : cela revient au même, cela n'a pas d'importance, malgré tout.

Serré(e) : qui n'a pas beaucoup d'argent.

Des sandales : des chaussures d'été, qui laissent voir les orteils.

Un tas de : beaucoup de.

Un coup de fusil : un prix trop élevé, très cher.

Avoir congé : ne pas travailler ; être libre.

Rayonnant(e) : très joyeux (se), plein(e) de lumière.

Les flûtes : un verre long et étroit dans lequel on sert le **champagne**.

Griller : cuire de la viande (des **côtelettes**) sur une grille, au-dessus des **braises**, dans la **cheminée**.

Et, plus tard, installé devant la cheminée :

– Il y aura assez de braises. Pourrais-tu m'apporter un verre de gin avec du… Au fait, avons-nous du citron pour le gin ? Non, moi je n'en ai pas acheté, j'ai cru qu'il y en avait. Tu aurais pu tout de même penser aux apéritifs, moi, je ne peux pas tout faire. Je crois que « Chez Marco », c'est encore ouvert. Prends aussi des amandes et des noisettes. Et des olives !

Un quart d'heure après.

– J'étais sûr que ce serait ouvert. Tu n'as pas encore mis les pommes de terre à cuire ? Moi, je dois surveiller la viande. Oh ! j'allais oublier une chose… J'ai acheté des crevettes pour l'entrée. Fais vite une petite sauce à la crème et au ketchup. Il n'y a pas de ketchup ? Mais il n'y a jamais rien dans cette maison ! Va vite en emprunter à Machin.

Madame va chercher du ketchup chez Machin, un étage plus haut. Machin prête volontiers sa bouteille de ketchup, mais, en prime, il tient absolument à ce qu'on écoute l'évocation de ses misères de la journée, celles de sa vie en général.

En bas, la sonnette retentit, les invités arrivent, madame doit redescendre.

Les copains sont assis autour de la cheminée.

Le mari crie :

– Alors, ces apéritifs, Madeleine ?

Les côtelettes sont enfin cuites. Un peu trop. Mais l'ambiance est bonne. On boit beaucoup. On rit. On rappelle un peu trop souvent l'âge de Madeleine, mais c'est son anniversaire, après tout. Les copains vantent aussi les mérites de l'homme qui a tout fait, tout organisé.

– Un mari en or.

– Vous en avez de la chance. Après quinze ans de mariage.

– Mon vieux ! Il faut le faire !

Vers 3 heures du matin, tout à coup, c'est le silence.

Les copains sont partis, le mari ronfle sur le canapé du salon, épuisé, le pauvre.

Madeleine vide les cendriers, ramasse les bouteilles vides, les verres sales, les morceaux de verre brisé, débarrasse la table.

Avant de se mettre à faire la vaisselle, elle va à la salle de bains, et elle se regarde longuement dans le miroir.

Agota Kristof, *C'est égal*, nouvelles, Paris, © Éditions du Seuil, 2005.

Pour mieux comprendre

Du gin : un alcool.

Un apéritif : un moment avant le repas, où l'on boit et mange des **amandes**, **noisettes**.

Une crevette : un petit crustacé des mers, de couleur rose, souvent pris en début de repas (en **entrée**).

Machin : (familier) se dit quand on ne sait pas le nom d'une personne, quand on l'a oublié ou quand on ne prend pas la peine de dire le nom.

En prime : en plus.

Vanter : faire des compliments publics à quelqu'un, en exagérant.

Ronfler : faire du bruit quand on dort.

Épuisé(e) : très fatigué(e).

ACTIVITÉS

Découverte

1 Quel est le titre de l'œuvre d'où ce texte est extrait ? Que signifie-t-il ? De quel genre littéraire s'agit-il ? Quelle est la particularité de ce genre ?

2 Lisez le titre de ce texte. Qu'évoque-t-il pour vous ? Dites de quoi il va être question.

3 Comment ce texte est-il composé ?

4 Lisez la première phrase. De qui parle-t-on ? Que fait-il et dans quel état d'esprit est-il ? Quel est le moment signalé ? Imaginez maintenant de manière plus précise ce qui va se passer.

5 Première réplique : de quel événement s'agit-il en fait et qui concerne-t-il ? Que symbolise-t-il pour vous ? Qui propose quoi ? Qui est « on » ?

Exploration

– Pour commencer

1 Lisez les quatre premières répliques. Relevez les mots et expressions qui montrent que le mari est attentionné (gentil). Que pensez-vous de la phrase « ...je te l'offrirai (...) du mois » ?

2 Dans les réponses de la femme, que souligne l'adverbe « déjà » ? Quels mots reprend-elle ? Pourquoi l'un d'eux est-il mis entre guillemets ? Qu'exprime le point d'exclamation ? De quoi a-t-elle simplement besoin ? Comment le mari réagit-il ?

3 Dans la suite du texte (jusqu'à « pour une fois. ») : à quoi le mari tient-il absolument et en présence de qui ? Quelle est son intention ?

4 Comment réagit la femme à la proposition du mari ? Pour quelle raison ? Que préférerait-elle ?

5 « Les restaurants, c'est le coup de fusil » : que signifie cette expression ? (Regardez « Pour mieux comprendre »). À quelles phrases précédentes vous fait-elle penser ? Pour un jour aussi important, comment jugez-vous l'attitude de cet homme ?

6 « J'aimerais mieux... » : que propose le mari ? Soulignez tous les verbes et dites à quel temps ils sont (sauf « j'aimerais »). Qu'exprime ce temps ici ? Quel engagement l'homme prend-il ?

7 Comment comprenez-vous la négation restrictive « ne... que » ? Imaginez comment se déroule au quotidien la vie de ce couple.

8 « Et monsieur (...) rayonnant. » : à votre avis, pourquoi l'auteure fait-elle le choix d'écrire « monsieur » ? Comment est composé ce paragraphe ? (Phrase, verbe...). Quel est l'effet produit ?

– Suite et fin

9 Lisez toute la suite de la nouvelle. Quel est le temps dominant dans les parties narratives de l'ensemble du texte ? Quelle est sa valeur ici ?

10 Quelle était la dernière intervention de la femme ? Qui garde la parole ? Qu'est-ce qui est paradoxal dans la réplique 5 du mari ? Dans les deux répliques suivantes, soulignez : « tu aurais dû » et « Pourrais-tu ». Quels sont les modes de ces verbes ? Qu'expriment-ils ici ?

11 Reprenez votre réponse de la question 6 (première partie) : l'homme a-t-il tenu son engagement ? Expliquez pourquoi. Que pensez-vous de son attitude ?

12 « Tu aurais pu tout de même (…) tout faire. » : à quelle phrase précédente cette affirmation s'oppose-t-elle ? Indirectement, que cherche-t-il à faire comprendre à sa femme ?

13 Relisez depuis « Je vais changer ça… » à « Madeleine ? » : de quelle manière le mari s'adresse-t-il à sa femme ? (Observez le mode des verbes, le lexique…) Quelle image, implicitement, l'auteure nous amène-t-elle à construire de cet homme ?

14 Comment le mari nomme-t-il le voisin ? Que signifient cette appellation et sa répétition ? À quelle condition le voisin prête-t-il la sauce ? Avez-vous déjà vécu ce genre de situation ?

15 « En bas (…) redescendre » : comment est construit ce paragraphe ? Quel est l'effet produit ? Dans ce paragraphe et le précédent, pourquoi l'auteure fait-elle le choix d'écrire « Madame » ?

16 « Les côtelettes sont (…) organisé. » : décrivez l'ambiance de la soirée. Que dit-on à Madeleine ? Que peut-elle ressentir ?

17 Autour de qui se termine cette nouvelle ? Que fait le mari ? Qu'insinue l'auteure par « épuisé, le pauvre » ? Que fait Madeleine ? Analysez le style du paragraphe.

18 Quel est le rôle de la dernière phrase en tant que clôture de la nouvelle ?

Pour aller plus loin

1 Finalement, quelle était l'intention du mari ?

2 Quel univers décrit Agota Kristof ?

3 Quel autre titre donneriez-vous à ce texte ? Pourquoi Agota Kristof l'a-t-elle appelé « L'invitation » ?

Entrées
par genres

Autobiographie
- Sand, George : *Histoire de ma vie*, 1re partie, chapitre Ier, 1854-55.
- Leiris, Michel : *L'âge d'homme*, 1939.
- Beauvoir, Simone de : *La force des choses*, 1963.
- Sarraute, Nathalie : *Enfance*, 1983.
- Camus, Albert : *Le premier homme*, 1994.
- Nimier, Marie : *La Reine du silence*, 2004.
- Begag, Azouz : *Le Marteau pique-cœur*, 2004.

Conte
- Troyes, Chrétien de : *Yvain ou le Chevalier au lion*, vers 1180.

Correspondance
- Sévigné, Madame de : *Lettres*, lettre 19, 1670, éd. posthume, 1726.

Écrit philosophique
- Pascal, Blaise : *Pensées*, 1669-1670.
- Rousseau, Jean-Jacques : *Discours sur l'origine et les fondements de l'inégalité parmi les hommes*, 1755.
- Voltaire : *Lettre à Dieu* in *Traité sur la tolérance à l'occasion de la mort de Jean Calas*, chapitre XXIII, 1763.

Essai
- Montaigne, Michel de : *Essais*, Livre I, chapitre 28 : « De l'amitié », 1580-1588.

Fable
- France, Marie de : *Le corbeau et le renard* in *102 Fables*, 1167-1189.
- Queneau, Raymond : *L'agneau et le loup* in *Battre la campagne*, 1968.

Mémoires
- Diderot, Denis : *La religieuse*, 1760-1781.
- Yourcenar, Marguerite : *Mémoires d'Hadrien*, 1951.

Nouvelle
- Mérimée, Prosper : *Carmen*, 1845 pour *La Revue des Deux Mondes*, 1847 en librairie.
- Nerval, Gérard : *Les filles du feu, Sylvie*, 1854.
- Maupassant, Guy de : *Boule de Suif*, 1880.
- Michon, Pierre : *Vies minuscules*, 1984.
- Kristof, Agota : *L'invitation* in *C'est égal*, 2005.

Poésie
- Navarre, Marguerite de : *Plus j'ai d'amour, plus j'ai de fâcherie*, vers 1547-1549.
- Beauharnais, Fanny de : *Aux hommes* in *Mélange de poésies et prose sans conséquence*, 1772.
- Gautier, Théophile : *Carmen* in *Emaux et Camées*, 1852.
- Hugo, Victor : *Demain, dès l'aube…* in *Les Contemplations*, 1856.
- Baudelaire, Charles : *Correspondances* in *Les Fleurs du mal*, 1857.
- Verlaine, Paul : *Mon rêve familier* in *Melancholia*, in *Poèmes saturniens*, 1866.
- Rimbaud, Arthur : *Ma Bohème* in *Poésies, Cahier de Douai*, 1870.
- Noailles, Anna de : *La vie profonde* in *Le Cœur innombrable*, 1901.
- Apollinaire, Guillaume : *Automne malade* in *Alcools*, 1913.

- Desnos, Robert : *Chant du ciel*, in *Les Ténèbres*, 1927, in *Domaine public*, 1953.
- Ponge, Francis : *Le Savon*, 1942, *in Le Savon*, 1967.
- Prévert, Jacques : *Le chat et l'oiseau* in *Histoires*, 1946.
- Cadou, René-Guy : *Pourquoi n'allez-vous pas à Paris ?* in *Le Diable et son train*, 1947-1948, in *Poésie la vie entière*, 1978.
- Eluard, Paul : *Je t'aime* in *Le Phénix*, 1951.
- Aragon, Louis : *Les mains d'Elsa* in *Le fou d'Elsa*, 1963.
- Senghor, Léopold Sédar : *Départ*, in *Poèmes perdus* in *Œuvre poétique*, 1964/1990.
- Gamaleya, Boris : *Lady Sterne au Grand Sud*, 1995.

Récit de voyage
- Michaux, Henri : *Un Barbare en Chine*, 1933.

Roman
- Stendhal : *La Chartreuse de Parme*, Livre second, chapitre 25, 1839.
- Balzac, Honoré de : *Illusions perdues*, 1837-1843.
- Flaubert, Gustave : *Madame Bovary*, seconde partie, chapitre II, 1857.
- Zola, Émile : *L'Assommoir*, 1877.
- Proust, Marcel : *À la recherche du temps perdu*, I *Du côté de chez Swann*, 1913.
- Roumain, Jacques : *Gouverneurs de la rosée*, 1944.
- Dib, Mohammed : *La Grande maison*, 1952.
- Cohen, Albert : *Belle du Seigneur*, 1968.
- Ernaux, Annie : *Les armoires vides*, 1974.
- Sow Fall, Aminata : *La Grève des Bàttu*, 1979.
- Redonnet, Marie : *Splendid Hôtel*, 1986.
- Maalouf, Amin : *Samarcande*, 1988.
- Duras, Marguerite : *L'Amant de la Chine du Nord*, 1991.
- Le Clézio, Jean-Marie Gustave : *Étoile errante*, 1992.
- Daeninckx, Didier : *Cannibale*, Paris, 1998.
- Cheng, François : *L'éternité n'est pas de trop*, 2002.

Théâtre
- Molière : *L'École des femmes*, acte III, scène 2, 1662.
- Racine, Jean : *Phèdre*, acte I, scène 3, 1677.
- Musset, Alfred de : *Lorenzaccio*, acte II, scène 2, 1834.
- Colette : *Douze dialogues de bêtes*, 1930.
- Giraudoux, Jean : *La guerre de Troie n'aura pas lieu*, Acte I, scène 3, 1935.
- Sartre, Jean-Paul : *Les Mouches*, acte 2, scène VII, 1943.
- Ionesco, Eugène : *Le Roi se meurt*, 1963.
- Koltès, Bernard-Marie : *Roberto Zucco*, 1990.
- Reza, Yasmina : « *Art* » 1994.

Entrées
par thèmes

ABSURDE
- Ionesco, Eugène : *Le Roi se meurt*, 1963.

AMOUR
- Navarre, Marguerite de : *Plus j'ai d'amour, plus j'ai de fâcherie*, vers 1547-1549.
- Racine, Jean : *Phèdre* : acte I, scène 3, 1677.
- Stendhal : *La Chartreuse de Parme*, Livre second, chapitre 25, 1839.
- Nerval, Gérard de : *Les filles du feu, Sylvie*, 1854.
- Hugo, Victor : *Demain, dès l'aube…* in *Les Contemplations*, 1856.
- Verlaine : *Mon rêve familier* in *Melancholia*, in *Poèmes saturniens*, 1866.
- Eluard, Paul : *Je t'aime* in *Le Phénix*, 1951.
- Desnos, Robert : *Chant du ciel*, in *Les Ténèbres*, 1927, in *Domaine public*, 1953.
- Beauvoir Simone de : *La force des choses*, 1963.
- Aragon, Louis : *Les mains d'Elsa* in *Le fou d'Elsa*, 1963.
- Cohen, Albert : *Belle du Seigneur*, 1968.
- Redonnet, Marie : *Splendid Hôtel*, 1986.
- Camus, Albert : *Le premier homme*, 1994.
- Gamaleya, Boris : *Lady Sterne au Grand Sud*, 1995.
- Cheng, François : *L'éternité n'est pas de trop*, 2002.

ABANDON
- Zola, Émile : *L'Assommoir*, 1877.

AMITIÉ
- Montaigne, Michel de : *Essais*, Livre I, chapitre 28 : « De l'amitié », 1580-1588.
- Le Clézio, Jean-Marie Gustave : *Étoile errante*, 1992.

CHOSE
- Ponge, Francis : *Le Savon*, 1942 in *Le Savon*, 1967.
- Redonnet, Marie : *Splendid Hôtel*, 1986.

CRITIQUE SOCIALE ET POLITIQUE
- Molière : *L'École des femmes*, acte III, scène 2, 1662.
- Pascal, Blaise : *Pensées*, 1669-1670.
- Rousseau, Jean-Jacques : *Discours sur l'origine et les fondements de l'inégalité parmi les hommes*, 1755.
- Diderot, Denis : *La religieuse*, 1760-1781.
- Voltaire : *Lettre à Dieu* in *Traité sur la tolérance à l'occasion de la mort de Jean Calas*, chapitre XXIII, 1763.
- Beauharnais, Fanny de : *Mélanges de poésies et prose sans conséquence*, 1772.
- Maupassant, Guy de : *Boule de Suif*, 1880.
- Roumain, Jacques : *Gouverneurs de la rosée*, 1944.
- Dib, Mohammed : *La Grande maison*, 1952.
- Sow Fall, Aminata : *La Grève des Bàttu*, 1979.
- Daeninckx, Didier : *Cannibale*, Paris, 1998.

ÉDUCATION/ÉCOLE
- Dib, Mohammed : *La Grande maison*, 1952.
- Ernaux, Annie : *Les armoires vides*, 1974.
- Michon, Pierre : *Vies minuscules*, 1984.

ÉCRIRE
- Sand, George : *Histoire de ma vie*, 1re partie, chapitre Ier, 1854-55.
- Yourcenar, Marguerite : *Mémoires d'Hadrien*, 1951.

ENFANCE
- Proust, Marcel : *À la recherche du temps perdu*, I *Du côté de chez Swann*, 1913.
- Leiris, Michel : *L'âge d'homme*, 1939.
- Dib, Mohammed : *La Grande maison*, 1952.
- Ernaux, Annie : *Les armoires vides*, 1974.
- Sarraute, Nathalie : *Enfance*, 1983.
- Michon, Pierre : *Vies minuscules*, 1984.
- Camus, Albert : *Le premier homme*, 1994.
- Nimier, Marie : *La Reine du silence*, 2004.

FANTASTIQUE
- Troyes, Chrétien de : *Yvain ou le Chevalier au lion*, vers 1180.

HUMOUR
- Sévigné, Madame de : *Lettres*, lettre 19, 1670, éd. posthume, 1726.
- Beauharnais, Fanny de (1737-1813) : *Aux hommes* in *Mélange de poésies et prose sans conséquence*, 1772.
- Queneau, Raymond : *L'agneau et le loup* in *Battre la campagne*, 1968.
- Begag, Azouz : *Le Marteau pique-cœur*, 2004.

INCOMMUNICABILITÉ
- Reza, Yasmina : « *Art* » 1994.
- Kristof, Agota : *L'invitation* in *C'est égal*, 2005.

L'AUTRE, L'ÉTRANGER
- Balzac, Honoré de : *Illusions perdues*, 1837-1843.
- Michaux, Henri : *Un Barbare en Chine*, 1933.
- Maalouf, Amin : *Samarcande*, 1988.
- Duras, Marguerite : *L'Amant de la Chine du Nord*, 1991.
- Le Clézio, Jean-Marie Gustave : *Étoile errante*, 1992.
- Begag, Azouz : *Le Marteau pique-cœur*, 2004.

MARIAGE
- Molière : *L'École des femmes*, acte III, scène 2, 1662.
- Sévigné, Madame de : *Lettres*, lettre 19, 1670, éd. posthumes, 1726.

NATURE
- Apollinaire, Guillaume : *Automne malade* in *Alcools*, 1913.
- Baudelaire, Charles : *Correspondances* in *Les Fleurs du mal*, 1857.
- Rimbaud, Arthur : *Ma Bohème* in *Poésies, Cahier de Douai*, 1870.
- Noailles, Anna de : *La vie profonde* in *Le Cœur innombrable*, 1901.
- Cadou, René-Guy : *Pourquoi n'allez-vous pas à Paris ?* in *Le Diable et son train*, 1947-1948, in *Poésie la vie entière*, 1978.

PARTIR
- Rimbaud, Arthur : *Ma Bohème* in *Poésies, Cahier de Douai*, 1870.
- Michaux, Henri : *Un Barbare en Chine*, 1933.
- Cadou, René-Guy : *Pourquoi n'allez-vous pas à Paris ?* in *Le Diable et son train*, 1947-1948, in *Poésie la vie entière*, 1978.
- Senghor, Léopold Sédar : *Départ*, in *Poèmes perdus* in *Œuvre poétique*, 1964/1990.

POUVOIR/INJUSTICE/VIOLENCE
- Molière, *L'École des femmes* : acte III, scène 2, 1662.

- Diderot, Denis : *La religieuse*, 1760-1781.
- Musset, Alfred de : *Lorenzaccio*, acte II, scène 2, 1834.
- Maupassant, Guy de : *Boule de Suif*, 1880.
- Zola, Émile : *L'Assommoir*, 1877.
- Giraudoux, Jean : *La guerre de Troie n'aura pas lieu*, Acte I, scène 3, 1935.
- Leiris, Michel : *L'âge d'homme*, 1939.
- Sartre, Jean-Paul : *Les Mouches*, acte 2, scène VII, 1943.
- Ionesco, Eugène : *Le Roi se meurt*, 1963.
- Maalouf, Amin : *Samarcande*, 1988.
- Koltès, Bernard-Marie : *Roberto Zucco*, 1990.

PORTRAIT
- Gautier, Théophile : *Carmen* in *Émaux et Camées*, 1852.

PREMIÈRE RENCONTRE
- Mérimée, Prosper : *Carmen*, 1845 pour *La Revue des Deux Mondes*, 1847 en librairie.
- Nerval, Gérard de : *Les filles du feu, Sylvie*, 1854.
- Flaubert, Gustave : *Madame Bovary*, seconde partie, chapitre II, 1857.
- Duras, Marguerite : *L'Amant de la Chine du Nord*, 1991.

RÊVE
- Nerval, Gérard de : *Les filles du feu, Sylvie*, 1854.
- Balzac, Honoré de : *Illusions perdues*, 1837-1843.
- Proust, Marcel : *À la recherche du temps perdu*, I *Du côté de chez Swann*, 1913.

STUPIDITÉ
- France, Marie de : *Le corbeau et le renard* in *102 Fables*, 1167-1189.
- Prévert, Jacques : *Le chat et l'oiseau* in *Histoires*, 1946.

TRISTESSE
- Apollinaire, Guillaume : *Automne malade* in *Alcools*, 1913.
- Prévert, Jacques : *Le chat et l'oiseau* in *Histoires*, 1946.
- Beauvoir, Simone de : *La force des choses*, 1963.

Entrées
par auteurs

Académie française (l') : une institution fondée en 1635 par le cardinal de Richelieu pour promouvoir la langue française. Elle fait des dictionnaires : le premier date de 1692 et le dernier de 1992. Elle fixe les règles, l'orthographe de la langue.

Acte (un) : une partie d'une pièce. Un acte est composé de scènes. Les pièces classiques ont cinq actes.

Alexandrin (un) : un vers de 12 syllabes divisé en deux parties de six syllabes (deux hémistiches), séparées par une coupe centrale (la césure) : « Com/me/ de/ longs/ é/chos // qui/ de/loin/se/ré/pondent » (Baudelaire).

Allitération (une) : répétition d'un même son consonantique (lettres ou syllabes) : « Il est des parfums frais comme des chairs d'enfants » (Baudelaire) ; **l'assonance** est la répétition d'un son voyelle : « Je fais souvent ce rêve étrange et pénétrant / D'une femme inconnue, et que j'aime et qui m'aime » (Verlaine).

Athéisme (l') : le fait de ne pas croire en Dieu.

Hémistiche (un) : la moitié d'un vers.

Champ lexical (un) : dans un texte, c'est l'ensemble des mots qui se rapportent à une même idée, un même thème.

Chapeau (un) : les informations placées juste avant le texte et qui permettent d'éclairer le contexte pour mieux comprendre ce dont il va être question.

Connotation (une) : les mots ont un sens propre ; le fait de leur en attribuer un autre, en fonction des sentiments, des émotions, crée un sens second : c'est la connotation.

Déisme (le) : position philosophique de celui qui croit en une divinité sans appartenir à une religion ni respecter aucun dogme (Voltaire).

Didascalie (une) : au théâtre, ce sont les informations données par le dramaturge au metteur en scène, aux comédiens sur le décor, l'époque, le lieu.

Discours (un) : il y a trois types de discours (paroles rapportées) ; le discours **direct** rapporte directement les paroles d'un personnage, telles qu'il les a prononcées (un verbe introducteur, des guillemets, l'emploi de *je*, *tu*, du présent de l'indicatif). Le discours **indirect** rapporte juste le contenu des paroles, intégré au récit. Ex. : « Homais se présenta [...] *dit qu'*il était charmé d'avoir pu lui rendre service, et *ajouta* d'un air cordial *qu'*il avait osé s'inviter lui-même » (Flaubert). Le discours **indirect libre** met en valeur la subjectivité du personnage (sa manière de parler, ses sentiments) mais il n'y a ni de verbe introducteur ni de guillemets. Ici, Flaubert rend compte de la pensée intime de son personnage : « Comme il s'ennuyait beaucoup à Yonville [...] souvent M. Léon Dupuis [...] reculait l'instant de son repas, espérant qu'il viendrait quelque voyageur à l'auberge avec qui causer dans la soirée. » (*Madame Bovary*).

Distique (un) : une strophe de deux vers (voir le poème de René-Guy Cadou).

Ellipse (une) : dans un récit, l'auteur choisit de ne rien dire sur une longue période de temps ; le lecteur doit imaginer. Ex. : « Il resta dix ans » (Pierre Michon).

Enjambement (un) : le prolongement d'un vers au vers suivant pour former une unité de sens : « Son nom ? Je me souviens qu'il est doux et sonore/**Comme ceux des aimés que la Vie exila** » (Verlaine).

Épique (style) : qui raconte en vers les exploits des héros (les chansons de geste au Moyen Âge). Le style de l'épopée est noble.

Fable (une) : un poème narratif, souvent court, de forme libre et qui contient une morale (voir les *102 fables* de Marie de France).

Figures de style (les) : les procédés littéraires **(procédés stylistiques)** qui donnent au texte plus de force, plus de poésie : les répétitions, métaphore, métonymie, comparaison...

Gradation (une) : un ordre dans la succession de mots, dans une énumération, qui va du plus faible au plus fort, ou inversement.

Groupe nominal (un) : un déterminant (un, une, mon, le, la...) suivi d'un ou plusieurs mots (nom + adjectif). Ex. : « *Mon unique culotte* avait *un large trou* » (Rimbaud).

Ironie (l') : une figure de style qui consiste à dire le contraire de ce que l'on veut dire (une antiphrase) pour dénoncer, critiquer une personne, une institution (Fanny de Beauharnais, Voltaire).

Métaphore (une) : figure de style qui établit une relation d'équivalence entre deux termes :

« Automne malade et adoré » (Apollinaire). Lorsqu'elle se développe dans le texte, c'est une métaphore filée.

Métonymie (une) : une figure qui consiste à remplacer un mot par un autre, lié au premier par un rapport logique, de contiguïté : *boire un verre* pour boire le vin contenu dans le verre (voir **synecdoque**).

Monologue (un) : au théâtre, le moment où un personnage parle seul (voir Sartre).

Narration (la) : dans un récit, l'imparfait présente le procès dans son déroulement, en cours d'accomplissement (le début et la fin ne sont pas pris en compte), il en donne une image vue de l'intérieur. On l'emploie pour indiquer des actions qui se répètent, le décor, la toile de fond (second plan) ; le passé simple donne du procès une vision globale (le début et la fin) ; les événements racontés sont vus du dehors (premier plan). On peut aussi trouver un présent de narration qui renforce la dramatisation en présentant les actions comme si elles se déroulaient au moment de la lecture.

Onomatopée (une) : la création d'un mot qui suggère / imite phonétiquement le bruit, la chose nommée.

Point de vue (un) : en focalisation **zéro**, le narrateur sait tout, il est omniscient (ex : Balzac, Zola, Flaubert) ; en focalisation **interne**, le narrateur ne dit que ce que sait et voit le personnage (il y a une restriction du champ de vision) ; en focalisation **externe**, le narrateur en sait moins sur les pensées intimes des personnages, il dit seulement ce qu'il voit.

Prix littéraires français :

– **le prix Goncourt :** créé en 1903 par Jules et Edmond de Goncourt. C'est un prix très prestigieux qui récompense chaque année le meilleur roman d'imagination.

– **le prix Fémina :** créé en 1904 en réaction à l'Académie Goncourt, jugée misogyne. Le jury est féminin et récompense les meilleurs romans. Depuis 1986, il y a un prix Fémina étranger.

– **Le prix Renaudot :** créé en 1925 par des journalistes, il est décerné à un(e) auteur(e) de nouvelles.

– **Le prix Médicis :** créé en 1958, il récompense un roman, un récit, un recueil de nouvelles au style original.

Rejet (un) : un enjambement qui continue le sens du vers précédent mais qui s'arrête avant la césure dans le vers suivant : « Petit-Poucet rêveur, j'égrenais dans ma course / **Des rimes**. » (Rimbaud).

Satire (la) : un texte qui a pour but de critiquer des personnes, des institutions en les ridiculisant.

Synecdoque (une) : le fait de désigner une partie pour le tout (il y a un rapport d'inclusion) : « les voiles » pour les bateaux (Victor Hugo).

Sonnet (un) : un poème à forme fixe de la Renaissance, qui vient d'Italie (Pétrarque). Il est introduit en France au XVIe siècle, connaît un succès avec les poètes de la Pléiade (Ronsard). Il comporte deux quatrains (strophes de 4 vers) et deux tercets (strophes de 3 vers). Les rimes doivent respecter une disposition stricte : 1er et 2e quatrain : abba ; 1er tercet : ccd, 2e tercet : eed. Dès le XIXe siècle, certains poètes ne respectent plus cette disposition.

Temporalité (la) : les différents moments qui permettent de se situer dans le temps (passé, présent, avenir). Les adverbes, les expressions de temps… aident à les repérer (voir Proust).

Tirade (une) : au théâtre, lorsqu'un personnage parle longtemps à un autre personnage (voir Molière).

N° éditeur : 10274056 - Dépôt légal : Avril 2019
Achevé d'imprimer en 2021 par Rotolito S.p.A.